플랫폼 노동은 상품이 아니다

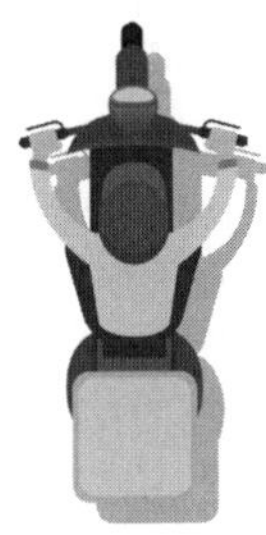

아비Abi에게

플랫폼 노동은 상품이 아니다

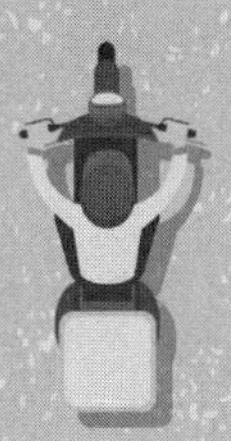

제레미아스 아담스-프라슬 지음
이영주 옮김

한국어판 서문

코로나19(COVID-19)가 전 세계를 휩쓸면서 긱 노동의 수요가 많다. 상점과 식당, 술집들은 문을 닫았다. 전통적인 일터는 대부분 폐쇄되었고 노동자들은 무급휴직에 들어가거나 집에서 일하도록 요구받고 있다. 하지만 모두가 그런 것은 아니다. 우리의 새로운 생활 방식은 식료품에서부터 아마존이 공급하는 모든 것에 이르기까지 가정 배달 수요의 폭발로 이어졌기 때문이다. 초기의 일부 보도는 우리가 집에서 요리하는 즐거움을 다시 발견하게 되면서 음식배달 서비스가 침체에 빠질 것이라고 예견했지만,[1] 코로나19 사태를 앞서 거쳐 온 나라들의 경험을 보면 수요는 지속적으로 폭증했다.[2]

우리 경제의 상당 부분은 긱 경제에 의해 조용히 동력을 공급받고 있다. 파견업체를 통해 공급되어 영시간계약을 맺고 일하거나 앱과 플랫폼을 통해 개인적으로 고용되는 노동자 집단 말이다.

긱 노동의 성장은 한편으로는 기업가정신과 유연성의 서사, 다른 한편으로는 착취와 불안정성의 서사에 둘러싸여 논쟁을 빚어 왔다. 이러한 토론은 독립계약자 분류에 관해 그 산업계가 거의 보편적으로 주장하는 내용과 밀접하게 연관되어 있다. 긱 노동자들은 개인기업가로 분류된다. 라이더(Riders)[3], 파트너(Partners)[4], 주자(Runners)[5]를 떠올려 보자. 이러한 용어의 왜곡이 문제다.[6] 대부분의 나라에서 근로자들은 소득 보호와 집단적 대표, 보건과 안전 그리고 해고 보호에까지 이르는 법적 안전망을 누리기 때문이다. 반면에 긱 노동자를 독립계약자로 분류하면 기업들은 대부분의 사업상의 위험을 그들에게 전가할 수 있고 대신에 상당한 비용 절감효과를 볼 수 있다.

위기 상황에서의 긱 노동

✲

코로나19는 긱 경제의 위험이 한계점까지 변화하도록 몰고 갔다. 의료진을 제외하면, 긱 노동에 포함되는 많은 직업군이 코로나 바이러스의 높은 위험에 직면하고 있다.[7] 노동자들에 대한 공식적인 조언[8]은 명확하다. 증상이 나타나면 자가격리하라. 설령 그렇지 않더라도 집에서 일해라. 안면 마스크와 보호 장구(Shields), 장갑과 손 소독제에 이르기까지 적절한 보호 키트를 꼭 갖추고 출근하라. 그리고 항상 사회적 거리를 유지하라.

긱 노동자들에게 이것은 말하기는 쉬워도 실천하기는 어렵다. 자가격리는 재정적으로 거의 어렵고, 집에서 일하는 것은 불가능하기 때문이다. 사회적 거리두기 역시 실제로 실행하기는 쉽지 않다.

먼저 자기격리부터 보자. 근로자들은 병가 중일 때에도 급여를 받을 수 있다. 그들은 정리해고로부터 보호받을 것이다. 그리고 많은 나라에서 사용자들은 정부 지원을 받아 이러한 제도들의 재원을 마련할 것이다. 다시 말해, 소득이 꾸준히 들어올지 걱정할 필요가 없다면 자가격리하는 것은 쉽다. 그것은 독립계약자는 누릴 수 없는 사치다.

재택근무도 마찬가지다. 물류창고에서 물건을 고르거나 음식을 배달하는 일을 한다면 집에서 일하는 것은 당연히 불가능하다. (물론 아마존 M터크 작업[9] 같은 순수한 디지털 긱 노동도 있다. 그러나 학교가 문을 닫은 곳에서 아이들을 홈스쿨링하는 것과 같은 규칙적인 중단에 직면하게 되면 노동자의 소득은 빠르게 타격을 입는다.[10]) 저소득층은 특히 심한 타격을 받는다. 옥스퍼드대학, 취리히대학, 케임브리지대학의 경제학자들이 최근 실시한 조사[11]는 코로나19의 시기에 소득과 재택근무 능력 사이의 상관관계가 얼마나 밀접한지를 보여준다. 2만 달러 미만의 소득을 버는 노동자들은 4만 달러 이상 소득의 노동자와 비교했을 때 집에서 일을 할 수 있는 가능성이 절반으로 나타났다.

마지막으로 긱 노동자들은 일하러 갈 때 다른 사람들보다 훨씬 더 높은 빈도로 고위험 접촉에 노출된다. 그것이 문손잡이든, 개찰구든, 고객이든, 동료 노동자들이든 말이다. 보호를 갖추는 경우는 드물고 설령 찾을 수 있더라도 비싸다. 지난주에 프랑스에서는 안전보건과 관련한 많은 문제점들이 법원의 결정을 통해 드러나면서 아마존 물류센터들이 잠정적으로 폐쇄되었다.[12]

위험성이 높은 도박 – 우리 모두에 대한

✲

종합해 보면, 긱 노동자들은 노동법상의 권리가 없기 때문에 이중의 고통에 빠르게 처하게 된다. 아프든 그렇지 않든 집에 머물러 있을 수 없을 뿐만 아니라, 밖으로 나갈 수밖에 없을 때 그것은 빈번한 고위험 노출의 세계로 들어가는 것이기 때문이다.

그리고 그 위험은 결코 노동자들에게만 국한되는 것이 아니다. 고객의 건강 또한 위태로워지는 것이다. 고용 보호가 부족하기 때문에 긱 노동자들은 코로나19와 접촉했을지도 모른다는 의심이 들더라도 부당한 선택을 해야 하는 상황에 놓인다. 감염을 퍼뜨리게 될 위험을 감수하고 출근할 것인가, 아니면 집세를 낼 수 없고 생필품을 살 수 없더라도 집에 머물 것인가? 그러니 심지어 보건 당국에서 집에 머물라고 권고할 때조차도 전 세계의 노동자들이 출근할 수밖에 없다고 보고하는 것[13]은 전혀 놀랍지 않다.

변화하는 흐름

✲

어떻게 하면 노동자와 고객 모두를 위해 긱 노동을 안전하게 만들 수 있을까? 전염병이 장기화되면서 몇몇 플랫폼 기업들은 비대면 배달을 시작하고 있으며,[14] 노동자들에게 재정적인 지원[15]과 보호 장비를 제공하기 위해 나서고 있다. 비록 늘 자발적인 것은 아니지만 말이

다.[16] 몇몇 나라들은 자영업자들에게 재정적인 보호를 제공하기 시작했다.[17]

이것은 단기적으로 괜찮은 해결책이긴 하지만 장기적으로 지속 가능한지는 의심스럽다. 플랫폼 기업들의 지원과 대응은 '충분하지 않다'고 비난을 받고 있고[18] 노동자들은 안전 예방 조치 부족을 이유로 작업을 중단했다.[19] 자영업자들을 위한 정부 지원 계획은 끔찍한 재정적 어려움에 처한 노동자들에게 지급하는 데 너무 오랜 시간이 걸릴 수 있고[20] 심각한 도덕적 해이를 야기할 가능성이 있으며 장기간의 자금 조달도 불가능할 것이다.

결국 지속 가능하고 효율적인 유일한 해결책[21]은 위험의 분산에 있는데, 고용상의 지위가 바로 그것을 제공한다. 긱 노동자들을 근로자로 인정하는 것이 그 어느 때보다도 중요한 이유다.

위기가 도래하기 전부터 이미 대세가 바뀌기 시작했다. 지난 몇 개월 동안 전 세계적으로 법적인 활동의 돌풍이 몰아쳤다. 미국 캘리포니아주에서는 AB5가 제정되었고[22] 유럽의 상급 법원에서는 판결들이 쏟아졌다.[23] 플랫폼 기업들이 제품이나 서비스 제공의 모든 요소를 엄격하게 통제하기 때문에 독립계약자라는 주장은 판사와 입법자들에게 줄곧 깊은 인상을 주지 못하고 있다. 한 고용 판사의 말이 기억에 남는다.[24] "(우버의) 사건을 생각하면 … 우리는 거트루드 여왕의 가장 유명한 대사를 떠올리지 않을 수 없다. '내 생각엔, 그 귀부인은 너무 많은 항의를 하고 있구나.'"

안전하고 공정한 경기장을 확보하자

✲

긱 노동자의 고용 지위를 반대하는 주장은 잘 준비되어 있다. 고객은 더 높은 가격을 지불하거나 더 나쁜 서비스를 받게 될 것이고, 기업들은 고용 비용이 증가하면 사업을 중단하게 될 수 있으며, 노동자들은 자신들이 즐기는 유연한 일자리에 접근할 수 없게 되리라는 것이다.

그러나 자세히 살펴보면 이러한 주장들 중 어느 것도 꼼꼼한 조사를 버텨 낼 수 없다. 소비자들은 고용 지위로부터 직접 이익을 얻을 것이다. 아픈 노동자들이 우리 집 문 앞에 계속 나타나도록 만드는 비뚤어진 인센티브가 사라지기 때문이다. 긱 경제에 노동법을 적용하고 집행하는 것은 혁신을 좌절시키기 위해 부담스러운 규칙을 시행하는 문제가 아니다. 기존 법률이 공평하게 적용되고 일관되게 집행되어야만 기업들이 공정한 경기장에서 경쟁할 수 있다. 서비스에 드는 진짜 비용을 부담해야 할 경우 사업을 지속할 수 없는 플랫폼 기업들이 파산한다면 오히려 다른 사람들에게 이익이 된다. 좀 더 효율적인 기업들에게 자원이 재분배되기 때문이다. 슘페터가 말한 창조적 파괴가 작동하는 것이다.

마지막으로 노동법이 어떻게든 노동을 경직되고 융통성 없게 만든다는 주장은 그야말로 사실이 아니다. 사용자가 노동자들에게 완전한 노동법상 권리를 주지 못하도록 법적으로 막는 것은 내가 연구한 어떤 노동법 제도에도 없다. 그뿐만 아니라 탄력적 근로시간에서부터 간주근로시간에 이르기까지 노동자에게 무한한 유연성을 주지 못하도록 막는 것도 전혀 없다. 노동법상의 권리가 유연성과 본질적으로 양립할 수 없다는 어떠한 주장도 신화에 불과하다. 그 신화는 코로나19 시대에 우리 모두에게 위험하다.

제레미아스 아담스-프라슬 옥스퍼드대학 법학 교수

2020년 노동절(May Day)에

한국어판 서문 주

1 https://www.ft.com/content/1c296d9e-e654-486a-9e40-f8f39ea191e0
2 http://www.koreaherald.com/view.php?ud=20200224000746
3 https://roocommunity.com/
4 https://www.amazondelivers.jobs/about/driver-jobs/
5 https://perma.cc/642G-SC7D
6 https://perma.cc/XW66-CAE5
7 https://www.nytimes.com/interactive/2020/03/15/business/economy/coronavirus-worker-risk.html
8 https://www.who.int/emergencies/diseases/novel-coronavirus-2019/advice-for-public
9 https://www.mturk.com/worker
10 https://cepr.org/active/publications/discussion_papers/dp.php?dpno=14294
11 https://abiadams.com/wp-content/uploads/2020/04/US_Inequality_Briefing.pdf
12 https://www.bbc.com/news/world-europe-52301446
13 https://www.ft.com/content/48e4a311-6a7c-4f80-b541-7893a5f97ea4
14 https://au.deliveroo.news/news/contactless.html
15 https://www.uber.com/en-BH/blog/update-covid-19-financial/
16 http://www.studiolegalecarozza.it/news/obbligo-di-dispositivi-di-protezione-contro-il-rischio-covid-19-e-tutela-urgente.htm
17 https://www.gov.uk/guidance/claim-a-grant-through-the-coronavirus-covid-19-self-employment-income-support-scheme
18 https://therideshareguy.com/uber-driver-coronavirus-compensation/
19 https://www.cnet.com/news/instacart-workers-strike-amid-covid-19-fears-call-company-response-a-sick-joke/
20 https://www.theguardian.com/world/2020/mar/25/almost-500000-people-in-uk-apply-for-universal-credit-in-nine-days
21 https://econpapers.repec.org/article/aeaaecrev/v_3a79_3ay_3a1989_3ai_3a2_3ap_3a177-83.htm
22 https://leginfo.legislature.ca.gov/faces/billTextClient.xhtml?bill_id=201920200AB5
23 https://twitter.com/JeremiasPrassl/status/1235238405468041217
24 https://www.judiciary.uk/wp-content/uploads/2016/10/aslam-and-farrar-v-uber-reasons-20161028.pdf

일러두기

본문 글씨보다 크기가 작은 [ ]와 ( ) 속 내용은 원서의 [ ]와 ( ) 속 내용입니다.

본문 글씨와 크기가 같은 [ ]와 ( ) 속 내용은 옮긴이의 설명 내용입니다.

굵은 글씨는 원서의 내용입니다.

한자 병기는 모두 옮긴이의 내용입니다.

차례

들어가며

1770년 봄 오스트리아 빈의 마리아 테레지아 여왕 궁정에서는 세계 최초의 완전 자동 체스 로봇인 기계 투르크인(Mechanical Turk)이 센세이션을 일으켰다. 당시의 기술은 자동기계(Automata), 즉 흉내 내는 기계에 집착하고 있었다. 그러나 투르크 사람 모양을 한 이 기계는 차원이 달랐다. 일단 활성화되면 그 투르크인은 상대편의 수를 읽고 체스 말을 집어서 자신의 수를 두었는데, 놀랄 만큼 훌륭했다. 그 기계는 수년간 세계의 관객들을 매료시켰다. 그것은 나폴레옹 보나파르트와 체스를 두었고 그가 속임수를 쓰는 것을 잡기도 했다. 비밀들을 밝히려는 많은 시도가 있었고 심지어 (미국의 유명한 추리소설가) 에드거 앨런 포조차 덤벼들었지만, 투르크인의 마술과 같은 기량을 가능하게 했던 기술은 그 기계가 19세기에 화재로 소실되기 직전까지도 미스터리로 남아 있었다.

1990년대에 IBM의 딥 블루Deep Blue가 체스 세계챔피언 개리 카스파로프와 대결해서 이길 때까지 또 한 세기 반의 시간이 걸렸다는 점을 감안할 때, 오스트리아 기술자 볼프강 폰 켐펠렌은 어떻게 18세기에 체스 로봇을 만들 수 있었을까? 음, 인생이 종종 그렇지만 만약 무언가가 너무 좋게 들려서 도저히 진실 같지 않다면, 아마 그게 맞을 것이다. 사실은 투르크인의 체스판 안쪽 숨겨진 칸에 사람이 웅크리고 앉아서 그 위에 있는 체스 말을 움직인 것이었다. 경기 전 안내가 진행되는 동안 경기자는 문자 그대로 근대적 기술 뒤에 숨어 있다가 양쪽 패널이 번갈아 열릴 때 윙윙거리는 바퀴들과 반짝이는 다이얼, 복잡한 기계 사이를 돌아다녔다.[1]

✲ ✲ ✲

2세기가 지난 후, 아마존의 CEO 제프 베이조스Jeff Bezos는 아마존의 미래에 대한 비전을 제시하기 위해 매사추세츠 공과대학(MIT)의 무대에 올랐다. 그는 책과 식료품, 심지어 드론 판매에 대해 이야기하러 온 것이 아니었다. 그는 '아마존의 내장(Guts, 內臟)'을 빌려주고 세계 최고의 '웹 서비스' 제공자가 되겠다는 계획을 내놓았다. 처리 능력과 데이터 저장 용량을 필요로 하는 소프트웨어 개발자들은 더 이상 자신들의 필요를 충족시키기 위해 값비싼 하드웨어를 살 필요가 없게 되었다. 아마존의 서버를 이용하고 필요한 서비스에 대해 약간의 가격만 지불하면 되는 것이다.

그러나 아마존이 그날 아침 내놓은 신제품은 강력한 서버만이 아니었다. 사진들을 어떻게 분류할지 정리하는 것이나 어떤 제품이 웹사이트상에 중복되어 올라가 있는지 판단하는 것과 같은 상당히 기본적인 작업에서 아마존의 알고리즘이 여전히 애를 먹고 있다고 제프 베이조스는 밝혔다. 아마존이 내놓은 해결책은? 내부적인 플랫폼을 개발해서 이러한 작업들을 사람에게 아웃소싱하는 것이었다. 전 세계 이용자들이 접속해서 이미지를 검토하고 아마존의 알고리즘이 자기 일을 할 수 있도록 돕는다!

팟캐스트의 녹취를 푸는 것에서부터 소규모 프로그래밍 작업에 이르기까지 이런 식으로 아웃소싱할 수 있는 것에는 제한이 없는 것 같았다. 그 플랫폼은 새로운 종류의 '마이크로노동Microwork'을 만들어 낼 것이다. 개인들로 이루어진 '크라우드Crowd'*는 구체적인 작업들을 몇 분 안에 끝낼 수 있고, 그 대가로 동전 몇 푼을 벌 수 있다. 그 플랫폼의 이름은? 아마존의 기계 투르크인(MTurk)이다.

긱 경제에 오신 것을 환영합니다

✲

지난 10년 동안 아마존 M터크**는 온라인과 현실 세계 모두에서 많은 경쟁자들의 도전을 받았다. 점점 더 많은 스타트업 기업들이 소비자와 기업 그리고 노동자를 연결해 주는 온라인 플랫폼과 모바일 앱을 만들고 있는데, 그 일자리는 종종 고작 몇 분 동안 유지되는 것들이다. 디지털 '크라우드노동'을 위한 작은 틈새시장으로 시작되었지만 세계적인 현상으로 성장했다. 주요 업체들 중 일부는 빠르게 누구나 아는 이름

---

* 노동력을 제공하는 군중群衆이라는 의미가 있다.

** 투르크인(Turk)을 영어식으로 읽는 발음이 터크다.

이 되었다. 승차공유 회사인 우버Uber, 리프트Lyft, 디디Didi, 올라Ola, 음식배달 앱인 딜리버루Deliveroo와 푸도라Foodora, 또 일상적 심부름 플랫폼 기업인 헬프링Helpling과 태스크래빗TaskRabbit을 생각해 보라.

운송에서부터 집안 돌봄, 전문가 서비스에서부터 육체노동에 이르기까지 여러 산업에서 새로운 플랫폼 기업들이 불쑥 나타나고 있다. 그들은 흔히 '긱 경제(Gig economy)'라고 부르는 것의 선봉에 서 있는데, 연주자들이 협연하는 공연을 뜻하던 '긱Gig'***은 이제 다른 분야에서는 다음 계약이 보장되지 않는 일회성 작업이나 거래를 의미하게 되었다.[2)]

혜성과도 같았던 이들 기업의 성장은 치열한 공론에 둘러싸여 있다. 갑론을박이 넘쳐 난다. 어떤 사람들에게 '우버 경제'는 단지 노동자들을 '쥐어짜는 고삐 풀린 자본주의'의 최신 사례일 뿐이다.[3)] 다른 사람들에게는 '협력적 소비(Collaborative consumption)'야말로 우리의 일하는 삶을 근본적으로 개선해 줄 열쇠다.[4)] 언론인, 규제 당국 그리고 학계가 긱 경제에 빠르게 관심을 갖게 되었다. 우리가 혁명을 목격하고 있다는 점에는 대부분의 사람들이 동의하지만, 그 본질에 대해서는 심하게 다투고 있다. 한편에는 긱 경제가 노동시장을 근본적으로 재창조하고 있다고 열렬하게 선전하는 사람들이 있다. 이들은 '앞으로 수십 년 동안 자본주의 사회가 발전해 나갈 모습을 미리 엿볼 수 있는 매혹

*** 공연 참여(Engagement)의 줄임말이라고 알려져 있다.

적인 혁신의 직물'을 짜고 있는데,[5] '재화와 용역 또는 사회적 통화의 교환'을 촉진하고 '그것을 통해서 모든 참여자가 가치를 창출할 수 있도록 해 주는' 플랫폼 기업들의 이야기가 바로 그것이다.[6]

반면에 비판자들은 각 플랫폼 기업들을 목소리 높여 혹평하고 있다. 과거에는 보호받고 있던 우리 삶의 영역으로까지 '규제가 철폐된 가혹한 자유시장'을 확장하고 있다는 것이다.[7]

> (그들은) 누가 자신의 인건비를 가장 적게 받을 것인지 보기 위한 온라인 입찰 전쟁을 강요함으로써 돈 없는 이들을 고용할 수 있는 중개 웹 사이트와 모바일 앱을 통해서 돈 있는 사람들이 얼굴 없는 익명의 상호작용을 이용할 수 있는 경제 시스템을 구축하고 있다.[8]

서비스로서의 인간

✲

2006년으로 되돌아가 보면 제프 베이조스에게는 그런 거리낌이 전혀 없었다. 세계 최대의 IT 회사 중 한 곳의 CEO로서 그는 M터크의 사업 전망에 흥분했다. 책이나 식료품, 도구뿐만 아니라 아마존은 이제 노동을 팔게 되는 것이다.

> 서비스로서의 소프트웨어[Software as a service(SaaS)]****라고 들어 보셨죠?
> — 자, 이건 기본적으로 서비스로서의 인간(Humans as a service)입니다.[9]

**** 주문형(On-demand) 소프트웨어라고도 부른다.

물론 사람들은 항상 자신들의 사용자와 고객에게 서비스를 제공해 왔다. 그러나 그들은 그 대신에 노동자로서 최저임금과 부당해고법, 사회보장과 연금에 이르기까지 상당한 법적, 경제적 보호를 누리고 있다. 바로 여기에 '서비스로서의 인간'의 매력이 있다. 정보기술(IT) 인프라와 마찬가지로 대규모 노동력 역시 확보하고 유지하기 위해서는 비용이 많이 든다. 서버에는 전원을 공급해야 하고 냉각도 시켜 줘야 한다. 노동자들에게도 훈련이 필요하고 임금을 지급해야 한다. 소비자의 수요가 최고점에 있든 바닥을 치고 있든 상관없이 말이다.

그러나 일단 노동 자체가 서비스나 상품이 되면, 소비자 가격은 낮추고 사용자의 이익은 늘리면서도 그러한 책임을 피할 수 있다. M터크와 경쟁하는 플랫폼 기업 크라우드플라워CrowdFlower의 CEO 루카스 비발트Lukas Biewald는 자신의 사업 비결을 이렇게 설명한다.

> 인터넷이 없었을 때라면 10분 동안 얘기를 나눠 보고 당신을 위해 일하도록 한 후 10분 만에 해고할 수 있는 사람을 찾는다는 건 정말 어려운 일이었겠죠. 하지만 기술을 이용한다면 당신은 정말로 그런 사람들을 찾아내고 아주 적은 금액을 지불하고 필요 없어지면 치워 버릴 수 있습니다.[10]

좋은 생각처럼 들린다. 다른 상품처럼 사고 팔리는 서비스가 되어 버린 일을 하는 노동자의 입장에 당신이 서 보기까지는 말이다. 끊임없이 변화하는 구인 수요를 충족시키기 위해 사용자들은 군중 속으로 파고들지도 모른다. 노동자들은 아무런 보장이나 보호도 받지 못한 채 남겨지는 것이다.

노동에 다른 이름표 붙이기

어쩌다 우리가 여기까지 왔을까? 그러한 극단적인 형태의 상품화로부터 노동자들을 보호하기 위해 전 세계의 법체계는 오랫동안 노력해 왔다. 100년 전에 국제연합(UN)의 국제노동기구(ILO)가 창설되었을 때 체약국들은 '특별하고 시급히 중요한' 일련의 지도 원칙에 합의했다. 그중에서 첫 번째는? '노동은 단지 상품이나 거래 품목으로 간주되어서는 안 된다'는 생각이다.[11)]

노동자를 통제함으로써 경제적 이익을 얻는 대가로 노동법의 규제는 사용자에게 많은 보호 의무를 부과한다. 이것은 매우 중대한 절충(Trade-off)이다. 노동자들은 사용자의 지시를 따라야 하고, 그 대신에 기본적인 수준의 안정성과 경제적 안정을 누린다는 것이다. 진정으로 독립적인 서비스 공급자들은 그러한 법적 보호를 누리지 않지만, 그들은 자유롭게 자신의 고객을 선택하고, 서비스 가격을 정하고, 거래조건에 관해 협상할 수 있다. 간단히 말해서 노동은 법적으로 보호받지만, 기업가는 그렇지 않다.

그렇다면 당신을 위해 일할 사람을 구하고 '더 필요하지 않을 때 그들을 자르는' 것이 왜 더 이상 '정말 어려운' 일이 아닌가? 어떻게 긱 경제는 **서비스로서의 인간**을 팔면서 전통적인 노동법의 보호를 무시할 수 있을까? 왜냐하면 현대판 기계 투르크인과 마찬가지로 많은 플랫폼들은 궁극적으로는 그들의 사업 모델 뒤에 있는 현실을 이해하기 어렵도록 설계되어 있기 때문이다. 조심스럽게 고른 단어로 이루어진

약관은 플랫폼 기업들을 중개자로, 노동자를 법적 규제를 받지 않는 독립적인 기업가로 분류한다. 노동자에게는 기업가라는 새로운 이름표가 붙고, 노동은 기술로서 판매된다.

플랫폼 기업의 역설

플랫폼 기업들 대부분의 약관에 따르면, 그들의 사업 모델은 시킬 일이 있는 소비자와 다음 '긱'을 찾는 기업가들을 매칭시키도록 설계된 강력한 소프트웨어 애플리케이션(앱)을 운영하는 것이다. 그 밑에 깔려 있는 탐구는 각 상호작용에서 '마찰'을 가능한 한 많이 제거하는 것이다. 똑똑한 기능을 갖추고 아름답게 설계된 앱은 빠르게 알선을 제공하며, 양쪽 당사자 모두 긱 경제를 재미있고 쉽게 이용할 수 있도록 해 준다. 운전자와 승객은 운행이 시작되기 전에 스마트폰으로 서로를 볼 수 있고, 새로운 가구를 조립하기 위해 도움이 필요하다면 근처에서 가장 실력 있거나 혹은 저렴한 도우미를 알고리즘이 신속하게 찾아줄 것이다.

하지만 자세히 살펴보면 많은 플랫폼 기업들이 단순한 매칭 서비스 이상을 제공하고 있다는 사실이 금방 드러난다. 즉, 그들은 디지털 노동 중개 사업을 하고 있는 것이다. 엄격하게 관리된 제품과 서비스를 고객에게 제공하기 위해 긱 경제 사업자들은 거래조건 설정과 관련 자격 확인, 적정 수행 보장과 결제에 이르기까지 자신들의 노동력을 긴밀하게 통제함으로써 거래의 전 과정을 적극적으로 형성한다. 긱 경제 앱의 역할은 노동자와 일거리를 빠르고 쉽게 찾을 수 있게 해 주는 데서 그치지 않는다. 이용자의 등급 평가는 품질 관리와 피드백을 제공하며, 디지털 결제 시스템은 전체 거래를 현금 없이 할 수 있게 해 준다.

이것이 '플랫폼 기업의 역설'이다. 실제로는 전통적인 사용자처럼 종종 행동하면서도, 긱 경제 사업자들은 자신들이 (상품, 서비스 등의 거래가 이루어지는) 시장(Marketplace)이라고 주장한다. 모든 면에서 회사의 정책과 고객의 지시에 따라 작업하도록 하기 위해 플랫폼 기업은 소극적인 매칭이 아니라 등급 평가 시스템과 알고리즘을 통해 노동자를 통제한다.

기술로서의 노동

새롭고 빠르게 성장하는 이 산업의 중심에는 기술이 있다. 인터넷은 이용자들이 가까운 이웃에 있든 지구 반대편에 있든 번개같이 빠른 속도로 쉽게 연결해 준다. 알고리즘은 거의 무제한에 가까운 관련 변수를 고려하면서도 수 초 안에 방대한 수의 거래를 처리해 낼 수 있다. 스마트폰과 태블릿PC는 소비자와 노동자들의 손바닥과 주머니에 강력한 프로세서를 넣었다. GPS 위성은 그들의 위치를 정확하게 계산하고 모바일 결제 메커니즘은 현금을 쓸모없게 만들었다.

그러나 기술은 단지 긱 경제 거래를 가능하게 할 뿐만 아니라, 보이는 풍경 뒤에서 일어나고 있는 일들에 대한 우리의 인식도 형성한다. 우리가 식사를 고르거나 지도에서 자동차 위치를 좀 더 가까이 보기 위해서 잘 디자인된 앱을 두드릴 때, 알고리즘과 인간 사이의 경계는 흐릿해지기 쉽다. 즉, 일이 처리되도록 하기 위해서는 둘 다 뗄 수 없는 관계에 있는 것처럼 보이기 때문이다. 캘리포니아주립대학 샌디에이고 캠퍼스의 릴리 이라니Lilly Irani 교수는 긱 경제가 기술을 강조하는 것이 어떻게 우리로 하여금 '사람들을 컴퓨터를 이용한 인프라'로 인식하도록 유도하는지 가장 먼저 강조한 사람 중 한 명이다. '이 세상에서 어떤 사람들은 창조자가 되고, 다른 사람들은 컴퓨터(의 일부)가 된다'는 것이다.[12)]

다시 말해서, 긱 경제 플랫폼 기업들은 노동자를 잘 보이지 않게 한다. 심지어 물리적인 상호작용의 요소가 남아 있는 경우에도 말이다. **서비스로서의 인간**의 세계에서 노동자들은 '멀리 떨어져 있고 혁신가들의 즐거움을 위해 조직되어 있다'고 이라니는 주장한다.[13)] 그 결과, '균등하지 않은 권리와 보상, 안전의 이야기'는 일탈이 아니라 오히려 첨단기술 노동의 역할과 이데올로기를 구성하는 요소가 된다.[14)]

비록 보이지는 않을 수도 있지만 노동이야말로 긱 경제의 핵심이다. 대규모의 주문형 노동자 풀(인력 후보군)이 없다면 플랫폼 기업과 앱들은 그들이 서비스하는 긱이든, 태스크든, 승차든 그 어느 것도 제공하지 못할 것이다. 제프 베이조스도 그렇게 인정하면서 '인공 인공지능(Artificial artificial intelligence)'을 제공하기 위해서 크라우드노동자들을 동원한다고 말했고, 뻔뻔스럽게도 악명 높은 18세기의 체스 사기에서 이름을 따서 아마존의 새 플랫폼 이름을 지었다.

긱 경제 노동의 형성

✲

사기였다는 사실이 오래 전에 밝혀지긴 했지만, 우리는 오늘날에도 여전히 투르크인으로부터 중요한 교훈을 얻을 수 있다. 긱 경제에 대해 생각할 때 플랫폼 기업들의 계약조건과 강력한 기술 이상의 것을 보아야 한다는 점이다. 매혹적인 디지털 혁신과 진정한 기업가정신의 기회가 보이겠지만 그것이 우리를 기술 예외주의(Technological exceptionalism)의 세계로 잘못 이끌도록 내버려 두어서는 안 된다. 무엇보다 긱 경제의 제품은 노동이다. 상자 안에 숨겨져 있던 작은 체스 선수를 항상 기억해야 한다. 우리의 스마트폰과 태블릿PC, 컴퓨터의 빛나는 표면 아래서, 모든 종류의 제품과 서비스를 주문할 수 있는 마찰 없는 앱 뒤에서 누군가는 계속 일을 하고 있다.

이 책은 긱 경제의 숨겨진 노동자들에 초점을 맞춘다. 그러나 만약 긱 경제가 노동의 세계에서 갖는 의미를 이해하려면 우리는 더 멀리 내다볼 필요가 있다. 불안정 저임금 노동자의 위험뿐만 아니라 노동자와 소비자, 사회 전체에 대한 긱 경제의 약속을 살펴보아야 한다. 궁극적인 목표는 긱 경제가 모든 사람을 위해서 작동하도록 만드는 것이다. 인간을 서비스로 취급하지 않고도 플랫폼 혁신의 혜택을 누릴 수 있는 지속 가능한 사업 모델 말이다.

이러한 분석이 플랫폼 기업들을 문 닫게 만들자고 주장하는 것이 아님을 유념할 필요가 있다. 긱 경제에는 엄청난 잠재력이 있다. 향상된 매칭의 효율성과 관련 알고리즘은 우리 경제에 가치를 부가하고, 일자리 기회를 창출하며, 우리 모두가 더 나은 제품과 서비스를 누릴 수 있게 해 준다. 그러나 긱 경제가 모든 사람의 이익을 위해 운영되기 위해서는 플랫폼 기업들이 더 이상 기존 규칙 주변에서 규제 차익거래를 누리지 못하고 그들의 사업 모델에 따른 비용 전체를 부담해야 하도록 해야 할 필요가 있다. 모두에게 평등하고 공평한 조건을 위한 열쇠는 바로 노동법이다.

'크라우드소싱Crowdsourcing'이라는 바로 그 말을 만든 저널리스트 제프 하우Jeff Howe가 '사업의 미래를 바꾸는 크라우드의 힘'에 대해 열정적으로 쓴 책의 도입부에서 지적한 것처럼 '크라우드를 값싼 노동력으로 보는' 기업들은 '실패할 수밖에 없다.'[15] 긱 경제의 약속은 훌륭하지만, 우리는 그것이 모든 사람을 위해서 그 잠재력을 완전히 실현할 수 있도록 해야 한다. 결코 인간이 서비스가 되어서는 안 된다. 플랫폼이 서비스가 되어야 한다.

서비스로서의 플랫폼 기업들

✲

이러한 목적에서 이 책은 크게 세 부분으로 짜여 있다. 우리는 우선 긱 경제에서의 삶과 노동의 현실을 살펴보고, 그다음으로 확인된 문제들에 대한 해결책을 찾아볼 것이다. 마지막으로 우리는 한 걸음 뒤로 물러서서 긱 경제가 소비자와 납세자 그리고 시장 전체에 갖는 의미를 더 넓게 생각해 볼 것이다.

긱 경제를 탐구해 보자

가장 골치 아픈 과제들부터 먼저 다루게 되는데 1장부터 4장까지 책의 대부분을 차지할 것이다. 1장에서는 긱 경제에서의 '주문형 노동(Work on Demand)'을 살펴본다. 몇 가지 전형적 사례를 통해 디지털 노동 중개에서 플랫폼 기업이 하는 역할을 설명하면서 배경지식을 제공할 것이다. 아직은 이 현상이 노동시장의 작은 부분에 불과할지 모르지만 앞으로 새로운 과업과 산업들로 빠르게 확장될 것을 고려하면 찻잔 속의 태풍으로 끝날 일은 전혀 아니다. 긱 경제의 경제학을 보면 가치를 창출하는 요소들을 발견하게 되는데 우리는 그중에서 일부(특히 노동의 수요와 공급을 일치시키는 효율성을 향상시키는 것)만을 장려해야 한다.

그러고 나서 우리는 용어의 문제로 눈을 돌릴 것이다. 플랫폼 기업들의 초점이 영리적 노동 중개에 맞춰져 있는데도 불구하고 처음에는 어떻게 다른 조명을 받으면서 '공유경제'라는 간판 아래서 사업을 하게 되었는지를 살펴보려는 것이다. 피상적으로 보일지 모르겠지만, 용어가 중요하다. 이것이 2장 '감언이설(Doublespeak)'의 중심 주제다.

지금까지 긱 경제에 대한 논의는 서사 즉, 프랭크 파스퀘일Frank Pasquale의 말로는 '다면적인 현실을 왜곡하는 단순한 이야기들'의 충돌로 특징지어졌다.[16] 플랫폼 기업들은 모두에게 이익이 되도록 노동의 미래를 근본적으로 변혁하겠다는 약속이거나 아니면 중세 봉건주의로의 회귀를 상징한다. 이러한 각각의 서사들은 그 자체로도 중요하지만 훨씬 더 많은 이해관계가 걸려 있다는 것을 금방 알 수 있다. 긱 경제를 기존의 법적 구조에 어떻게 끼워 맞춰야 할지 해답을 찾기 위해 세계 각국의 규제 당국이 애쓰고 있기 때문에 서사들은 규제를 형성하는 데 강력한 역할을 한다. 아주 거칠게 말하자면, 지지자들은 긱 경제를 근본적으로 새롭고 '파괴적인(Disruptive)' 혁신 산업으로 묘사하고 있으며, 그러므로 정부는 그냥 내버려 두어야 한다고 말한다. 반대자들은 플랫폼 기업들의 착취적 관행을 전면 금지시켜야 한다고 주장한다. 양쪽 주장 모두 우리를 오래 붙잡고 있지는 못할 것이다.

긱 경제가 전통적인 노동법을 반박하는 두 가지 핵심적 주장인 기업가정신과 혁신으로 고개를 돌려 보면 문제는 더욱 흥미로워진다. 플랫폼 기업들이 기술과 매칭 알고리즘을 혁신적으로 이용하여 노동자들이 기업가로서 직업을 시작할 수 있도록 해 줄 때는 두 가지 요소 모두에 대한 많은 증거가 있다. 그러나 그 서사가 모든 긱 경제 노동자들에게 사실인 것은 아니다. 노동의 어마어마한 이질성을 고려하면 현실은 불가피하게 더욱 복잡하기 때문이다.

3장 '군중 속에서 길을 잃다(Lost in the crowd)'에서는 플랫폼 기업들이 약속하는 자율성과 자유, 자기 결정과 알고리즘에 의한 통제를 나란히 놓고 기업가정신의 서사를 살펴본다. 긱 노동은 유연성을 내세우지만 그 사업 모델은 종종 엄격하게 관리된 서비스를 필요로 한다. '개인기업가(Micro-entrepreneur)'로서의 삶은 항상 지켜보고 있는 등급 평가 알고리즘에 의해 심각하게 휘둘리고 있다. 이러한 알고리즘은 고객의 피드백과 플랫폼 기업의 지침을 종합하여 (비록 보통은 간접적이긴 하지만) 긴밀하게 통제한다. 준수하지 않으면 극단적인 결과까지 일어날 수 있는데 갑작스럽게 설명 없이 '비활성화(Deactivate)'를 당할 수도 있다.

또한 많은 경우에 알고리즘은 작업을 할당하고 임금률을 결정한다. 소비자의 수요에 달려 있기 때문에 이것은 주문형 노동이 약속하는 유연성이 경제적 불안정으로 빠르게 변할 수 있다는 것을 의미한다. 매주 긱 수입을 예측하기가 매우 어렵기 때문이다. 자유에 대한 약속 역시 많은 사람들에게는 마찬가지로 공허하게 들린다. 특히 일부 긱 노동자들이 플랫폼 기업들을 법정에 세우지 못하도록 꼼꼼하게 구성된 계약상의 합의 때문이다. 상당수의 주문형 노동자들은 성공한 기업가정신의 전리품을 즐기기는커녕 불안정한 저임금 노동에 갇혀 있다.

4장에서 보는 것처럼 혁신의 서사 역시 다면적이다. 긱 경제가 현대 기술에 의존하는 혁신적인 면이 많이 있긴 하지만, 노동에 관한 한 사업 모델은 오래된 것이다. 이것이 '혁신의 역설(The Innovation Paradox)'이다. 많은 플랫폼 기업들의 사업 모델은 상대적으로 저숙련의 작업을 놓고 경쟁하며 강력한 중개자가 통제하는 대규모 노동력을 중심으로 구축된다. 노동의 미래는 옛 추억을 불러온다. 18세기 외주 노동에서 19세기 항만 노동에 이르기까지 이렇게 노동을 조직하는 방식과 그에 따른 근로조건에는 충분한 역사적 선례가 있다.

또한 단지 역사 속에서만 비슷한 모델들을 찾을 수 있는 것은 아니다. 기술은 제쳐 두더라도, 긱 노동은 임시 파견 노동에서부터 공급사슬 아웃소싱에 이르기까지 지난 수십 년 동안 우리의 노동시장에서 성장해 온 더욱 광범위한 균열화(Fissurization) 추세와 딱 들어맞는다. 더 자세히 살펴보면 혁신의 서사가 가진 훨씬 더 근본적인 문제가 금방 나타난다. 플랫폼 기업들이 취하고 있는 전략의 혁신적 요소들이라는 것이 사실은 단순히 미래의 경쟁자들이 진입하지 못하도록 현재 사업자의 지위를 공고히 하는 것을 목표로 하는 것에 불과할 수도 있다는 것이다.

해결책을 찾아보자

이러한 상황에서 5장은 주문형 경제의 노동을 어떻게 규제해야 할 것인지를 다룬다. '파괴적 혁신'이 법을 위반하는 것을 가리키는 IT용어가 되어 버린 이상, '혁신가들을 혁신(Disrupt the Disruptors)'해야 할 때가 왔다. 대부분의 주문형 긱, 태스크, 승차는 기업가정신이 아니라 노동이며, 그렇게 인식되어야 한다. 첫 번째 단계로, 그 산업을 노동법의 적용 범위 안에 둘 필요가 있다. 전 세계의 법체계는 사용자들이 노동자를 독립적인 기업가로 오분류하려고 시도할 때 그 대신 밑에 깔려 있는 관계의 현실에 초점을 맞춤으로써 대응하는 법을 배웠다. 고객과 플랫폼 기업들이 통제를 함께하는 좀 더 복잡하고 다자적인 시나리오에서는 책임져야 하는 사용자가 누구여야 하는지에 대한 의문이 더 커진다.

일단 노동법의 범위로 들어가면, 노동자들은 최저임금을 받을 자격에서부터 차별 보호에 이르기까지 기본적인 최저한도의 권리를 누리게 될 것이다. 그러나 긱 경제 노동의 간헐적인 성격을 고려한다면 저울의 균형을 다시 맞추고 플랫폼 기업에 비해 불평등한 긱 노동자들의 교섭력을 상쇄하기에 이 정도만으로는 충분하지 않을 것이다. 우리는 불안정 노동의 구체적 도전에 대응하기 위해 현재의 기준을 발전시킬 필요가 있다. 휴대 가능한 평점*****과 유연한 근로시간을 보상하기 위한 더 높은 임금 수준 그리고 사회적 파트너 참가를 재고하는 데 이르기까지 다양하다. 결론을 내리면서 긱 노동에 관한 가장 널리 퍼져 있지만 근본적으로 오해를 불러일으키는 신화 중 하나를 정면으로 다룬다. 그것은 바로 유연한 노동과 노동법 보호가 본질적으로 공존할 수 없는 것은 아니라는 점이다.

더 넓은 관점

노동법의 좁은 문제와 씨름한 뒤에 마지막 장은 한 걸음 뒤로 물러서서 주문형 노동의 의미 이면을 바라본다. 긱 경제의 성장은 소비자와 전체 시장에 무엇을 의미하는가? 플랫폼 기업들이 제공하는 서비스

***** 휴대 가능한(Portable) 평점이란 이용자가 한 플랫폼에서 형성한 평가 등급(평점)을 가지고 다른 플랫폼으로 옮길 수 있도록 하는 방안을 가리킨다. 자세한 내용은 5장 참조

의 실제 비용을 우리 모두가 소비자로서, 또 납세자로서 지불하게 될 잠재적 가능성이 있다는 증거가 늘어나고 있다. 일이 잘못되고 플랫폼 기업들이 책임을 거절할 때 소비자들은 낮은 가격에 더 나은 서비스를 제공하겠다고 약속했던 거래가 무너지고 있음을 갈수록 더 깨닫고 있다. 세금 측면에서 결제와 세금 징수의 단편화는 심각한 과소납부(Underpayment)와 집행의 문제들로 이어진다. 저비용 노동력의 확산은 심지어 진정한 혁신을 촉진하는 연구·개발(R&D) 그리고 근로조건에 투자할 의욕을 꺾고 말지도 모른다.

이러한 모든 시나리오에서 노동법은 '경기장을 평평하게 만들기(Levelling the Playing Field)'에 중요한 역할을 할 수 있다. 6장에서는 긱 경제의 '개인기업가'를 노동자로, 플랫폼 기업들을 사용자로 규정하는 것이 어떻게 규제 차익거래를 통한 착취 경로를 차단하고, 부정적 외부효과를 시정하며, 자산의 부적절한 할당을 방지하는지 보여 주기 위해 소비자 보호와 조세 집행에 관한 질문으로 돌아간다.

근본적인 수준에서 노동자, 소비자, 납세자, 시장에 대한 긱 경제의 문제는 모두 하나의 이슈에 의해 추진된다. 즉, 스스로를 강력한 서비스 제공자가 아니라 단순한 중개자로 표현함으로써 플랫폼 기업들은 자신들의 거의 모든 사업 위험과 비용을 다른 사람들에게 떠넘길 수 있다. 규제 차익거래와 외부효과 그리고 자산의 부적절한 할당은 모두 플랫폼 기업들에 유리하게 경기장을 왜곡시키고 나머지 모든 사람들에게 비용을 부과한다. 많은 감언이설이 그 반대로 말하지만, 긱 경제에 노동법을 적용하는 것은 혁신을 좌절시키기 위해 부담스러운 규칙을 시행하는 문제가 아니다. 기존의 노동법이 공평하게 적용되고 일관성 있게 시행되어야만 기업들은 평평한 경기장에서 경쟁할 수 있다. 만약 우리가 긱 경제의 위험에 노출되지 않으면서 그것의 약속을 실현하고 싶다면 노동법을 완전히 적용하도록 하는 것이 중요하다.

1

주문형 노동

Work on Demand

✲ ✲ ✲

2006년 6월, IT 칼럼니스트 제프 하우Jeff Howe는 인터넷이 일의 경계를 다시 긋고 있다는 것을 알아차렸다. 큰 기업에서 일하는 근로자들과 취미로 작업을 하는 아마추어들 사이의 오랜 구분이 점점 흐려지고 있었다.

> 제약 회사나 텔레비전 방송국처럼 서로 다른 업계의 스마트한 회사들이 군중(Crowd)의 잠재된 재능을 이용할 수 있는 방법을 발견하게 되면서, 취미 활동에 열심인 사람들, 단시간 노동자들, 애호가들에게는 갑자기 자신의 노력을 팔 수 있는 시장이 생겼다. 그 노동력이 항상 무료인 것은 아니지만 전통적인 노동자들에게 지불하는 것보다는 비용이 훨씬 적게 든다. 아웃소싱Outsourcing이 아니라 크라우드소싱Crowdsourcing인 것이다.[1]

크라우드소싱이란 '전통적으로는 직원들이 해 왔던 일을 가져다가 불특정 다수의 사람들에게 공개 모집 오디션 형식으로 아웃소싱하는 행위'라고 그는 설명했다.[2] 난데없이 나타난 크라우드소싱의 성장은 마치 혜성과도 같았다. 불과 10년 후, 크라우드소싱은 우리의 일상생활에까지 스며들기 시작했다. 전 세계의 도시에서 소비자들은 전통적인 택시 대신 우버를 부르고, 딜리버루를 통해서 음식을 주문하고, 태스크래빗에다 일손 도움을 요청하고, 아마존 M터크에서 소규모 디지털 일거리를 아웃소싱할 수 있다. 긱 경제에 온 것을 환영한다.

그 영향은 광범위하다. 전통적인 기업들은 플랫폼 기업으로 대체되고, 그들의 노동자들은 독립기업가로 재탄생한다. 샌디에이고대학의 오를리 로벨Orly Lobel 교수는 플랫폼 경제가 '기업에 있어서 패러다임의 변화일 뿐만 아니라 법 이론에 있어서도 그렇다'고 주장한다.[3] 이 대담한 주장은 많은 논란을 불러온다. 과연 그것이 사실인가? 그리고 아무튼 '긱 경제'에서 '주문형* 노동(On-demand work)'이란 개념은 도대체 무엇인가?

이 장에서 우리는 먼저 긱 경제가 어떻게 작동하는지 알아보려고 한다. 우리는 가장 중요한 플랫폼 기업들 중 일부를 살펴보고, 소비자와 노동자 사이의 거래를 형성하는 데 있어서 플랫폼 기업의 중심적 역할을 설명할 것이다. 이러한 디지털 노동 중개야말로 긱 경제를 이해하기 위한 핵심인데, 플랫폼 기업의 정교한 알고리즘이 노동자와 고객을 연결하고, 뒤따라 이어지는 관계를 지속적으로 통제하기 때문이다. 그러고 나서 우리는 긱 경제의 놀라운 다양성과 세계적인 성장을 추적할 것이다. 특히 그 아래에 깔려 있는 사업 모델 즉, 플랫폼 기업이 돈을 버는 방법에 중점을 두고 살펴본다. 마지막으로 우리는 디지

* 소비자의 수요에 맞춰 즉각적으로(On-demand) 고객 맞춤형 제품 및 서비스를 제공하는 경제 활동으로 소비자가 불렀을 때 바로 공급된다는 의미에서 호출형이라고도 한다.

털 노동 중개의 좀 더 광범위한 영향을 검토한다. 즉, 플랫폼 기업은 어떻게 단순한 매칭(Matchmaking)을 넘어서 노동자와 소비자의 경험을 형성하는가? 언제 어디서 일을 할 것인지 선택할 수 있는 유연성에서부터 혁신적이고 합리적인 가격의 서비스를 제공할 수 있는 능력에 이르기까지 긱 노동이 가진 잠재적인 장점은 다양하다. 그러나 간헐적이고 단기적인 '긱' 일거리로 사는 삶에는 경제적으로 불안정하고 전통적인 노동 보호를 받지 못한다는 단점도 있다.

긱 경제를 이해하기

*

당신이 근처 식당에서 음식을 배달시키든 복잡한 재산 분쟁에 도움을 받기 위해서 변호사를 찾든 이미 '그것을 위한 앱'이 있을 가능성이 높다. 긱 경제 플랫폼 기업들에 대한 설명은커녕 전체 목록만 늘어놓아도 이 책의 페이지를 훨씬 초과할 것이고, 인쇄되기도 전에 이미 구식이 될 것이다. 우버, M터크, 태스크래빗과 같은 플랫폼 기업은 그 유명세에도 불구하고, 빙산의 일각에 불과하다. 수많은 경쟁 스타트업 기업들이 그 사업 모델들을 베끼며 성장해 왔다. 우버는 미국에서 리프트, 중국에서 디디, 인도에서 올라 그리고 전 세계에 걸쳐 많은 지역 택시 앱과의 경쟁에 직면하고 있다. 태스크래빗은 모든 종류의 심부름을 처리하지만, 점점 더 많은 수의 사업자들은 예를 들자면, 식당과 같은 특정한 산업에 초점을 맞추고 있다. 음식배달 플랫폼 분야에서 경쟁

관계인 딜리버루와 푸도라는 2016년까지 10개국 이상으로 사업을 확장해 왔다.[4] M터크 역시 온라인에서 경쟁하고 있다. 그 경쟁자가 빠른 작업을 위한 파이버Fiverr가 되었든, 디지털 디자인과 프로그래밍을 포함하여 더욱 숙련된 작업을 위한 업워크Upwork와 같은 플랫폼이든 말이다.

더 복잡한 문제는 긱 경제의 브랜드와 사업 모델이 국가에 따라, 운영자에 따라 달라지기 때문에 발생한다. 날마다 새로운 플랫폼 기업들이 출시되고 오래된 플랫폼 기업들은 파산에 들어간다. 심지어 잘 자리 잡은 운영자들조차도 끊임없이 스스로를 재창조하는 것처럼 보인다. 플랫폼 기업은 고객 가격과 부과하는 수수료 그리고 특정한 과업을 노동자들에게 할당하는 방법을 여러 도시들에서 실험해 볼 수 있기 때문이다. 사실 이 장에서 설명하는 내용도 일반화에 의존할 수밖에 없고 미래에는 결코 적용할 수 없다. 단지 소프트웨어 업데이트만으로도 사업 모델을 쉽게 변경할 수 있기 때문이다.

주문형 경제의 끊임없는 진화를 따라잡기 위해 몇몇 학자들은 긱 경제 노동을 분류하는 체계를 마련하려고 시도했다. 이 분야의 대표적인 저자로는 독일 카셀대학의 얀 마르코 라이마이스터Jan Marco Leimeister가 있다. 그는 자신의 팀과 함께 크라우드소싱과 크라우드노동(Crowdwork)이라는 광범위한 분류 체계를 개발했다. 이 분류 체계는 예를 들자면 플랫폼 운영자가 주문형 노동자를 고용하는지 여부에 따라 크라우드노동을 '내부'와 '외부'로 구분한다. 후자의 범주(외부 크라우드노동)는 다시 일련의 '전형(Archetype)'들로 나뉘는데, 여기에는 대부분 간단하고 반복되는 과업들을 수행하는 '마이크로태스크Microtask'나 '더 장기간의 복잡한 일자리를 군중에게 주는' '시장형 플랫폼'과 같은 범주가 포함된다.[5]

이처럼 크라우드노동을 어디에서나 컴퓨터 뒤에서 작업을 완료할 수 있는 순수한 디지털 형태의 주문형 노동으로 이해하는 것은 보통 긱 노동과 대비된다. 긱 노동의 경우 음식배달이나 청소처럼 플랫폼 기업을 통해 중개되는 과업은 오프라인에서 이루어져야 한다.[6] 이 분야를 정리할 수 있는 기준 축은 거의 무제한에 가깝다. 작업이 온라인에서 완료되는지, 오프라인에서 완료되는지 여부도 하나의 가능한 차원이긴 하지만 그것이 유일한 구분인 것은 전혀 아니다. 예를 들어, 수행하는 과업의 종류가 특정되어 있는 플랫폼 기업(리프트, 딜리버루)과 일반적인 과업을 중개하는 운영자(파이버, 태스크래빗) 사이의 차이 또는 각 과업의 가격을 누가 설정하는지(어떤 경우에는 플랫폼 기업이 결정하지만, 다른 경우에는 고객이나 심지어 노동자 스스로 결정한다)의 차이에 대해 생각해 보라.[7]

실제로 모든 긱 경제 플랫폼 기업의 사업 모델은 서로 겹치고 교차하는데, 알고리즘에 의한 등급 평가 메커니즘을 사용하고 새로운 이름과 상표를 고안하는 것을 유난히 좋아한다는 점을 포함해서 몇 가지 중요한 공통점이 있다.

디지털 노동 중개

지금의 목적을 위해서 더욱 중요한 점은 긱 경제 플랫폼 기업의 사업 모델이 보편적으로 대규모의 주문형 노동자들, 즉 자신의 다음 '긱' 일자리를 찾는 군중들에 거의 실시간으로 의존하고 있다는 점이다. 저렴한 비용으로 신속한 서비스를 제공하겠다는 긱 경제의 약속은 소비자의 수요에 맞추어 쉽게 공급할 수 있는 많은 노동자들을 전제로 한다. '긱(Gigs)', '과업(Tasks)', '승차(Rides)'라는 언어 뒤에는 훨씬 더 정교한 사업 모델인 '디지털 노동 중개'가 자리 잡고 있는 것이다.

얼핏 보기에 플랫폼 기업은 긱 경제에서 단지 작은 톱니바퀴에 불과하며 특정한 서비스를 찾는 소비자와 그 과업을 수행하려는 적절한 사업자를 연결해 줄 뿐이다. 알고리즘은 이전에 수행한 작업의 품질과 현재 일할 수 있는지 여부에서부터 지리적 위치에 이르기까지 관련된 요소들을 광범위하게 고려하여 각 매칭을 최적화한 후 서비스 대가로 약간의 수수료를 부과한다.

그러나 자세히 살펴보면, 플랫폼 기업은 단순한 매칭 역할을 훨씬 뛰어넘는 **디지털 노동 중개**를 제공한다. 엄격하게 관리된 제품과 서비스를 고객에게 제공하기 위해 긱 경제 운영자들은 그들의 노동자를 긴밀하게 통제하면서 전체 거래를 적극적으로 형성한다. 우리는 3장에서 이 통제의 메커니즘을 탐구할 것이다. 다만 여기서는 주문형 경제에서 노동을 구성하는 요소들이 한 명의 사용자와 근로계약을 맺고 '오전 9시부터 오후 5시까지 일하는' 전통적인 일자리처럼 보이지 않을 수도 있지만, 그 노동의 현실은 진정한 기업가로서의 자유나 독립과는 종종 전혀 거리가 멀다고만 말해 두자. 결과적으로 품질 감독에서 간편 결제에 이르기까지 소비자에게 제공되는 서비스는 단순한 일회성 매칭을 훨씬 뛰어넘는다.

이것이 실제로 어떻게 작동하는 것인가? 우리는 다음 장에 걸쳐 수많은 다른 플랫폼 기업들과 마주칠 것이다. 사업 모델의 변형에는 거의 제한이 없기 때문이다. 그러나 디지털 노동 중개에 관해 감을 잡으려면 플랫폼 기업의 알고리즘이 고객과 노동자 사이의 관계를 형성하는 수많은 방법을 봐야 하고 이를 위해 세 가지 유형의 전형적인 운영자를 살펴보는 것으로 시작해 보자.

우버는 전 세계 도시에서 '모든 사람의 개인 운전기사'다. 우버 앱은 위치에 따라 고객['승객(Rider)']에게 [가장 저렴한 우버X(UberX)부터 프리미엄 자동차를 제공하는 우버 럭스(UberLUX)와 같은] 다양한 유형의 서비스를 제공한다.[8] 태스크래빗과 같은 플랫폼 기업은 훨씬 더 광범위한 서비스를 제공한다. 앱이나 웹 사이트를 통해 접속해 보면 이 회사는 런던뿐만 아니라 40개에 가까운 미국의 도시에서 집 이사와 가구 조립에서부터 청소와 작은 수리 작업에 이르기까지 다양한 일들을 도와줄 수 있다고 광고하고 있다.[9] 마지막으로, 긱 경제의 세 번째 전형적 유형으로서 디지털 원격 노동이 있다. M터크는 이 분야에서 가장 초기의 운영자 중 하나인데, 전 세계의 소비자와 기업['요청자(Requester)']을 노동자['터커(Turker)']와 연결한다. 제공하는 서비스는 다양하지만, 각 플랫폼 기업은 디지털 노동 중개자로서 운영된다. 즉, 소비자의 수요를 인력 후보군(Pool)의 노동자와 매칭시키고 그 관계 전체를 긴밀하게 통제한다.

개인 정보와 신용카드 정보를 플랫폼에 등록하기만 하면 소비자들은 이제까지 상상할 수 없었을 만큼 쉽게 (그리고 종종 훨씬 저렴한 가격으로) 긱 경제 서비스에 접근할 수 있다. 우버 운전자들이 활동하고 있는 어느 도시에서든 택시를 잡으러 거리로 나가지 않아도 버튼만 누르면 원하는 픽업 위치와 서비스 종류를 선택하여 간단히 '승차(Ride)'를 주문할 수 있다. 앱은 승객을 가까운 운전자와 연결하는데 운전자의 위치는 앱을 통해 확인할 수 있다. 운전자의 이름, 사진과 차량 세부사항을 포함한 정보를 승객에게 공유하기 때문에 쉽게 알아볼 수 있다. 차에 타면 (또는 만약 고객이 가격 견적을 원하면 그 전에) 승객은 자신의 목적지를 입력하고 알고리즘이 자동으로 경로를 파악한다.

태스크래빗에서 소비자는 작업의 종류를 선택하고 작업이 수행되어야 하는 시기와 장소를 지정한다. 알고리즘은 각 요청을 고객이 선택할 수 있는 '태스커Tasker' 후보자 명단과 매칭시키고, 태스커들의 경험과 시간당 인건비에 대한 정보를 제공한다. 때로는 가장 빨리 일을 맡을 수 있는 노동자에게 작업을 맡기는 '신속 배정(Quick Assign)' 기능도 이용할 수 있다. 청소할 아파트나 배달할 물품에 대한 세부사항은 앱을 통해 정리된다.

M터크의 경우에는 일거리를 이른바 인간지능작업[Human

Intelligence Tasks(HITs)]으로 쪼갠다. HIT란 사진에서 사물을 식별하고 영수증에서 제품 세부 정보를 추출하는 것에서부터 설문조사를 완료하고 음성이나 영상의 녹취를 푸는 것에 이르기까지 복잡하지 않고 필요한 기술 수준이 낮은 작업을 말한다. 요청자는 이러한 작업을 플랫폼에 올리고 (2센트를 거의 넘지 않는) 가격과 작업 기간 그리고 작업자에게 요구되는 자격을 설정한다.

마지막으로 M터크는 모든 결제 거래를 처리하고 나서 노동자(와 때로는 소비자)에 대한 등급 평가를 통해 피드백을 제공한다. 각 작업이 완료되면 요청자는 작업을 승인하거나 거부할 수 있다. 아마존이 20~40%의 수수료를 공제하고 나서 HIT 1건당 최소 0.5센트를 플랫폼 기업이 지급한다.

우버 승객은 목적지에 도착하자마자 차에서 곧바로 뛰어나갈 수 있다. 요금은 앱에 의해 결정되고 결제는 등록된 신용카드를 통해 처리된다. 우버는 (도시에 따라) 20~25%의 수수료를 떼고 나머지를 운전자에게 지급한다. 매 승차 후 승객과 운전자들은 별 5개 시스템을 통해서 서로 등급을 매기도록 요청받는데 그 누적된 평가 결과는 다음에 승차하기 전에 보이는 그들의 '등급'이 된다.

태스크래빗도 유사하게 작업이 완료되는 데 걸린 시간을 기준으로 청구와 결제를 처리한다. 각 태스커는 자신만의 시간당 보수를 설정할 수 있는데 태스크래빗은 여기에다 (이 글을 쓰는 시점에는 30%인) 수수료 그리고 노동자 배경 조사와 고객 지원 기금 조성을 위한 7.5%의

'신뢰 및 지원 요금'을 추가하며, '작업 도중에 예상치 못한 일이 발생' 할 경우에는 태스크래빗의 100만 달러 보험이 보장한다.[10] 작업이 완료되고 나면 고객과 노동자 둘 다 피드백을 남기는데, 고객은 많은 질문에 응답해 별 5개로 각 노동자를 평가한다. 장래 고객에게 정보를 제공하기 위해서 누적 등급은 모든 공개 평가 코멘트와 함께 태스커의 프로필에 표시된다.[11]

긱 경제의 규모는 얼마나 큰가?

가슴이 벅찬 미래학자들은 플랫폼 경제가 노동의 미래라고 우리에게 장담하고 있다. '새로운 정상(New normal)이 된 프리랜서'와 함께[12] 플랫폼 경제는 기업 조직, 경제 그리고 우리의 노동 생활을 근본적으로 변화시킬 것이라고 한다. 모두가 동의하는 것은 아니다. 잡지 《탤런트 이코노미Talent Economy》의 편집자인 프랭크 캘먼Frank Kalman은 '그렇게 믿지 않는다.'[13] 그는 긱 경제가 우리 노동시장의 극히 일부분을 나타내고 기업 노동 문화에 역행하며 많은 숨겨진 조정 및 거래 비용을 전통적인 기업들에 떠넘기고 있다고 주장한다. 요컨대 '긱 노동은 경제적 관점에서나 문화적, 성과적, 경영적 관점에서 모두 전체 노동력에서 작은 부분에 그칠 가능성이 높다.'[14]

그렇다면 긱 경제의 규모는 얼마나 큰가? 어디를 보느냐에 따라서 우리는 매우 다른 숫자에 직면하게 된다. 특히 전체 노동 인구 중 긱 경제 종사자 비중이 얼마나 되는지 판단하려고 할 때 그렇다.[15] 매우 극소수이긴 하지만 하버드대학의 경제학자인 로렌스 카츠Lawrence Katz와 프린스턴대학의 앨런 크루거Alan Krueger와 같은 몇몇은 2016년에 미국 노동 인구 중 단지 0.5% 즉, 80만 명을 넘지 않는 노동자만이 주문형 플랫폼 기업을 위해 일하고 있다고 추정했다.[16] 한편, 마크 워너Mark Warner 미국 상원의원은 "300만 명에서 5,300만 명에 이른다"고 (비록 믿기 힘들긴 하지만) 훨씬 더 큰 범위의 추정치를 인용했다.[17]

진실은 그 양극단 사이에 있다. 실제로 이 책을 쓰고 있는 지금은 (적어도 산업 규모에 관해서는) 좀 더 현실적인 합의점을 찾아가고 있는 것으로 보인다. 전통적인 설문조사에서부터 소득 출처 판단을 위한 은행 계좌 분석에 이르기까지 다양한 방법론을 사용한 몇 가지 연구 결과는 미국과 영국 노동 가능 연령 인구의 약 4%라는 수치로 모아져 왔다.[18] 영국의 싱크탱크인 RSA가 2017년 봄에 발표한 보고서도 이와 유사하게 추정하고 있다. 당시 영국에는 110만 명의 긱 노동자가 있고 대략 '15세 이상의 성인 중 3%가 어떤 형태로든 긱 노동을 시도했는데 이는 160만 명에 상당하는 성인에 해당된다'는 것이다.[19]

전반적인 노동시장 관점에서 보자면 이러한 수치들만으로는 대단히 심각한 상황처럼 느껴지지는 않는다. 더 넓은 노동시장에서의 긱 노동 규모를 측정하기 위한 가장 진지한 시도들이 그 범위를 과소평가하는 경향이 있다는 사실을 고려하기 전까지는 말이다. 현재의 통계적 측정 방식은 종종 모든 범위의 긱 경제 노동을 계산에 넣지 못하는데 그것은 특히 1차 소득원에 초점을 맞추는 경향이 있기 때문이다. 따라

서 긱 경제 노동으로 자신의 소득을 보충하는 노동자들은 공식적인 통계에서 제외될 가능성이 높다.[20]

긱 경제는 또한 점점 더 세계적인 현상이다. 특히 디지털 노동은 국경을 넘어 아웃소싱하기도 쉽다. 2017년 1월, 옥스퍼드 인터넷 연구소의 동료들은 전 세계에 걸쳐 이루어지는 온라인 긱 노동에 대해서 3년간 집중적으로 연구한 결과를 발표했다. 그들은 저소득 국가와 중간 소득 국가에 살고 있는 노동자들에게 플랫폼 노동이 점점 더 중요해지고 있다고 명확하게 결론 내렸다.[21] 케냐, 나이지리아, 남아프리카공화국, 베트남, 말레이시아, 필리핀에서 이루어지는 긱 노동에 대한 그들의 세부적인 분석은 이미 친숙한 그림을 그리고 있다.

> 특히 사하라 사막 이남의 아프리카와 동남아시아와 같은 지역에서는 디지털로 중개된 이러한 노동 기회를 이용할 수 있다. 청년 실업률이 사상 최고에 이르고 신흥국에서는 선진국에 비해 평균 임금이 현저히 낮기 때문에 새로운 노동의 원천이 특히 필요하다. 그러나 임금 하락 압력, 장시간 노동, 차별 그리고 일부 사람들에 대한 사회적 접촉 부족 등의 우려도 있다.[22]

런던에서부터 케이프타운, 뉴욕, 하노이에 이르기까지 우리가 관찰하고 있는 기회와 위협은 이 책을 통해 마주치게 될 긴장 관계를 잘 보여 준다.

폭발적인 성장

현재 긱 경제의 정확한 규모를 분명하게 밝혀내기는 어렵지만, 긱 경제의 성장 추세는 분명하고 또 세계적이기 때문에(위에서 언급된 수치들은 여러분이 이 책을 읽고 있을 때쯤이면 이미 아주 구닥다리가 될 것이다) 주문형 노동은 향후 몇 년 내에 훨씬 더 중요한 주제가 될 가능성이 높다.[23] 긱 경제는 급속하게 발전하고 있다. 심부름 플랫폼 기업 파이버의 CEO 미카 커프만Micha Kaufman은 2013년에 이미 다음과 같이 말했다.

> 혁명은 완전히 다른 종류의 경제로 구체화되고 있다. 우리가 긱 경제라고 부르는, 새로운 사업자로 이루어진 노동 인구는 전 세계적으로 빠르게 성장하고 있으며 곧 미국 노동 인구의 50%를 차지할 수 있을 것이다.[24]

제공되는 작업과 영향받는 산업의 범위, 매출액, 소비자와 노동자의 수, 그중 어느 방법을 가지고 측정하든 긱 경제의 성장률은 엄청나다.[25] 증가하는 소비자 수요는 산업 성장을 이끄는 핵심 요인이다. 갈수록 더 많은 작업들이 온라인 앱을 통해서 가능해짐에 따라 개인 소비자와 사업자 모두 주문형 노동에 의존하게 될 것이기 때문이다.[26] 예를 들면 집 청소 플랫폼 기업 핸디Handy의 경우는 출시된 지 2년도 안 되어 1주일에 100만 달러 상당의 예약이 잡힐 만큼 성장했다.[27] 우버 앱도 소비자들 사이에서 비슷한 인기를 입증했다. 2009년 봄에 샌프란시스코에서 설립되어 10년도 채 안 된 우버는 81개국의 거의 600개 도시에서 사업을 하고 있으며 2016년 새해 전날 하루에만도 세계에서 1,500만 건 이상의 운송 서비스를 제공했다.[28]

이러한 폭발적인 성장에 연료를 공급해 주는 것은 엄청난 양의 벤처캐피털 투자다. 2010년에는 불과 5,700만 달러가 주문형 플랫폼 기업 창업에 투자된 반면, 4년 후에 투자금은 40억 달러 이상으로 증가했다. 2017년까지 투자자들은 우버 한 회사에만도 120억 달러 이상을 쏟아부어 우버의 기업가치 평가액을 거의 700억 달러로 만들었다.[29)]

긱 경제가 왜 투자자들에게 매력적인가? 이 질문에 답하기 위해서 우리는 플랫폼 기업의 사업 모델로 돌아가서 근본적인 경제성을 더 깊이 살펴볼 필요가 있다. 디지털 노동 중개의 세계에서 중개자들은 실제로 어떻게 돈을 벌까? 그리고 벤처캐피털 회사들이나 다른 수준 높은 투자자들은 왜 많은 플랫폼 기업들을 그렇게 높게 평가하는가?

긱 경제의 경제학

✲

수치를 자세히 들여다보면, 우리는 가능성 있는 많은 설명을 곧 발견하게 된다. 어떤 사람들에 따르면 긱 경제는 플랫폼 기업이 영리한 알고리즘과 정교한 등급 평가 시스템을 통해 소비자 수요와 노동자 공급을 더 빠르게 매칭해 줌으로써 그렇지 않았으면 날아가 버렸을 사업 기회들을 붙잡을 수 있게 해 주어 가치를 창출한다고 주장한다. 반면에 다른 사람들은 대부분의 플랫폼 기업을 평가하는 핵심에 규제 차익 거래와 부정적 외부효과가 있다며 더 비판적인 입장을 취한다.

매칭과 중개

우리는 이미 긱 경제의 상업적 성공을 뒷받침하는 지배적인 이야기를 보았다. 플랫폼 기업이 사업 기회를 매우 우수하게 매칭하고, 긱 경제에서 잉여가치를 드러내어 창출한다는 것이다. 이렇게 부가된 가치의 작은 부분을 플랫폼 기업은 그 수수료로 벌어들인다. 여기에 의심할 수 없는 진실의 핵심이 있는데 더 빠른 매칭이 제품과 서비스시장의 기능을 크게 향상시킨다는 점이다.

노벨경제학상 수상자 크리스토포로스 피사리데스Christopher Pissarides는 고용 상황에서 이 모델을 앞서서 공식화한 사람들 중 한 사람이었다.[30] 회사들이 한 도시에서 노동자를 찾고 있고, 개인들은 다른 도시에서 일자리를 구하고 있는 노동시장을 상상해 보자. 양쪽 다 상대방을 찾아내기 어렵기 때문에 일자리는 채워지지 않고 노동자도 실업 상태로 남게 된다. 이러한 '탐색 마찰(Search friction)'은 낭비적이며 모든 사람들을 더 가난하게 만든다. 위치 추적과 이용자 등급 평가에서부터 순수하게 온라인상에서든 현실 세계에서든 소비자와 노동자를 매칭시키는 정교한 알고리즘에 이르기까지 기술적인 혁신을 통해 플랫폼 기업은 이러한 마찰을 급격히 줄였다. 예를 들자면, 호주의 경제학자는 자신의 대용량 엑셀 데이터 정리 작업을 도와줄 미국 학생을 금방 찾을 수 있게 된 것이다.

더 좋은 것은 플랫폼 기업이 매칭 이외에도 다른 시장 마찰까지 제거해 준다는 점이다. 독립기업가와 공개시장(Open-market)에서 거래할 소비자들은 서비스 제공자의 배경과 경험에 대한 정보를 찾고, 작업의 품질을 통제하고, 가격을 협상하기 위해서 상당한 시간과 노력을 들여야 할 것이다. 디지털 노동 중개의 진정한 가치는 이것이다. 즉, 긱 경제 사업자들은 얼마나 신뢰할 수 있는 노동자인지 정보를 제공하고, 청구와 결제를 처리하며 교환 전체가 이루어질 수 있는 (디지털) 인프라도 제공한다.

이야기는 계속된다. 거래 비용이 그렇게 급격히 감소함에 따라 로널드 코즈Ronald Coase가 설명한 전통적인 회사는 한물간 것이 되고, 그 대신에 우리는 시장(Market)과 위계 조직(Hierarchy) 사이의 혼합된(hybrid) 세계로 나아간다. 코즈의 회사 이론에 따르면 회사는 조정자로서의 기업가(Entrepreneur-coordinator)가 자신의 노동자와 다른 생산 요소들을 직접 통제하는 것이 시장으로 나가서 각 개별 거래를 흥정하는 데 드는 비용보다 훨씬 싸기 때문에 존재한다.[31] 반면에 그러한 거래로부터 나오는 모든 번거로운 일을 앱이 일단 덜어 내고 나면, 코즈의 이론 속에 나오는 기업가는 자산에 대한 투자는 말할 것도 없고 노동자들과 장기적인 거래도 더 이상 할 필요가 없을 것이다. 그때그때 필요할 때마다 개별 업무를 완료할 준비가 되어 있는 기업 외부의 군중으로 노동자를 대체할 수 있기 때문이다.

더 나은 매칭과 더 낮은 거래 비용은 의심할 바 없이 가치를 창출한다. (위에서 예로 들었던) 경제학자는 자신의 일을 더 빨리 끝낼 수 있고 그 학생은 약간의 추가 소득을 벌며 아마존은 매칭과 중개 서비스의 대가로 몇 센트의 수수료를 부과한다. 여기까지는 아주 좋다. 플랫폼이 없었다면 일어날 수 없었던 낯선 사람들 사이의 거래를 용이하게 하기 위해 인터넷이 이용된 것이다. 그러나 이 이야기는 공유경제 플랫폼 기업이 왜 그렇게 가치가 있는 것인지 묻는 근본적인 질문에 대해서는 대답해 주지 못하고 있다. 인터넷을 통해서 수요와 공급을 매칭시켜 줄 뿐인 스타트업 기업들이 어떻게 수백만, 수십억 달러의 가치로 빠르게 평가받을 수 있으며 경제적 혁명에 대한 권리를 주장할 수 있을까? 디지털 매칭 서비스나 온라인 마켓플레이스 그리고 크레이그리스트Craigslist나 검트리Gumtree와 같은 생활정보 사이트들도 어쨌든 거의 20년 동안 존재해 왔고 훨씬 더 낮은 가격으로 평가되고 있는데 말이다.

규제 차익거래

더 나은 매칭과 더 낮은 거래 비용을 통해서 플랫폼 기업의 1차적 가치 창출이 달성된다는 주장에 대해 줄리아 토마세티Julia Tomassetti 교수는 매우 비판적이다. '우리가 실제로 코즈 이론에 따라 우버의 이야기를 꼼꼼하게 따져 보게 되면 어떻게 될까? 그것은 버티기 힘들다. 코즈의 관점에서 본다면, 우버는 회사에 사망 선고를 내리지 않는다.'[32] 그는 비록 플랫폼 기업이 시장의 용어를 구사하지만 기술에 의존해 자신들의 노동자를 엄격히 통제하면서 구식 사용자처럼 운영한다고 주장한다.

토마세티는 긱 경제 플랫폼 기업이 기존 경쟁사들에 비해 거래 비용을 획기적으로 낮췄다는 사실을 부인하지 않는다. 그러나 거래 비용의 감소만으로는 플랫폼 기업에 대한 경이로운 평가와 파괴적 혁신에 대한 주장을 설명할 수 없다. 모든 반대 주장에도 불구하고 플랫폼 기업의 생산 프로세스에 관한 한 진정으로 새로운 것은 거의 없다. 우버는 전통적인 택시 회사의 기본 노선을 따르고 있다. 태스크래빗은 아웃소싱 노동자 파견업체의 노선을 따른다. 그 사업 모델을 이해하는 열쇠는 다른 것이라고 토마세티는 지적한다. 플랫폼 기업은 '후기산업주의(Postindustrial) 기업'의 최신 사례에 불과하다는 것이다.[33] 그들은 '이윤 극대화를 추구하지만, 반드시 생산적 사업을 통해서 이윤을 극대화할 필요는 없다. 오히려 그들은 자산 조작, 투기적 활동 그리고 여기서 가장 관련성이 있는 규제 차익거래와 같은 다른 수단을 통해 주주가치를 창출할 수 있다.'[34]

그게 무슨 의미인가? 빅터 플라이셔Victor Fleischer의 독창적인 연구는 규제 차익거래(Regulatory Arbitrage)를 '거래의 경제적 실질과 그에 따른 규제 조치 사이의 간격을 이용하기 위해서 거래 구조를 조작하는 것'이라고 정의하고 있다.[35] 다시 말하자면, 기업은 실제로 일어나고 있는 일을 규제 당국에 숨기고 법을 회피하기 위해서 사업 구조를 만들 수도 있다. 그는 관행적으로 '만연하고 있는' 규제 차익거래의 첫 번째 사례로 '고용 규제를 피하기 위해 근로자를 해고하고 독립계약자로 다시 고용하는 것'을 들었다.[36]

그런 점에서 긱 경제 사업 모델의 핵심은 노동법이다. 아니 오히려 노동법을 회피하는 것이다. 플랫폼 기업의 거래에서 '경제적 실질'은 대규모의 주문형 노동자 풀에 의존하는 것이다. 대규모 인력을 고용하면 책임이 발생하며, 이는 노동집약적인 사업 모델에 비용 부담이 된다. 사용자는 노동자를 통제할 수 있는 혜택을 누리는 대신에 노동법상의 규제를 받는다. 사회보장기여금, 최저임금, 병가에서부터 안전보건 규제와 노동조합 교섭에 이르기까지 재정적 부담을 안게 되는 것이다.

안정적인 고용 관계는 간접 비용과도 관련이 있다. 수요 변동의 위험을 개별 노동자에게 떠넘길 수 없기 때문이다. 버스 회사 운전자들은 승객의 탑승 여부와 관계없이 자신들의 노선을 따라 운행하고 임금을 받는다.[37)]

긱 경제에는 여러 형태의 규제 차익거래가 있다. 예를 들어, 자신들의 사업에는 택시 규제가 적용되지 않는다는 승차공유 플랫폼 기업의 주장에 대해 생각해 보자. 반면에 노동자를 독립 기업가로 묘사하고, 그들의 고용상 지위를 반박하는 것은 꾸준히 일관적인 주제다. 법적으로 보장받은 노동자들의 권리를 부정함으로써 주주가치가 창출되기 때문이다. 노동자를 독립계약자로 분류하면 플랫폼 기업은 자신들의 비용을 지불하지 않고도 서비스를 제공할 수 있다. 수요 변동의 위험뿐만 아니라 자산, 보수, 보험과 세금에 이르기까지 모든 책임은 개인기업가에게 전가된다. 이러한 금융 차익으로부터 얻을 수 있는 막대한 이익이 긱 경제 사업 모델의 핵심이다. 한 재무 전문가의 말에 따르면 '이러한 문제에서의 불리한 판단은 플랫폼 기업에게 특정 국가에서의 추가 보상 비용이나 세금을 부과할 수 있으며, 이는 플랫폼 기업이 그 사업을 운영할 능력에 중대한 악영향을 미칠 수 있다'는 것이다.[38]

규제 차익거래는 부정적 외부효과로 이어진다. 즉 플랫폼 기업의 활동으로 인한 사회적 비용이 플랫폼 기업의 사적 비용보다 더 높아지는 것이다. 예를 들어, 다음 승객을 찾으면서 거리를 배회하는 많은 자동차들을 생각해 보자. 플랫폼 기업이 가능한 한 많은 노동자를 언제라도 구할 수 있는 상태로 확보해 두려고 한다는 것을 우리는 이미 알고 있다. 이는 소비자들을 유인해 가장 가까운 어느 차에든 빨리 탈 수 있도록 해 주긴 하지만, 공급이 수요를 앞지르도록 설계되어 있기 때문에 운전자들이 바로 그렇게 어려움을 겪고 있는 것이다. 플랫폼 기업들의 알고리즘은 가능한 한 빨리 주문을 수행하기 위해서 노동자들을 생산성 낮은 환경의 덫에 가두어 놓았지만, 운전자들의 시간과 휘발유에서부터 많은 수의 자동차가 오염시키는 환경적 영향에 이르기까지 일자리를 찾는 다른 운전자들이 초래하는 비용은 무시했다. 고전적인 경제학 이론은 그 의미를 이렇게 설명한다. 만약 서비스 공급자가 자신의 제품이나 서비스에 의해 발생하는 모든 비용을 부담하지 않아도 된다면, 그는 결국 지나치게 많이 공급하게 될 것이다. 비록 개별 노동자 그리고 사실은 사회 전체가 손해를 보더라도, 플랫폼 기업은 항상 이익을 본다.

현금 소진**

지금까지 우리가 본 대로라면 긱 경제의 주주는 크게 기뻐하고 상당한 이익을 얻을 수 있어야 할 것이다. 자본 투자나 다른 부정적인 위험 없이 증가하는 수요를 충족시킬 수 있기 때문이다. 그러나 실제로는 대부분의 사업자가 높은 손실을 지속하고 있다. 운송산업 애널리스트 휴버트 호란Hubert Horan에 따르면 '2015년 9월에 끝나는 회계연도에 우버는 일반회계기준(GAAP) 14억 달러 수익에 20억 달러 손실로 마이너스 143%의 수익 마진을 기록했고, … 2016 GAAP 손실은 30억 달러를 쉽게 초과할 것이다.'[39] 비록 수치는 우버보다 덜 극단적이지만 수익성을 위한 투쟁은 다른 플랫폼 기업 역시 마찬가지다. 예를 들어, 태스크래빗은 2016년 말까지 흑자로 전환하는 것을 목표로 해 왔지만 그때가 되자 즉시 '그 주장에서 후퇴했다.' 물론 '곧 목표에 도달할 것'이라고 계속해서 주장하고 있긴 하다.[40]

호란은 이러한 손실의 주요 요인이 벤처캐피털이 대 주고 있는 보조금 때문이라고 말한다.

우버 승객들은 실제 운행 비용의 41%만을 지불하고 있었다. 승객 요금을 깎

** cash burn은 기업의 매출 및 수익에 비해 회사 운영, 개발비 등의 고정비 지출로 인해 얼마만큼의 현금이 소진되는지를 나타내는 용어로 통상적으로는 '현금 고갈'로 번역하지만 여기서는 시장 점유율 확보를 위해 엄청난 자금을 쏟아부어 써 버리는 전략을 가리키는 의미에서 '현금 소진(消盡)'으로 옮긴다.

> 으면서도, 비용의 100%를 승객 요금에서 충당해야 했던 경쟁자들보다 더 많은 서비스를 제공하기 위해 우버는 이 엄청난 보조금을 사용하고 있었던 것이다. 다른 많은 IT 스타트업 기업들이 성장과 시장 점유율을 추구하면서 손실을 입었지만 이 정도 규모의 손실은 전례가 없는 것이다.[41]

긱 경제 플랫폼 기업들이 성숙한 시장의 주체가 되면서 증가하는 손실은 어려운 문제를 제기한다. 그들이 과연 이익을 낼 수 있을까? 만약 아니라면, 규제 차익거래가 완전히 다른 모델을 위장하여 자본 투자의 잘못된 배분을 초래한 것인가? 우버의 재무 상태를 오랫동안 조사하여 이러한 우려를 앞서 제기한 이자벨라 카민스카Izabella Kaminska는 《파이낸셜타임스Financial Times》에 이렇게 썼다.

> 만약 우버가 싸다면 그것은 기존의 택시 시장을 혁신했기 때문이 아니다. 택시 회사들도 결국에는 정확히 똑같은 승차공유 기술에 접근할 수 있다. 반대로, 우버의 가장 큰 혁신의 근원이 값싼 돈이라는 것을 투자자들이 인식하지 못했기 때문이다.
>
> 사실 공짜 프로모션에 기반을 둔 지독한 가격할인 전술에서부터, 법적인 틀을 바꾸려는 공격적 로비 캠페인에 대한 값싼 자금 지원이나 막대한 여유 용량을 가진 시장의 무모한 홍수 덕분에 착취적인 노동 관행을 외면하는 것에 이르기까지, 그 어느 것도 값싸게 자금을 조달할 수 없다면 불가능할 것이다.[42]

만약 카민스카의 말이 맞다면 마지막으로 여전히 한 가지 질문이 남는다. 즉, 긱 경제 플랫폼 기업의 급속한 성장이 정말로 단지 규제 차익거래와 값싼 벤처캐피털의 조합에 의해서 추동된 것에 불과하다면 상식 있는 투자자들은 왜 경쟁적으로 투자하려는 것일까? 전례 없는 금액의 현금을 불에 태워 버리려는(Cash burn) 그들의 의지 뒤에는 무엇이 있을까?

네트워크 효과와 독점력

스타트업 기업들이 초기에 손해를 보는 것, 특히 시장 점유율을 높이기 위해서 제품에 보조금을 붙이는 것은 일반적인 일이다. 이는 투자자들이 이른바 네트워크 효과(Network effects)를 이용하고 싶어 하는 산업에서 중요한데, 네트워크 효과란 특정 서비스를 채택하는 소비자가 늘어날 경우 그것을 이용하는 모든 사용자가 이익을 얻게 되는 것을 말한다.[43] 예를 들어, 새로운 도시에서 승차공유 플랫폼 기업이 성장한다고 생각해 보자. 만약 많은 소비자들이 택시를 타기 위해서 특정 앱을 사용하고 있다면 운전자들로서는 그 앱에 가입하는 것이 더 매력적일 것이다. 이용할 수 있는 운전자 풀이 커지면 소비자들이 다음에 탈 택시를 찾기가 더 쉽고 저렴해지며 한 발 더 나아가 새로운 운전자들이 앱에 가입할 인센티브가 더욱 증가할 것이고 그렇게 계속 순환이 이어질 것이다. 긱 경제 플랫폼 기업이 종종 승객뿐만 아니라 운전자들을 위한 보조금에 상당한 양의 현금을 투자해 이 과정을 시작하려 하는 것은 놀라운 일이 아니다.

그러나 휴버트 호란은 이것이 이야기의 전부가 아니라고 한다. 현금 소진은 단순히 네트워크 효과를 이용하려는 것이 아니라, 플랫폼 기업이 독점력을 추구하는 단계라는 것이다. 그는 가장 두드러진 예로서 우버에 다시 한 번 초점을 맞추어 그 관련성을 설명한다.

> 가장 중요한 것은 투자자들이 제공한 충격적인 130억 달러의 현금은 좀 더 효율적인 현재의 사업자들을 몰아내기 위해서 수년간 약탈적 경쟁을 할 수 있도록 보조하는 데 필요한 자금의 규모와 일치한다는 점이다. 우버의 투자자들은 그들이 '공정한 경기장'의 시장 조건에서 기존 경쟁자들을 완파할 수 있다고 생각해서 130억 달러를 투자한 것이 아니다. 그 수십억 달러는 '공정한 경기장' 경쟁을 뼈만 남은 자신들의 비용을 감당하기 위해 애쓰면서도 자본에 접근하지 못하는 기존 소규모의 사업자들과 수십억 달러의 손실을 수년간 기꺼이 보조해 줄 실리콘 밸리의 억만장자들이 자금을 대 주는 거대기업(Behemoth) 사이의 절망적인 전투로 바꾸기 위해 마련되었다. 지금까지 우버의 성장을 감안할 때, 독점적 지대(Rent)가 현재의 보조금 수준과 금융 위험을 만회해 주리라는 투자자들의 기대는 꽤 그럴듯해 보인다.[44]

이러한 설명은 각 경제 플랫폼 기업의 성장이 경쟁의 증가로 이어져서 그 결과, 낮은 가격과 더 높은 품질을 가져올 것이라는 생각과 냉혹하게 대비된다. 즉, 비싼 비용을 들여서 네트워크 효과를 추구하는 일부 플랫폼 기업의 목표는 아마도 경쟁의 촉진이 아니라 억제일 것이다. 이렇게 설명한 요소들을 어떻게 조합해서 사업 모델을 만드는지에 따라서 개별 플랫폼 기업은 항상 달라질 것이다. 그러나 그 문제에 어떤 방식으로 접근하든지 간에, 그 밑에 깔려 있는 경제학은 말이 안되는 것처럼 들린다. 우리가 마지막 장에서 다시 보게 되는 곤란한 상황이다. 더 빠른 매칭, 디지털 노동 중개 그리고 다양한 등급 평가 알고리즘은 많은 경제적 이익을 창출할 수 있는 잠재력을 가지고 있다.

반면에 상당한 현금 소진에도 불구하고 규제 차익거래, 외부효과 그리고 수익성 부족은 우리 모두를 생각에 잠기게 할 것이다.

주문형 노동의 약속, 그리고 위험

✲

그러나 당분간 우리 대부분은 이러한 경제적 논쟁에 주의를 거의 기울이지 않을 것 같다. 기업과 소비자 모두 시내를 가로지르는 승차를 찾고, 심부름과 잡일을 처리하고, 일을 온라인으로 크라우드소싱하기 위해 긱 경제로 눈을 돌리고 있는 반면, 겉으로 보기엔 점점 더 늘어나는 노동자들이 고객 수요를 충족시키기 위해 경쟁하고 있다. 그 결과, 긱 경제에서 소비자의 일상생활 경험과 노동자의 노동 둘 다 점점 더 공개 조사를 받게 되었고, 확실히 엇갈린 결과가 나왔다.

삶의 밝은 면을 바라보며(Looking on the Bright Side of Life***)

긱 산업의 고위 경영진들은 금융위기와 실업률 상승의 시대에 긱 경제 플랫폼 기업이 '깜박이는 희망의 빛이며, 미국 노동자를 구해 주는 원동력'이라고 주장했다.[45] 이렇게 보면, 긱 경제는 노동자들에게 믿을 수 없는 기회를 제공한다. 전통적인 노동의 전형적인 빡빡한 근무시간

*** <Always Look on the Bright Side of Life>는 1979년 작 코미디 영화 <Monty Python's Life of Brian>의 마지막 장면에 나온 노래로 영국과 영연방 국가에서 상당한 인기를 끌었고 지금도 함께 즐겨 부르는 국민가요다. 멜로디가 경쾌하고 앞부분 가사는 매우 긍정적이지만 중반 이후로는 냉소주의적인 내용이 가득한데, 시궁창 같은 상황에서도 웃으라고 강조하는 역설적인 노래다.

과 갑질하는 직장 상사는 없으면서도 유연한 노동과 필요할 때마다 추가 소득을 얻을 수 있는 기회를 준다는 것이다.[46] 가내 노동자들에서부터 형사범죄로 유죄 판결을 받은 사람들에 이르기까지 전통적으로 노동시장으로부터 배제된 집단에게 긱 경제는 진짜 구명밧줄이 될 수 있다. 온라인 계정만 있으면 돈벌이를 시작할 수 있는 파이버나 아마존 M터크와 같은 디지털 중개 플랫폼을 통해 누구나 쉽게 일을 찾을 수 있다.

많은 노동자들은 동의한다. 그리고 왜 자신들이 긱 경제에서 일하는 것을 즐기는지 기꺼이 공유한다. 예를 들어 우버의 웹 사이트에는 '운전자-파트너 이야기'가 많이 있다.

> 어머니와 아버지. 선생님과 학생들. 예술가들과 운동선수들. 우버의 드라이버 파트너들은 각계각층의 사람들입니다. 우버와 운전하는 이유가 자신의 열정을 지지하기 위해서든 아니면 단지 여가시간에 여분의 돈을 벌기 위해서든, 전 세계의 우버 파트너들을 만나서 무엇이 그들을 감동시키는지 알아보십시오.[47]

그들의 이야기는 정말로 고무적이다. 긱 노동의 유연성과 추가적인 소득은 많은 사람들이 자신들의 목표를 추구하고 오랫동안 간직해 온 꿈을 성취할 수 있게 해 준다. 에티오피아에서 코네티컷주 뉴헤이븐으로 이민을 와서 대학 수업을 들으며 시간 내어 우버를 운전하는 요셉을 만나 보자. "뉴헤이븐에서 운전하면서 요셉이 가장 좋아하는 것은 승객들을 만나는 것이다. '예일대학에는 모든 종류의 흥미로운 사람들이 모이고 있습니다.'"[48] 아니면 '가족 사업을 위한 마케팅과 아들의 모든 야구 경기를 보러 다니는 것 사이에 균형을 맞추기 위해 우버를 운전하는 열혈 엄마 크리스틴'이 있다. 그는 이렇게 조언한다. "해 봐!"[49] 그리고 로렌이 있다. 그는 예술가이자 시애틀 스쿨버스 운전사고, 모험가다. "우버는 그가 원할 때마다 유연한 근무시간을 허용해 왔다. '만약 당신이 낮잠을 자고 싶거나 장을 보러 가야 한다면 그냥 파란색 버튼을 끄고, 원할 때 언제든지 돌아오면 된다.'"[50]

살림이 더 나아진 것은 노동자들뿐만 아니다. 소비자들 역시 긱 경제의 성장으로 이익을 본다. 이전에는 너무 비싸서 감당할 수 없었던 서비스를 갑자기 버튼만 누르면 이용할 수 있게 되었다. 우버를 타 보거나 M터크에서 설문조사를 맡겨 본 사람이라면 누구나 신속하고 저렴한 서비스가 가져다주는 편리함과 만족감에 익숙할 것이다. 승차 공유 플랫폼 기업에 대한 선호도 연구 결과를 보면 소비자들은 저렴한 가격, 폭넓은 선택권, 좀 더 손쉬운 접근성을 즐기는 것으로 나타났다.[51]

긱 경제 플랫폼이 도와준다면 불가능한 것이 없어 보인다. 심지어 남부 캘리포니아 최고 등급의 해변 중 한 곳에서 아이의 생일 파티를 개최하는 일까지도 말이다.

> 아들의 여덟 번째 생일 해변 파티에 약 40명의 손님이 올 것으로 예상되었기 때문에 로스앤젤레스의 한 고객은 당연히 약간 도움을 줄 일손을 찾고 있었다. 다행히도 태스크래빗은 그에게 레인 F라는 태스커를 연결해 줄 수 있었

> 다. 레인은 아이들과 함께하는 일에 경험이 많고 또한 실력이 뛰어난 이벤트 기획자 겸 스태프이기 때문에 이번 일을 하기엔 완벽한 적임자였다. 그는 미소를 띤 채 모든 일을 해냈고, 그의 도움으로 파티는 큰 성공을 거두었다![52)]

그러한 이익은 사회 전반으로 확대된다. 즉, 긱 경제는 만약 그것이 없었다면 낭비되었을 시간과 자산을 우리가 활용할 수 있게 해 주어 경제 성장을 이끄는 것이다. 플랫폼 기업은 실업률이 높아지는 세계에서 일자리를 창출하고, 노동자들에게 추가 수입을 제공하며, 전통적으로 문제가 있는 부문에서 노동을 공식화한다. 플랫폼 기업의 매칭 알고리즘은 '낯선 사람들 사이의 더 큰 신뢰를 키울 수 있다. … 거래의 주춧돌, 기술이 다른 것이 된다.'[53)]

또한 긱 노동의 성장은 좀 더 간접적이고 예상치 못한 이익을 사회에 가져다줄 수도 있다. 뉴욕시립대학의 제시카 린 펙Jessica Lynn Peck의 연구는 우버의 도입이 음주운전 사고에 분명한 영향을 미친다고 주장한다. 그의 추정에 따르면 2011년 5월에 뉴욕시에서 우버가 영업을 시작한 이후, 음주 관련 충돌 사고는 25~35% 감소했다.[54)] 주문형 노동은 심지어 환경에도 유익할 수 있다. 북미에서의 자동차공유에 대한 2010년 연구는 공유 차량 1대당 9~13대의 자동차를 도로에서 줄일 수 있다고 주장했다.[55)]

달의 어두운 면(The Dark Side of the Moon****)

주문형 경제에 대해 칭찬하고 누릴 수 있는 부분이 많지만 우려를 낳는 이유도 있다. 또 다른, 어두운 그림을 제시하는 언론 기사와 정책 보고서, 학술적인 글들이 점점 더 늘어나고 있다. 이러한 생각은 긱 경제가 노동자를 냉소적으로 착취하고 있으며 소비자와 일반 대중에게도 해로울 수 있다고 주장한다.

2017년 초여름 영국 총선 때까지 프랭크 필드Frank Field 의원은 하원 노동연금위원회 위원장을 맡아 긱 경제 노동에 대한 중요한 조사를 총괄했다. 그 위원회에 제출된 증거는 괴로운 내용이었다. 나중에 런던교통청에 제출한 민간 보고서에서 그는 '3대 악'을 다루면서 '노동시장의 이 특정 영역의 맨 아래에 무척 필요한 최저선을 마련하라'고 규제 당국에 촉구했다.

> 우리는 우버와 함께 일하는 운전자들이 우리에게 묘사한 노동 현실이 빅토리아 시대의 고한苦汗 노동(Sweated labour)이라는 정의와 딱 맞는 것처럼 보이는 점을 언급하게 되어 유감스럽다. 1890년에 상원 특별위원회는 수입이 겨우 생계를 유지하기에 겨우 빠듯할 때 노동이 '착취되는(Sweated)' 것으로 간주했다. 근로시간은 노동자들의 삶을 거의 끊임없는 노역 기간으로 만드는 수준이었고, 근로조건은 노동자들의 건강에는 해롭고 대중들에게 위험했다.[56]

운전자들이 제출한 자료를 분석한 결과, 운전자들은 '생계를 위해

**** <The Dark Side of the Moon>은 영국 밴드 핑크 플로이드가 1973년 3월에 발매한 앨범이다.

장시간 도로 위에 있어야' 했고 '자신의 노동 패턴을 결정할 자유가 없음'에도 불구하고 '영국 생활임금의 3분의 1에도 못 미치는 수입을 집에 가져갈 위험에 처해 있었다.'[57]

미국의 전국고용법프로젝트(NELP) 역시 긱 경제 노동에 대해 비슷하게 비판적 목소리를 내 왔는데 특히 '마이크로 임금(Micro wage)'과 착취적인 근로조건을 강조하고 있다.[58] 소비자 수요를 예측하는 것이 불가능하기 때문에 유연성은 환상에 불과하다. 사생활 침해적인 데이터 수집은 이용자들의 사생활을 부정한다. 노동자들은 점점 고립되어 서로 경쟁하게 된다. 주문형 경제에 대한 NELP의 보고서는 어느 낙담한 크라우드노동자가 올린 온라인 게시물을 인용하고 있다.

> 끔찍하다. 디지털 착취공장, 노예 임금, 때로는 임금 없음. 당신은 최저임금 이하를 받기 위해서 (서커스에서 재주넘기에 쓰는) 후프를 터무니없이 많이 뛰어넘으라는 요구를 받게 될 것이다. 만약 여러분이 대졸이거나 전문적인 작가이거나 글 쓰고 있는 그 분야의 전문가라면 이것을 위해 자신을 낮추지 말아라. 그것은 당신의 전문가로서의 자존감을 죽일 뿐이다.[59]

영국 왕립인력개발원[The Chartered Institute of Personnel and Development (CIPD)]의 조사는 더 나아가 긱 경제 노동자들의 재무적 회복탄력성이 전반적으로 저조하다고 경고한다. 그들 중 절반 가까이 '만약 예상치 못한 상황으로 인해서 자신의 소득을 잃는다면 주요 청구서나 생활비를 밀리지 않으면서 살 수 있는 기간이 한 달 이하거나 최대 두 달'이라고 응답했다.[60] 심리학자들은 저임금 불안정 노동이 공중보건에 가져

올 수 있는 위험의 의미를 점점 더 강조한다.[61)]

이러한 우려는 새로운 것이 아니다. 학자들은 기술이 노동시장 불평등을 만드는 주요한 원인이 되고 '사이버 프롤레타리아'를 낳는다고 오랫동안 주장해 왔다.[62)] 노동사회학자인 어슐러 휴즈Ursula Huws 교수는 긱 경제가 출현하기 수십 년 전에 '사이버타리아의 형성'에 대해 썼다.[63)] 그러나 빠른 기술 발전은 이러한 경향들 중 많은 부분이 가장 날카로운 칼날을 찾아냈다는 의미를 갖는다. 소비자 그리고 더 넓은 사회 후생에 대한 걱정도 함께 커진다.

예를 들어, 더 저렴한 가격으로 더 나은 서비스를 제공하겠다는 약속을 생각해 보자. 이 그림은 긱 경제의 제품과 서비스 품질에 대한 우려 때문에 점점 더 부정되고 있다.

품질에 문제가 생기는 이유는 쉽게 알 수 있다. '훨씬 저렴해야 하기 때문에 이것들이 꼭 기존 선두 경쟁업체와 같은 수준의 품질일 필요는 없다.'[64)] 가격도 소비자가 생각하는 것보다는 더 비싸다. 역동적인 알고리즘 덕분에 플랫폼 기업은 수요나 광범위한 다른 요소들에 따라 밑에 깔려 있는 비용의 몇 배까지 가격을 인상할 수 있다.[65)]

사회 전반적으로 볼 때 경제 활동이 늘어나면서 전체적으로 이득이 발생하는 것을 부정하기는 어려울 것이다. 그러나 이것들이 얼마나 균등하게 분배되는가? 평론가들은 이중 노동시장이 공고화되는 것을 우려하고 있다. 《이코노미스트The Economist》는 긱 경제 기업가들에 대해 이렇게 지적했다.

> 시간에 쫓기는 도시 전문직 종사자들과 일자리가 모자란 노동자들을 제때에 연결해 주는 주문형 서비스 기업을 지나치게 많이 만들면서, 그 과정에서 때로는 기술이 주도하는 사회적 불공평으로 혐오스러운 그림을 만들었다. 케빈 루즈Kevin Roose는 주문형 경제에 관해서 잡지 《뉴욕New York》에 기사를 쓰면서 자신이 홈조이를 통해 고용한 집 청소 도우미가 노숙자 쉼터에서 살았다는 고백으로 시작한다.[66]

다른 우려는 경쟁적인 시장경제 전반의 미래로까지 확대된다. 예를 들어 다음과 같은 RSA의 우려를 생각해 보자.

> 소수의 공유 플랫폼 기업은 새로운 경쟁업체의 진입을 제한하는 것뿐만 아니라 한 산업의 가격, 생산, 투자에 영향을 미치는 독점력의 징후가 보이는 정도까지 그들의 네트워크를 확장할 수 있었다.[67]

일부 긱 경제 플랫폼 기업은 단지 재빠른 스타트업들이 아니다. 그것들은 시장을 장악하고 독점을 공고히 하는 실질적인 위협이 될 수 있다.

뭐가 어떻게 돌아가는 것인가?

✲

서로 대립하는 이러한 설명 뒤의 경험적 증거로 돌아가면 우리는 직관에 반하는 결론에 도달하게 된다. 두 가지 주장에 모두 진실이 있다는 것이다. 어떻게 그럴 수가 있냐고? 근로조건에서뿐만 아니라 작업에 있어서도 방대한 이질성이 긱 경제 노동을 뒷받침하고 있기 때문이다. 이러한 다양성은 이 책 전반에 걸쳐 나타나는 핵심적인 주제 중 하나다.[68] 긱 노동은 하나의 동질적인 범주로 생각할 수 없다. 특히 주문형 노동에 대한 우려를 해결할 '해법'을 찾으려고 할 때 그렇게 하고 싶은 유혹에 빠지게 되지만 말이다.

놀랍지도 않겠지만 최근에 나온 세계은행 보고서는 노동의 성질이 다르면 노동자 경험도 완전히 다르게 바뀐다는 내용을 담았다.

> 필리핀에서 단시간으로 일하는 한 온라인 노동자는 (나중에 업워크Upwork로 브랜드 이름이 바뀐) 오데스크oDesk에서 녹취 풀기, 데이터 입력 그리고 기본적인 행정 서비스 등의 업무를 수행하면서 시간당 3~4달러의 수익을 번다고 보고했다. 이와는 대조적으로, 나이지리아의 숙련된 온라인 프리랜서는 소프트웨어 개발과 웹 사이트 디자인으로 시간당 20달러의 수익을 올렸다. 고급 시장에서는 특허나 벤처캐피털을 컨설팅하는 온라인 프리랜서들이 시간당 40달러 이상을 벌 수 있다.[69]

2016년 가을 컨설팅 그룹 맥킨지가 실시한 상세한 연구는 긱 경제 노무 수행자를 네 가지 범주로 구분했다. '독립적 노동을 적극적으로 선택하고 여기서 주된 수입(Primary income)을 얻는' **자유계약자**(Free agent), '보조적 소득을 얻기 위해 긱 노동을 선택해서 의존하는' **간헐적 소득자**(Casual earner), '독립적 노동으로 주된 생계를 유지하지만 전통적인 일자리를 선호하는' **소극적 독립노동자**(Reluctant) 그리고 '선호하지는 않지만 겨우 먹고 살 만큼이라도 벌기 위해서 부업을 해야 하는' **재정적 궁핍자**(Financially strapped)가 그것이다.[70] 대체로 긱 노동 인구 중 다수는 첫 번째나 두 번째 범주에 들어가며 자신의 선호에 따라 선택해서 긱 노동에 참여한다고 그 보고서는 주장했다. 그럼에도 불구하고 그 보고서 저자들은 이렇게 관찰했다.

> 그 문제의 중요성은 여전히 두드러진다. 우리의 조사 결과를 확대하면 5,000만 명의 미국인과 유럽인들이 마지못해서 독립적 상태에 있으며, 그중 2,000만 명 이상이 자신의 주된 수입원을 독립적 노동에 의존하고 있음을 알 수 있다.[71]

훨씬 더 중요한 것은 저소득 가정의 경우에는 불안정하고 예측할 수 없는 독립적인 노동에 의존하게 될 가능성이 더 높다는 점이다. 반대로 더 높은 소득을 올리는 가정에서 그것은 선택의 문제였다.[72] 선택의 자유 역시 긱 노동자가 자신의 일을 즐기는지 판단하는 데에서 핵심적인 요소라고 그 보고서는 밝힌다. '자신의 상황 때문에 어쩔 수 없이 그 일을 하고 있다고 느끼기 때문에 당연히 만족도가 훨씬 더 낮다고 보고한다.'[73]

주문형 경제가 미치는 더 폭넓은 영향에 대한 양적인 경험적 증거는 '매우 부분적이고 결론적이지 않다. 많은 경우에 그것은 단순히 입증되지 않은 얘기일 뿐이며 현재 논쟁의 이해관계자들이 종종 주장한다.'[74] 결과적으로 긱 경제를 논의할 때 우리는 긱 경제의 약속과 위험을 모두 염두에 두어야 한다. 이어지는 장에서는 노동자의 경험과 소비자의 경험이 왜 크게 다를 수 있는지를 알아보기 위해 긱 경제를 깊이 파고들어 살펴볼 것이다.

이제 우리가 접해 온 서로 대립적인 이야기들의 더 넓은 함의를 탐구해 볼 시간이다. 그것들이 각 경제에 대한 서사와 그에 따른 법적 규제를 형성하는 중요한 구성 요소들이기 때문이다.

2
감언이설
Doublespeak

✲ ✲ ✲

1946년에 조지 오웰은 '정치적 언어는 주로 완곡어법과 논점회피 그리고 완전히 흐리멍텅한 모호함으로 이루어져야 한다'고 썼다. '어떤 사람의 진짜 목적과 외부에 내세우는 목표 사이에 차이가 있을 때, 그는 먹물을 뿜어내는 오징어처럼 본능적으로 긴 단어와 진부한 관용구들을 늘어놓게 된다.'[1] 물론 그가 말했던 역사적 맥락은 매우 달랐고, 오늘날의 관용구들은 진부하기는커녕 종종 신박하다. 그러나 그 밑바탕에 깔려 있는 경고는 70년 전만큼이나 중요하다.

긱 노동은 굉장한 기회와 심각한 문제를 동시에 내놓는다. 그렇지만 이런 복잡한 현실은 좀처럼 공론화되지 않는다. 격렬한 로비 노력이 진행되고 있고 걸려 있는 정치적 이해관계가 크기 때문이다. 성장하고 있는 주문형 경제를 놓고 규제 당국이 고심하고 있는 가운데, 긱 경제에 대한 그리고 더 중요하게는 그에 대한 법적 규제를 위한 우리의 합의를 형성하기 위해서 감언이설(Doublespeak)*이 펼쳐지고 있다.

* Doublespeak은 사실을 호도하기 위해 고의적으로 쓰는 모호한 이중화법(二重話法)이라는 뜻이다.

긱 경제를 이해하려면 혁신과 기술, 공유와 협력적 소비, '긱'과 '태스크'라는 용어의 이면을 살펴보는 것이 중요하다. 우선 우리는 긱 경제를 전혀 규제해서는 안 된다는 주장을 들여다볼 것이다. 플랫폼 기업들은 마치 '규제를 통해 공고한 기득권을 누리는 골리앗과 싸우는 디지털 다윗'처럼 묘사된다. 우리는 이러한 논리가 교묘한 정도를 달리해 가며 여러 차례 반복되고 있다는 것을 알아차릴 수 있다. 아주 거칠게 말해자면 혁신으로 가는 길을 법이 가로막고 있으니 '파괴적 혁신' 사업은 그냥 내버려 둬야 한다는 이야기다.

조금 더 세련된 주장으로는 새로운 형태의 규제를 만들자는 제안들도 있는데 다양하게 보여도 그 주제는 결국 공통적이다. 즉, 민주적 정당성을 가진 국가의 규제 기관에 의존하지 말고 '더욱 합리적이고 윤리적이며 참여가 보장된' 규제 모델을 개발해야 한다는 것이다. 이용자와 공급자가 동등하게 권한을 부여받고, 문제가 되는 규제의 제정을 책임지는 모델 말이다.[2] 그러나 이러한 이야기에 우리가 오래 붙잡혀 있을 필요는 없다. 잠깐만 들여다보더라도 파괴적(Disruptive) 기술을 위한 주장은 기존의 규제 체제를 무시하거나 단순히 현행법을 위반하는 행위를 정당화하는 것에 불과한 경우가 많음을 알 수 있기 때문이다.

한편, 노동에 다른 이름표를 붙이려는 일관된 시도에 대해서는 훨씬 더 면밀히 따져 볼 가치가 있다. 처음에 이 전략은 주로 새롭게 등장하는 모델들을 경제 활동이 아닌 사회운동으로 혹은 적어도 전통적인 노동과는 근본적으로 구별되는 다른 것으로 묘사하는 데 중점을 두었다. 그러나 실체가 빠르게 드러나고 있다. 오늘날 대부분의 평론가들은 긱 경제의 영리 추구에 대해 분명히 알고 있다. 법원 역시 계약을 통해 노동자들을 독립계약자로 재분류하려는 교묘한 시도를 점점 더 좌초시키고 있다. 반면에 진정한 기업가정신과 혁신에 대한 긱 경제의 주장은 훨씬 더 중요한 도전을 제기한다. 만약 그것이 사실이라면 전통적으로 노동을 규제하기는 힘들어질 것이기 때문이다.

서사 꾸며 내기

✲

걸려 있는 이해관계가 어마어마하다. 1971년에 노벨경제학상 수상자 조지 스티글러George Stigler는 어떤 산업에 유리하게 경제적 규제를 형성함으로써 얻을 수 있는 많은 이점들을 열거하면서 핵심적 시장 참가자들이 규제 당국을 '포획'해 우호적인 대우를 확보하려고 어느 정도까지 가는지 강조했다.[3] 그러한 영향력에는 뇌물에서부터 돈벌이가 되는 일자리의 가능성에 이르기까지 다양한 형태가 있을 수 있다고 그는 지적했다. 그러나 가장 중요한 것은 규제 대상 기업이 관련 정보를 규제 당국보다 훨씬 더 많이 보유하는 '정보 비대칭'이다.[4]

산업적 '서사(敍事, narrative)'는 이러한 정보 비대칭을 형성하는 중요한 도구가 된다. 어떤 대상이 이해할 수 없거나 새롭고 다른 것으로 인식된다면 규제하기가 어렵기 때문이다. 그래서 어떤 산업이든 그 산업의 활동과 그 활동이 사회에 미치는 영향에 대해서 특별하고 호의적인 그림을 만들어 내는 것이 중요하다. 그 서사에 기반해서 규제가 이루어질 텐데 진정한 기업가정신과 혁신을 육성하는 것에 반대할 수 있거나 반대할 정치인은 없을 것이기 때문이다.

그러므로 대부분의 플랫폼 기업들이 자신들의 홍보와 정치적 소통을 위해 많은 자문가와 전략가들을 고용하는 것은 놀라운 일이 아니다. 투명성의 정도는 다르지만 주문형 경제를 대변하기 위해 일하는 업계 대표 그룹과 로비 단체들이 우후죽순으로 많이 생겨났다.

공유경제 비평가 톰 슬리Tom Slee는 '단체행동과 진보정치의 언어를 사적인 경제적 이익을 위해서 도용하는' 그와 같은 로비 노력의 특히 흥미로운 사례로 피어스(Peers.org)를 들고 있다.[5] 피어스는 스스로를 '공유경제 운동을 지원하기 위한 구성원 주도의 조직', '세계 최대의 독립적 공유경제 공동체' 그리고 '공유경제를 더 나은 노동 기회로 이용해 노동자를 지원'하려는 목표를 가진 조직이라고 다양하게 묘사하지만 현실은 다소 다른 것 같다.[6]

잡지 《살롱Salon》의 앤드류 레너드Andrew Leonard는 초기에 홍보 전화를 받고 의아해했다.

> 그렇다면 분명한 질문은 '피어스가 누구를 대표하는가?' 하는 것이다. (그 조직의 당시 이사였던) 나탈리 포스터Natalie Foster는 피어스를 가리켜 '공유경제를 성장시키는 것'을 목표로 하는 '풀뿌리 조직'이라고 표현했다. 그러나 한 《블룸버그Bloomberg》 기자가 전화로 몇 가지 캐묻자 '풀뿌리'라는 단어가 피어스에

> 어울리지 않는다는 점이 금세 드러났다. 포스터는 결국 피어스가 22개의 협력사와 함께하고 있고, 그들 중에는 공유경제 공간에서 영업 중인 다수의 회사들이 있다는 것을 인정했다.[7]

실리콘 밸리의 여러 벤처 기업들과 마찬가지로 피어스 역시 사업 모델이 여러 번 바뀌었다. 비록 여전히 '공유경제 노동자를 지원한다'는 말을 쓰고 있긴 하지만, 이 책을 쓰고 있는 지금은 핵심적으로는 주문형 노동으로의 진입 관문의 역할과 수많은 플랫폼 기업의 광고 그리고 이와 관련된 서비스(특히, 보험)를 제공한다.[8] 휴대 가능한(Portable) 복리후생에는 건강보험, 퇴직 저축 상품 그리고 심지어 복리후생에 대한 회사의 기여금까지 포함된다. 그것은 '당신이 일하는 회사가 (완료한 작업, 판매한 매출액, 제공한 승차에 따른) 복리후생 비용을 내줄 수 있다'는 내용이지만 그 기능은 '곧 출시될 예정'(아직 출시 전)이다.

다른 팀들은 적어도 구성원에 관해서는 약간 더 투명하다. 테크뉴욕Tech: NYC의 예를 들어 보자.

> 뉴욕시의 IT 부문을 대표하는 비영리 회원 단체입니다. 뉴욕시의 IT 기업 및 IT 인재의 성장을 지원하고, 포용과 다양성을 촉진하며, 모든 뉴욕 시민이 연결성, 기술적 도구 그리고 훈련에 접근할 수 있도록 만들어 주는 규제 환경을 강조하는 정책을 옹호합니다.[9]

2015년 3월 출범한 산업 협회인 공유경제 영국(Sharing Economy UK)은 목표가 더욱 뚜렷하다. 이 기구는 스스로를 '공유경제 공동체를 대표하고, 소비자와 공유경제 기업들을 보호할 수 있는 변화를 로비하

면서 정부와 긴밀히 협력하기 위해 설립된 것'이라고 설명하고 있다.[10)]

규제 당국을 저지하기

✲

물론 그러한 로비 활동 그 자체로는 놀랄 만한 것이 없다. 모든 산업은 자신의 활동에 대한 대중적 인식을 긍정적으로 만들려고 애쓰기 때문이다. 그러나 긱 경제의 감언이설은 훨씬 더 근본적인 쟁점을 제기한다. 그 서사들은 단순한 마케팅 도구가 아니라 특별히 정치적으로 규제에 대응하기 위해 고안된 것들이다. 아주 극단적으로 말하자면, 규제를 완전히 없애 달라는 요구다. 현행 법 체제는 기존의 고압적인 경쟁자들의 지위를 공고히 해 민첩하고 파괴적 혁신을 하는 스타트업 기업의 성장을 막기 때문에 소비자와 노동자에게 해롭다고 묘사하는 것이다.

꼼꼼히 따져 보자. 이러한 서사가 맞는 말일까? 특정한 종류의 법률적 간섭에 반대하는 급진적 주장의 핵심에도 진실이 있긴 하다. 도시 교통처럼 규제가 심한 산업에서 운영되고 있는 플랫폼 기업들 일부에 한해서는 그렇다.

반면에 이러한 주장이 긱 경제 전반으로까지 확대될 수 있을지는 불분명하다. 일부 참가자들은 빠르게 스스로 골리앗이 되었고, 주문형 플랫폼 기업의 대다수는 규제가 심한 산업에서 운영되고 있지 않으며, '파괴적 혁신'이라는 개념 자체가 전혀 새로운 의미를 띠게 되었을지도 모르기 때문이다.

혁신적인 다윗들

구약성경 《사무엘서》에는 이스라엘이 블레셋과 싸운 전투 이야기가 나온다. 어마어마하게 강력한 골리앗이 40일 동안 사울왕의 군대 앞에서 소리를 지르고 있었는데, 그때 다윗이라는 어린 목동이 그 거인과 싸우겠다고 앞으로 나아갔다. 그는 야생동물들과 몇 번 맞서 싸워 본 경험이 전부였지만 돌팔매용 물매와 몇 개의 돌만 들고 나가서 중무장한 적을 날려 버렸다.[11)]

실리콘 밸리의 많은 투자자들이 보기에는 이것이야말로 주문형 경제의 앱과 플랫폼 기업들의 성장에 딱 들어맞는 본보기다. 큰 기업들을 파괴할 운명을 안고 등장해 지나친 형식주의와 관료주의적 규제 열기에도 불구하고 마침내 성공하는 재빠른 스타트업 기업들 말이다. 비록 가지고 있는 무기는 상대가 안 되고 성공할 가능성도 적어 보이지만 결국 승자가 권력을 쟁취한다. 당연히 다윗이 이스라엘의 왕이 된 것이다.

종교적인 비유가 과장된 것 같더라도 조금만 더 참고 들어 보시라. 앞으로 우리는 공유경제의 메시아를 향한 열정과 거듭 마주칠 것이다. 뿐만 아니라 미래의 경제와 노동시장에 대한 그들의 예언자적인 계시와도 만날 것이다. 많은 플랫폼 기업들에는 심지어 자신들만의 고유한 건국신화까지 있다. IT 전문 잡지 《와이어드Wired》는 '이웃을 돕는 이웃들'이라는 태스크래빗의 아이디어가 이렇게 탄생했다고 보도한다.

> 2008년 2월의 어느 겨울밤, 매사추세츠주 케임브리지에 살던 28세의 IBM 엔지니어 버스키Busque는 자신의 노란 개 코비에게 줄 사료가 떨어졌다는 것을 깨달았다. 그가 원한 것은 단지 다른 누군가가 눈 오는 바깥에 터벅터벅 걸어서 다녀와 주는 것뿐이었다. 그는 말한다. '온라인상에 당신이 갈 수 있는 공간이 있으면 얼마나 좋을까 하는 생각이 들었습니다. 어떤 작업에 얼마만큼 지불할 용의가 있는지 가격을 정할 수 있는 사이트 말이죠. 내가 기꺼이 지불하려는 금액을 벌기 위해서 기꺼이 개 사료를 사러 갈 누군가가 내 이웃 중에 분명히 있었을 테니까요.'[12)]

여러분은 대부분의 IT 대기업에 그런 이야기들이 있다고 말할지도 모른다. 차고에서 애플을 탄생시킨 스티브 잡스에서부터 페이스북을 설립하기 위해서 하버드대학을 중퇴한 마크 주커버그에 이르기까지 말이다. 그게 사실이긴 하지만 만약 플랫폼 기업들의 운영과 그들이 차지하는 사회적 위치에 관한 이야기라면 상황은 더욱 어려워진다. 그러한 관점에서 본다면 건국신화들은 주문형 기업들을 규제의 조준목표점으로부터 보호하기 위해서 고안된 더 큰 서사의 일부인 경우가 많다. 주문형 기업들을 규제산업 활동의 비주류에 속한 작고 힘없는 참가자인 것처럼 그리는 것이다.

자유지상주의(Libertarian) 잡지인 《카토 언바운드Cato Unbound》에 쓴 글에서 매튜 피니Matthew Feeney는 주문형 플랫폼 기업에 대한 규제에 반대하는 주장을 웅변적으로 밝히고 있다.

> 공유경제 기업들은 운송, 숙박, 그 밖의 산업을 통제하는 많은 규제들이 지나치게 부담스럽다고 강조해 왔다. 규제 당국은 새로운 혁신적 기업에 낡은 규제를 부과하거나 정실주의情實主義를 조장하고 성장을 가로막는 새로운 규제를 만들어 내려는 충동을 억눌러야 한다. 공유경제의 경쟁자들은 경쟁할 기회를 얻을 자격이 있으며, 규제 당국은 공유경제가 파괴적으로 혁신하고 있는 산업의 규제를 풀어서 그들이 경쟁할 수 있도록 도울 수 있다. 어떤 공급자가 살아남고 어떤 공급자가 실패할 것인지는 규제 기구가 아니라 자유시장의 힘이 결정해야 한다.[13]

정부의 규제는 대기업들의 이익을 굳건히 해 주고, 혁신적인 스타트업 기업들이 경쟁할 수 있는 기회를 빼앗으며, 정실주의를 조장하고, 성장을 가로막는다는 이야기다. 수백억 달러의 가치를 평가받는 우버의 공동 창업자가 자신은 '타고난 독점 파괴자(Trust-buster)'라며 《파이낸셜타임스》에 으스대고 있는데도 말이다.[14]

규제 전투

규제를 반대하는 주장에도 여러 가지 다른 입장들이 있다. 국가의 간섭을 대놓고 거부하는 것에서부터 근본적으로 다른 새로운 규제 모델을 요구하는 것까지 다양하다. 전자의 접근 방식은 플랫폼 기업들의 급속한 확장에 열쇠가 될 수 있다. 특히 많은 사업자들이 '허가를 구하지 않고 (일단 저지른 뒤에) 용서를 구한다'는 전략에 의존하고 있는 운송산업에서 그러하다. 세부적인 사항은 나라와 도시마다 다르지만 근본적인 질문은 거의 비슷하다. 바로 '전통적인 운송 사업자와 우버나 리프트와 같은 플랫폼 기업에게 동일한 규제와 면허제도가 적용되어야 하는가?' 하는 것이다. 역사적으로 국가와 지자체의 규제 당국은 면허총량제에서부터 가격 통제, 운전자 신원 확인, 일반적인 면허조건에 이르기까지 많은 요건을 택시 회사에 부과해 왔다. 그러나 플랫폼 기업들은 자신들은 운영 방식이 근본적으로 다르기 때문에 같은 요건을 적용해서는 안 된다고 주장한다.

이것은 곧 전 세계의 규제 당국이나 기존 기업들과의 극명한 충돌로 이어졌다. 런던에서는 영어 시험 의무화를 둘러싼 법적 분쟁이 법원에서 장기간 이어졌고, 뉴욕에서는 빌 드 블라시오Bill de Blasio 시장과 정치적 싸움이 뜨겁게 펼쳐졌다. 케냐 나이로비에서는 우버 자동차가 불탔고, 프랑스에서는 '불법' 택시 운영 혐의로 우버 임원들이 경찰에 체포됐다. 독일에서는 2015년에 법원 명령으로 우버의 특정 서비스를 금지했고, 덴마크에서는 2017년 봄에 우버가 새로운 택시 규제에 대응해 철수하겠다고 발표했다.[15)]

규제를 전면적으로 거부하지 않는 사람들조차도 '실험부터 우선, 규제는 그다음에' 방식의 장점을 강조하는 경향이 있다. 예를 들어 뉴욕대학 스턴경영대학원의 아룬 순다라라잔Arun Sundararajan은 '역사를 보면 다른 형태의 경제들에는 다른 규제 방식들이 필요하다'고 단언한다. '단순히 기존의 규칙을 채택해 새로운 경제에 적용하는 것은 가능하지도 않고, 경제적으로도 성공할 수 없다'는 것이다.[16)] 그러나 기존의 규제가 너무 경직되었기 때문에 고쳐서 쓸 수조차 없다는 주장에 대해서는 반대 의견도 강력하다. '기술이 발전할 수 있다면, 법도 발전할 수 있다'고 주장해 온 케임브리지대학 사이먼 디킨Simon Deakin 교수 역시 그중 한 명이다.[17)]

규제 실험에 대한 강조와 관련해 여러 학자들은 '허가받을 필요 없는(Permissionless) 혁신'을 지지하는 '혁신 법 관점(Innovation law perspective)'을 채택해야 한다고 주장해 왔다. 이에 따르면 '신기술 및 신사업 모델에 대한 실험은 일반적으로 당연히(By default) 허용되어야 하고, 그것들이 발전되고 나면 문제점은 나중에 해결될 수 있다'고 한다.[18)] 하지만 그러한 접근 방식은 과거의 결정이 현재와 미래의 선택에 강력한 한계를 부과할 수 있다는 점을 고려하지 않는다. 다시 말해, 규제의 경로 의존성을 감안하면 신중하게 고민하는 것이 우선 중요하고, 야심만만하게 파괴하는 것은 그다음이어야 한다.

마지막으로, 플랫폼 기업에 대한 규제가 일부 필요하다고 인정하는 제3의 입장이 있다. 하지만 그들은 주문형 경제 자체가 그 규제를 제공하기 위해 훌륭하게 자리 잡고 있다고 주장한다. '규제는 신뢰의 제공과 종종 뒤섞이기 때문에 꼭 정부에 의해 만들어질 필요는 없다. 역사적으로 규제는 정부가 주도하든 그 밖의 방식이든 다양한 형태를 취할 수 있다.'[19)] 소논문 <이용자 간 공유경제에서의 자율 규제와 혁신(Self-regulation and innovation in the peer-to-peer sharing economy)>에서 몰리 코언Molly Cohen과 아룬 순다라라잔은 '정부가 아니라 당사자에게 규제 책임을 다시 할당하자'고 주장했다. '플랫폼 기업들을 규제해야 할 대상으로 보지 말아야 하며 오히려 그 분야에서의 규제 프레임워크의 핵심 부분인 행위자로 간주해야 한다'는 것이다.[20]

그러나 자세히 살펴보면 이러한 접근 방식이 갖는 몇 가지 문제가 금방 명백해진다. 첫째, 코언과 순다라라잔 스스로도 지적하고 있듯이 특정한 규제 영역에서는 분명한 이해 충돌이 나타날 수 있다.[21] 둘째, 우리가 이미 보았고 6장에서 자세하게 다루겠지만 주문형 경제에서 특정 플랫폼 기업들은 그들의 특정한 시장에서 거의 독점적 지위를 점하는 경향이 강하다. 그런 상황에서 자율 규제(Self-regulation)는 사리사욕적인 규제(Self-**interested** regulation)로 이어질 가능성이 높다. 공유경제 영국의 행동강령(Code of Conduct)을 보면 그런 종류의 자율 규제에 대해 우리가 예상할 수 있는 통찰을 미리 얻어 볼 수 있을 것이다. 공유경제 영국의 구성원들은 그 행동강령에 반드시 서명해야 하는데, 거기서 (규제하는) 가장 분명한 제한은 플랫폼 기업의 연락처 정보를 온라인상에서 명확하게 보이도록 해야 한다는 의무인 것 같다.[22]

새로운 골리앗들

완전한 규제 철폐 또는 적어도 업계 자율 규제에 대한 대부분의 요청은 소규모 스타트업 혁신을 육성해야 한다는 논리를 전제로 하고 있다. 이러한 가정에는 많은 이유에서 문제가 있다. 경쟁이 늘어나는 것은 정말 바람직한 일이다. 그러나 새로운 플랫폼 기업들이 계속해서 설립되(었다가 망하)는 가운데, 이미 자리를 잡은 플랫폼 기업들은 빠르게 스스로 골리앗이 되어 버렸다. 신규 플랫폼 기업들은 기존 사업자에게 우호적인 규제와 애초부터 마주치지도 않았던 것이다. 거의 모든 플랫폼 기업의 사업 모델에는 진정으로 파괴적이거나 혁신적인 것이 거의 없는 경우가 많다. 그 대신에 '혁신'은 점점 더 완전히 다른 어떤 것을 가리키는 암호가 되고 있다. 바로 법을 어기는 것이다.

기존의 규제가 단순히 현행 사업자를 보호하는 진입 장벽 역할을 하고 있다면, 경쟁이 늘어나는 것은 깊이 뿌리내린 경제적 이해관계에 도전한다는 측면에서 노동자와 소비자 모두가 환영할 일이다. 노동과 서비스 시장에 더 쉽게 접근할 수 있게 되기 때문에 많은 사람들이 혜택을 받을 것이다. 런던에서 택시를 몰고 싶은 사람들은 더 이상 '지식' 시험을 보기 위해 런던의 지리를 공부하느라 몇 년을 보낼 필요가 없다. 또 파리에서 성격 나쁜 택시 운전사들과 의사소통해야 했거나 맨해튼에서 비 오는 금요일 오후에 택시를 부르기 위해 고생했던 소비자들에게 물어보면 이 새로운 서비스들이 가져다주는 소비자 가치를 확인할 수 있을 것이다.[23)]

샌디에이고대학의 오를리 로벨Orly Lobel 교수는 플랫폼 경제에 대한 법적 규제를 관찰하면서 다루기 **어려운** 규제(공공복지가 걸려 있는 경우)와 다루기 **쉬운** 규제(법적 규제가 경쟁을 저해하고 진입 장벽을 만드는 경우)를 구분해야 한다고 제안했다. 그의 지적에 따르면 노동법의 문제들은 어려운 경우에 해당하지만, 전통적인 택시 규제는 그렇지 않다.

후생을 증진시키는 것이 아니라 기득권 이해관계를 보호하는 법은 다루기 쉬운 경우다. 허가를 받기 위해 필요한 요건을 까다롭게 하려는, 즉 업계 이익단체들 말로는 승차공유 기업들과 택시 회사들 사이에 혹은 다른 플랫폼 기업들과 그들이 파괴하려는 기업들 사이에 '경기장을 평평하게 만드는' 시도들은 일반적으로 플랫폼의 진화에도, 더 넓게는 경쟁 시장에도 해롭다.[24)]

그러나 대부분의 플랫폼 기업들은 그런 문제들과는 관련이 없다. 플랫폼 기업 대부분은 규제가 심한 환경에서 운영되고 있지 않기 때문이다. 그런 점에서 본다면 승차공유 앱들은 주장의 본질을 흐리는 잘못된 예시(Red herring)에 불과하다. 납작하게 포장된 DIY 가구의 조립이나 온라인 설문지 작성, 테이크아웃 음식배달 등은 지역 택시 시장과 같은 수준으로 규제되는 경우가 드물다. 실제로 노동법에 관해서 본다면 플랫폼 기업이 운송과 같이 규제가 심한 산업에서 운영되는지 아니면 집안 청소처럼 완전히 규제되지 않는 분야에서 운영되는지 여부는 보통 별 상관없는 질문일 것이다.[25)]

심지어 플랫폼 기업들이 작고 혁신적인 다윗이라는 생각조차도 꼼꼼히 따져 보면 의심스럽다. 영국 왕립예술협회(RCA)의 브르미 발라람Brhmie Balaram 선임연구원은 재빠른 스타트업 기업들이 대기업에 맞서 경쟁하고 있다는 프레임에 대해 이의를 제기했다. 오히려 '소수의 공유경제 기업들이 전통적인 산업의 거인들을 제치고' 스스로 독점적 지위를 공고히 하고 있다는 것이다.[26)] 심지어 그것은 사자나 곰을 때려잡기 위해 위험을 무릅썼던 다윗에 비유할 수도 없다. 그 성경 이야기의 현대판에서는 다윗이 공개경쟁에서 야생동물들과 대결하는 것이 아니라, 승차 서비스 플랫폼 기업 리프트가 카풀 기업 히치Hitch와 세차 플랫폼 기업 체리Cherry를 인수한 것처럼 오히려 그들의 주식이나 자산을 인수하는 장면을 보게 될 것이기 때문이다.[27)]

골리앗도 더 이상 걱정할 필요가 없다. 드물게나마 진짜로 충돌이 일어나더라도 오늘날의 전사들은 정면 전투를 피하기 위해 자신들의 텐트를 공유하는 편을 선호하는 것 같다. 두 회사가 승객과 운전자의 이동에 대한 보조금으로 수십억 달러를 쏟아부으며 오랜 전투를 벌인 끝에 2016년 8월 우버는 경쟁사인 디디추싱에게 지분의 약 20%를 받는 대가로 자신의 중국 사업 전체를 매각했다고 발표했다. 곧바로 어떤 결과가 일어났을까? 베이징의 승객들은 할인 코드와 그 밖의 보조금이 즉시 철회되어 승차 비용이 거의 두 배로 올랐다고 SNS에 불평하느라 바빴다.[28)]

파괴적 혁신?

설령 그렇다고 하더라도 공유경제의 일부 지지자들은 기존 사업 모델들을 혁신적으로 파괴하는 플랫폼 기업 주도 성장 덕분에 사회가 큰 이익을 얻고 있다고 주장한다. 돌을 몇 개 주워다가 물매로 던지는 것은, 얼마나 많은 병사들이 그러고 있든 간에, 무거운 갑옷과 칼보다는 훨씬 덜 자본집약적으로 적을 죽이는 사업 방식이라는 것이다.

파괴적 혁신 이론을 지지하는 하버드대학 경영대학원의 클레이턴 M. 크리스텐슨Clayton M. Christensen은 "그렇지도 않다"고 대답한다. 그는 2015년 12월에 《하버드비즈니스리뷰Harvard Business Review》 기고문을 시작하면서 '비록 우버는 거의 항상 그렇게 설명하고 있지만, 재무적 성과와 전략적 성과로 봤을 때 우버를 진정한 파괴적 혁신이라고 할 수 없다'고 선언했다.[29] 크리스텐슨과 그의 공동 저자에 따르면, 파괴적 혁신은 '하위제품(Low-end) 시장이나 새로운 시장을 발판으로 생겨날' 필요가 있고, 품질적인 측면에서 따라잡는 데 시간이 좀 걸린다(그것이 '파괴적 혁신이 시장에서 가격을 떨어뜨리는 방식'이다). 두 가지 모두 우버에는 해당되지 않는다. 이 과격한 서사의 지지자들이 이 정도로 좌절할 것이라는 뜻은 아니다. 감언이설은 대중적 공론에 계속 침투해서 기존의 관념들과 경영의 언어를 필요에 따라 재구성하는데 여기에는 파괴적 혁신의 이론도 포함되기 때문이다.

본래의 좋은 버전에서 크리스텐슨은 '자원이 모자라는 중소기업이 확고하게 자리 잡은 기존 기업에 성공적으로 도전할 수 있는 과정'을 설명했다.[30] 이것은 IT 저술가이자 한때 IT 스타트업 경연대회 '테크크런치 디스럽트TechCrunch Disrupt'의 주최자였던 폴 브래들리 카Paul Bradley Carr가 관찰한 결과와 대조된다.

> 원래 실리콘 밸리에서 혁신적 기업이라는 말은 작은 규모를 이용해 더 큰 산업이나 부풀려져 있는 경쟁자를 흔들어 놓는 기업을 뜻했다. 하지만 갈수록 컨퍼런스의 무대는 자신만만한 밀레니얼 세대 사업가들로 가득 찼다. 그들은 마치 내가 당신의 개를 훔치는 것이 반려동물 소유권의 개념을 '혁신'하는 것

이라는 식으로 현실 세계의 법과 규제를 '혁신'하겠다고 공언했다. 판사가 기업가에게 '이것이 합법적이냐'고 여러 차례 질문할 때마다 그는 분명히 '아직까지는 아니(지만 곧 합법화 될 것이)'라고 대답할 것이다. 청중들은 크게 웃으며 박수갈채를 보내곤 했다. 이렇게 대담하다니! 얼마나 혁신적인가! 그러나 사실은 실리콘 밸리가 여전히 '혁신'이라고 부르는 것이 실제로는 매우 불길한 어떤 것으로 진화했다는 것이다.[31]

공유경제의 감언이설에서는 규제를 무시하는 것이 최고의 미덕처럼 보일 수도 있다. 법을 위반하는 플랫폼 기업들을 마치 마하트마 간디나 로자 파크스와 같은 저항적 영웅들에 비유하면서 말이다. 프랭크 파스퀘일 교수와 시바 베이디야나탄Siva Vaidyanathan 교수는 이러한 비유를 공격하면서 더 어두운 비유를 제시했다.

오늘날 '기업이 (법률을) 무효화'하는 것은 [민권투쟁 기간에] 억지스럽고 기회주의적인 헌법 해석에 근거해 연방법을 스스로 '무효화'할 수 있다고 선언했던 남부의 주지사와 입법부의 전철을 밟은 것이다. 자유지상주의에서 영감을 받아서 회사들이 무효화 시도에 나섰을 때, 그것은 규제 당국이 그들과 맞설 준비를 마치기 전에 먼저 자신들의 서비스를 확립해서 완전히 인기를 얻으려는 것이었다.[32]

극단적으로 말하자면, 규제 완화가 '크라우드 기반 자본주의'의 세계에서 혁신을 촉진한다는 주장은 정부 규제를 기껏해야 쓸데없고, 최악의 경우에는 전도유망한 혁신을 파멸시키는 제약이라고 규정한다. 그것은 실제로는 종종 경쟁자와 소비자, 사회 전반을 희생시켜서 특정 플랫폼 기업들에게 최대의 수익성을 보장하려는 시도에 지나지 않는다.

경쟁이 늘어난다는 주장에도 일말의 진실이 있긴 하지만, 규제를 완전히 철폐해야 한다고 주장하기 위해 지나치게 논리를 비약하는 것에 많은 사람들이 속아 넘어가지는 않을 것이다. 이 냉혹한 입장을 뒷받침하기 위해 필요한 서사는 주요 행위자들에 대해 오해를 불러일으키도록 그림을 그리고, 혁신적 진보에 대한 전통적인 개념을 잘못 적용하며, 최악의 경우에는 규제 당국이 따라잡을 수 있을 때까지 법을 위반하는 것에 대한 얄팍한 핑계로 작용한다. 그러나 플랫폼 기업들은 긱 경제 노동에 대한 인식을 형성하는 것에서 더 큰 성공을 거두었다. 노동법이 긱 경제를 제약하는 핵심적 역할을 하고 있기 때문에, 플랫폼에 기반한 노동을 혁신적인 기업가정신으로 포장해서 파는 것이야말로 플랫폼 기업의 감언이설을 위한 일등공신이다.

노동에 다른 이름표 붙이기

✲

2016년 초여름, 영국의 주요 소매업체인 스포츠 다이렉트Sports Direct의 사장 마이크 애슐리Mike Ashley는 영국 상원특별위원회에 불려 나가서 그 회사의 주요한 물류창고 중 한 군데의 작업 환경에 대해 여러 질문에 답변하게 되었다. 그곳의 노동자들은 아웃소싱 파견업체들을 통해서 이른바 영시간계약(Zero-hours contract)**으로 고용되어 하루하루 일을 전혀 보장받지 못했다. 또한 자의적인 '6 스트라이크 정책'이 시행되고 있어서 심지어 아주 경미한 규칙 위반으로도 해고당할 위험이 있었고, 최저임금 이하의 임금을 받고 있었다.

그 결과 보고서의 결론은 지독하다.

> 스포츠 다이렉트의 작업 관행과 사업 모델에 스포트라이트를 비추자 끔찍하게 충격적인 현실이 드러났다. 스포츠 다이렉트의 노동자들은 최저임금을 받지 못했고, 물을 마시기 위해 잠깐 휴식을 취한다든가 아파서 일을 쉬더라도 벌칙을 받고 있었다. 심각한 안전보건 의무 위반 역시 발생한 것으로 보인다. 2016년에 영국에서 이런 일이 발생했다는 것은 스포츠 다이렉트 경영진이 저지른 폐단의 심각한 흔적이다.[33]

이것은 그 1년여 전에 미국의 하원의원 에릭 스왈웰Eric Swalwell(민주당)과 대럴 이사Darrell Issa(공화당)가 '급성장하고 있는 공유경제와 그것이 사회와 경제에 미치는 영향에 관심을 모으기 위한 초당적 공유경제 단체(Bipartisan Sharing Economy Caucus)'를 출범시켰다는 발표와 대비된다.[34] 그 캘리포니아주 출신 하원의원들의 출범 행사에는 다양한 업계 로비스트와 전문가들이 합류했는데 뉴욕대학 스턴경영대학원의 아룬 순다라라잔과 리프트의 대관對官 담당 부사장인 데이빗 에스트라다David Estrada도 그중에 포함되어 있었다.

** 근로시간을 미리 정해 두지 않고 사용자의 필요에 따라 근로자가 호출에 응해 근로를 제공하고, 그 시간만큼의 임금을 받는 것을 내용으로 하는 계약을 말한다.

그들의 결론은 무엇이었나?

이 단체는 공유 모델에 의해 가능해진 기회들과 의회가 어떻게 혁신을 촉진하고 이 새로운 부문이 제기하는 도전에 대처할 수 있을지를 연구할 것이다. 미국인들은 인터넷 덕분에 가능해진 혁신적인 서비스에 갈수록 더욱 의존하고 있다. 그 서비스들은 좀 더 효율적인 방법으로 사업을 수행할 수 있는 기회를 제공함으로써 새롭고 편리한 수단을 제공하며 동시에 미국인들을 하나로 묶어 주고 있다. 우리는 이러한 선구적인 산업에 초점을 맞출 것이며 의회가 그 다음의 위대한 아이디어를 방해하기보다는 촉진시킬 수 있도록 필요한 모든 조치를 취하게 할 것이다.[35]

3장에서 보게 되겠지만, 주문형 경제 노동의 현실은 스포츠 다이렉트가 제공하는 저임금의 임의적(At-will) 계약보다도 훨씬 더 불안정한 경우가 많다. 승차공유 운전자들은 차를 유지하는 데 드는 비용을 빼고 나면 최저임금조차 벌기 힘들고, 노동자들은 특정한 작업을 수락하지 않아서 비활성화되며, 많은 사람들은 안전보건 한도를 훨씬 넘는 장시간 노동을 하고 있다.

그렇다면, 공유경제는 미국 의회가 바로 그것을 위한 초당적 협력단체까지 만들 정도로 축하받는데 왜 마이크 애슐리는 영국 의회에서 (정당하지만) 굴욕을 당했을까? '워싱턴에서는 규제 장벽에 부딪히기도 전에' 리프트에게 도움을 주겠다고 약속하는데, 이와는 대조적으로 왜 영국 세무 당국은 스포츠 다이렉트에 대해 세무 조사에 들어가겠다고 공언하는가?

노동에 다른 이름표를 붙이고 규제적 대응을 형성하는 것에서 용어(Language)가 가지는 힘 때문이다. 영시간 노동은 노동자 착취와 낮은 임금 그리고 불안정성 때문에 비난을 받고 있는 반면에, 긱 경제는 혁신과 기업가정신을 길러 준다는 찬사를 받고 있는 것이다.

용어가 중요하다

우리는 더 이상 '노동'이라고 말하지 않는다. '긱', '과업', '승차(Rides, Lifts)' '부업(Hustles)', '인간지능작업(HITs)' 그리고 '호의(Favours)'라는 열광적인 용어가 노동시장의 전통적인 어휘를 대체하기 시작했다.[36] 주문형 경제는 기존의 규제를 회피하기 위해서 자신만의 고유한 어휘를 만들어 낸다. 그래서 주문형 노동을 이해하기 위해서는 그 용어를 살펴보는 것이 결정적으로 도움이 된다. 플랫폼 기업들을 경제적 사업자가 아니라 지역 공동체의 구성원이라고 포장하고, 노동자에게는 프리랜서 사업자라고 이름표를 다시 붙이는 것이기 때문이다.

동료들, 이웃들, 친구들

긱 경제 초기에 관찰자들은 '협력적 소비',[37] 동료 간(peer-to-peer) 공유 그리고 이웃끼리 서로 돕는 이웃들이라는 담론에 직면했다. 이를 테면, '리프트로 차를 함께 타세요. 리프트는 당신이 필요로 할 때 차가 있는 친구입니다'처럼 말이다.[38] 주문형 경제에서 일하는 것은 놀라울 정도로 집요하게 결코 노동, 혹은 금방 알아챌 수 있는 경제 활동조차 아닌 것으로 분류되어 왔다. 이러한 경향을 끝까지 논리적으로 관철한 결과, 미국의 여러 배달 플랫폼 기업들은 자신의 배달 서비스를 '호의(Favors)'라고 부르고, 배달하는 '주자들(Runners)'이 '영웅들(Heroes)'이 되도록 유도한다.[39)]

주문형 플랫폼 기업들은 '보수를 받고 그 대가로 일하는 구식 교환이 아니라 다른 사람에게 일종의 호의를 베푸는 것'이라고 노동에 다른 이름표를 붙임으로써,[40)] 거의 모든 나라의 규제 당국이 보통의 사용자들과 기업에 일반적으로 부과하고 있는 규제 의무를 회피하고 싶어 한다. 어쨌든 간에 호의에 의해 비공식적으로 이웃끼리 약간 돕는 것이라는데 누가 그것을 반대할 수 있겠나? 국가가 규제해야 한다고 주장하기는커녕 말이다. 친구의 바비큐 파티에 맥주 몇 병을 갖다주기 위해서 내가 시내를 가로질러 가는 일에 어떤 일반적인 사업 규제가 합법적으로 적용되어야 하는지 대부분의 사람들은 생각해 내기 어려울 것이다.

이 서사에 따르면 걸려 있는 이해관계가 이보다 클 수 없다.

> 경제적 공유는 공동체의 사회적 구조를 강화하고, 사회 전체의 후생 수준을 향상시키며, 사회적 형평성을 증진시킴으로써 오랫동안 인간 문명의 중심이었다. 오늘날 인류는 국가 및 지역 차원의 공유 시스템을 지원하고 확장하는 것을 선택할 것인지, 아니면 공유를 정책 결정의 중심에 두는 것에 이념적으로 반대하는 사람들이 그것들을 더 훼손하고 해체시키도록 우리가 놔둘 것인지 결정해야 하는 중요한 문제에 직면하고 있다.[41)]

그러나 압도적으로 대부분의 플랫폼에게 '비공식적인 공유' 또는 '이용자 간 협력'은 마치 우버의 거친 공동 창업자 트래비스 칼라닉Travis Kalanick에게 '공동체의 사회적 구조 강화'와 '사회적 형평성 증진'이 낯선 만큼이나 매우 생경한 개념이다. 비공식적인 공동체적 도움으로는 그 규모를 키워서 돈으로 바꿀 수 없기 때문이다.

전문용어로부터 빠져나오는 것은 쉽지 않을 수도 있다. 하지만 훨씬 더 중요한 것은 공동체라든가 '공유' 정신 따위의 애매한 생각에 속아서는 안 된다는 것이다. 긱 경제는 돈벌이 사업이라는 말이다. 《뉴욕타임스New York Time》에 쓴 글에서 나타샤 싱어Natasha Singer는 '공유'와 '동료(Peer)', '사람들(People)'과 '협력적' 경제에 이르기까지 업계의 언어 왜곡 때문에 자신이 겪는 문제점을 표현하고 있다. 그가 반대하는 것은 '그 용어(Terminology) 자체 그리고 기술에 의해서 가능해진 거래를 마치 이타적이거나 공동체의 노력인 것처럼 그 용어가 포장하는 방법'이다.[42] 《파이낸셜타임스》의 사라 오코너Sarah O'connor도 같은 생각이다.

> '공유경제'보다 나를 더 움찔하게 만드는 문구가 있다면 그것은 '협력적 경제'다. … 정확히 무엇이 여기서 공유되고 있는가? 누가 누구와 협력하고 있는가? 업워크의 프리랜서들은 내가 《파이낸셜타임스》와 내 기술을 공유하는 것만큼 자신들의 기술을 더 이상 세계와 공유하지 않는다.[43]

도시 간의 자동차 이동을 편성하고 연료 추정 소비량에 따라 운전자의 수입을 맞춰 주는 프랑스의 블라블라카BlaBlaCar[44]나 도시 통근자들을 연결하는 캐나다의 블랑크라이드BlancRide[45]와 같이 상당한 이윤을 회수하기보다는 비용을 충당하도록 진정한 이용자 간 서비스를 설계하여 실험해 온 소규모 플랫폼 기업이 없었다는 뜻은 아니다. 그러나 대다수의 주문형 경제 기업들의 현실을 보면 그냥 '자신들이 돈을 벌고 브랜드를 유지하기 위해 그들이 지원하는 교환에서 점점 더 방해하는 역할을 하는' 영리 기업들 중 하나일 뿐이다.[46]

소극적 플랫폼과 프리랜서 기업가

플랫폼 기업이 경제적 동기로 운영된다는 점이 비록 명확하더라도 용어는 여전히 중요한 역할을 할 수 있다. 무엇보다 (최저임금법에서 차별금지 규범에 이르기까지 법을 통해 다양한 보호를 받을 수 있는) 노동자를 (그런 보호를 제공할 필요 없이 계약할 수 있는) 독립적인 프리랜서와 기업가로 배역을 바꿔 다시 캐스팅하는 과정에서 가장 그렇다. 그 결과로 초래된 서사는 분명하다. 태스커, 터커, 운전 파트너, 배달 여성(Roo-women)과 남성(-men) 그리고 다른 주문형 노동자들 앞에 놓인 것은 구식 노동이 아니라 사업자로서의 부업, 긱, 과업 그리고 승차 등이다. 그 대신에 플랫폼 기업들은 강력한 노동 중개자가 아니라 단지 소극적으로 매칭해 주는 알선자가 될 뿐이다.

2017년 봄, 영국의 음식배달 플랫폼 기업 딜리버루의 내부 지침 중 일부가 몇몇 런던 신문에 유출되었다. 딜리버루는 직원들이 배달원들과 소통할 때 활용할 대규모의 '어휘 가이드라인' 목록을 작성했는데, 6페이지가 넘는 이 메모에는 샘플 표현들과 함께 많은 수의 '해야 할 말과 해서는 안 될 말(Dos and don'ts)'이 적혀 있다. 예를 들면, 노동자는 고용되지 않고 유니폼을 지급받지 않는다. 대신에 '탑승(Onboarded)'되고 (노동자가 잘렸을 때 회사가 재구매하는) '장비 팩(Equipment pack)'을 사는 것이다. 그들은 성과 목표를 정하는 (고용계약이 아니라 '공급자 협약'으로 지칭되는) 서류에 서명한다. 배달원들은 자신의 노동에 대한 보수를 받는 것이 아니다. 대신에 라이더 청구서가 처리되는 것이다. 그리고 일이 잘못되더라도 아무도 해고되지 않는다. 그냥 통보가 이루어질 뿐이다. '서비스 제공 표준을 충족하지 못했으므로 당사는 귀하와의 공급자 협약을 해지합니다.'[47]

이러한 위장 전략을 딜리버루만 택한 것은 아니다. 태스크래빗의 미국 웹사이트는 '수행 과업' 목록을 제공하면서 밝은 녹색 태스크래빗 티셔츠를 입은 행복한 젊은 태스커의 사진과 함께 '**우리는** 당신이 그 일들을 잘해 낼 수 있도록 도울 것'이라고 제안하고 있다. 그것이 '배달 서비스'든('소파에서 서류, 배달 음식에 이르기까지 무엇이든 **우리는** 안전하게 운송할 것입니다') 아니면 심지어 '옷장 정리'든('**우리는** 당신의 옷장 청소와 물건 정리를 도울 것입니다'), 소비자에게 보내는 메시지는 명확하다. **우리**, 태스크래빗이 이렇게 훌륭한 서비스를 제공할 테니 '당신은 당신의 인생을 살라'는 것이다.[48]

계약서에 쓰인 작은 글자를 읽어 보면 이야기가 좀 다르다. 계정을 만들려면 모든 잠재적 사용자는 태스크래빗의 서비스조건에 동의해야 한다. 이 계약은 태스크래빗의 사업 모델을 제시하기 위한 것이다.

> 태스크래빗 플랫폼은 태스크의 수행을 위한 이용자 간의 연결을 가능하게 할 뿐이다. 회사는 이용자의 성과물에 대해 책임이 없으며 품질, 시기, 합법성, 제공 실패 또는 태스크, 태스커, 고객 무엇이든 다른 어떤 측면에 대해서도 통제권을 가지고 있지 않고 무결성, 책임, 자격 또는 이용자의 어떤 행동이나 누락에 대해서도 그렇다. 회사는 공개, 비공개 또는 오프라인 상호작용에서 태스크래빗 플랫폼을 통해 요청된 작업과 이용자가 제공하는 서비스의 적합성, 신뢰성, 적시성 또는 정확성에 대해 전혀 대표성이 없다.[49]

얼마나 대조적인가? 이미지와 슬로건으로는 단일 브랜드로 통합된 운영을 통해 제공된 엄격하게 배열된 제품을 암시하는데, 법적인 합의는 온라인 시장에서 독립적인 구매자와 판매자 사이에 이루어진 일련의 계약에 지나지 않는다는 뜻이다. 태스크래빗 플랫폼이 하는 역할은 지속적으로 책임지거나 관여하지 않는 간단한 (알고리즘에 의한) 소개로 축소된다.[50]

딜리버루의 가이드라인이 처음 공개됐을 때 이자벨라 카민스카가 《파이낸셜타임스》에서 재빨리 지적한 것처럼 CEO의 완곡한 편지에서부터 잘못된 제품 설명에 이르기까지 오늘날 비즈니스 세계에는 끔찍한 기업용어의 예들이 아주 많다. “하지만 긱 경제는 그런 오용을 완전히 새롭고 불확실한 수준까지 가져갔다. 용어는 노동법적 규제에 직접적으로 저항하기 위해 사용되는 무기가 되었다”고 그는 주장한다.[51] 배달노동자들이라는 말 대신에 ‘루(Roo)’라든가 라이더 커뮤니티로 부르는 것은 노동자를 독립계약자로 계약상 재분류함으로써 노동법을 따돌리기 위해서 고안된 것이다. 갈수록 더 실패하고 있긴 하지만 말이다.

각 플랫폼 기업들이 계약에 사용하는 허구적인 용어뿐만 아니라 깜찍스러운 전문용어들 역시 점점 더 공격을 받고 있다. 2016년 가을에 우버가 자신은 사용자가 아니라고 완강히 부인하자 런던의 고용심판소(Employment tribunal)는 우버가 '문서를 꾸미면서 허구와 왜곡된 용어 그리고 심지어 참신한 전문용어까지 사용해서 재분류한 것'이 '의심을 받을 만하다'고 판결했다.[52] 판사는 '거트루드Gertrude 여왕***이 했던 가장 유명한 대사("내 생각엔, 그 귀부인은 너무 많은 항의를 하고 있구나")를 떠올릴 수밖에 없었다.'[53] 다른 나라에서는 셰익스피어까지 인용하지 않을 수도 있지만 전 세계의 더 많은 법원들 역시 교묘하게 설계된 계약상의 완곡한 표현에 속지 않고 있다.

규제를 만들어 내기

이것을 걱정할 것이 별로 없다는 긍정적인 신호로 받아들여야 할까? 그렇지는 않다. 공유와 협력, 프리랜서와 파트너라는 언어는 우리의 시선을 오랫동안 분산시키지 못할 수도 있고, 새로운 상표만 가지고 기존의 규제를 극복할 수는 없다. 그러나 혁신과 기술이라는 좀 더 광범위한 서사는 훨씬 더 강력하다. 진짜 기업가라면, 만약에 있다고 하더라도, 노동법에 의존할 것이 거의 없다. 구식 노동 중개에 흥미진진

*** 셰익스피어의 희곡 <햄릿>에 나오는 덴마크의 왕비이자, 햄릿의 어머니

하고 새로운 기술 혁신이라고 새로운 이름표를 붙이는 것은 그래서 기존의 규제 구조에 근본적인 도전을 제기한다. 긱 경제가 노동을 조직하는 근본적으로 새로운 방식이라면, 구닥다리 노동법은 더 이상 적용되어서는 안 될 것이기 때문이다.

기업가정신과 혁신

이러한 설명에서 주문형 경제는 미래를 위해 노동을 변화시키는 열쇠가 된다. 즉, 매달 말에 쥐꼬리만 한 월급을 받기 위해 갑질하는 상사로부터 매의 눈으로 통제받으며 일하는, 9시 출근해서 5시에 퇴근하는 일자리에서의 단조롭고 지루한 날들이 사라진다는 것이다. 긱 경제에서 모든 노동자들은 활기를 주는 다양한 일을 즐기고, 신나는 도전과 씨름하며, 기업가정신에 대한 막대한 재정적 보상을 얻을 수 있을 것이다.

훨씬 더 좋아지고 있다. 긱 경제에서의 개인기업가정신(Micro-entrepreneurship)은 세속적 불황의 시대에 포용적 성장을 위한 방편으로 묘사되며, 점점 더 많은 시민들을 돈벌이가 되는 경제 활동으로 불러들인다. ('상사가 아니라 당신이 선택하라!'는) 플랫폼 노동의 유연성을 생각해 보면 어느 때보다도 쉽게 누구나 돈을 벌 수 있는 분야가 된 것이다.

> 소득을 보충하고 싶은 학생들, 노동시장에 들락날락할 여유가 있는 보헤미안, 육아와 아르바이트를 병행하고 싶은 젊은 엄마들 그리고 자발적이든 아니든 반퇴직자들.[54)]

태스크래빗의 설립자 버스키는 이러한 관점을 지지하는 핵심 인사 중 한 명이다. '자신의 스케줄을 직접 정하고, 스스로의 상사가 되며, 얼마나 돈을 받고 싶은지 말할 수 있는 도구와 자원을 사람들에게 제공하면 그들에게 믿을 수 없을 정도로 힘이 생긴다. 그것은 세계의 노동 인구에게 엄청난 의미를 가진다.'[55] 릴레이라이드Relay Rides의 설립자인 쉘비 클라크Shelby Clark도 같은 생각이다. '동료 경제(Peer economy)의 공급자들은 독립성과 유연성을 정말 중요하게 생각한다. 그것은 많은 사람들에게 혁명적이었다. 당신은 대단하고 흥미로운 사람들을 만난다. 당신에게도 대단한 이야기가 있다.'[56]

유휴 상태이거나 활용도가 낮은 자산과 기술의 가치를 실현할 것을 약속하는 개인기업가정신에 긱 경제 투자자인 유니온스퀘어벤처스의 닉 그로스먼Nick Grossman은 열광한다. '사이드카Sidecar에 있는 누군가가 사람들이 매일 통근하는 같은 경로로 다니면서 승객을 태운다면, 운전자로서는 정말 공돈을 버는 것이고 승객 입장에서는 비용이 절감된다.'[57] 무엇보다도 긱 경제는 오늘날의 노동 인구가 원하는 종류의 일하는 환경을 정확하게 제공한다고 한다. 주요한 전문 서비스 기업들이 최근에 실시한 글로벌 설문조사의 결과를 보면 노동의 유연성, 비공식적으로 이루어지는 점 그리고 디지털 기술을 사용하여 '어디서나' 일할 수 있다는 점이 모두 높은 순위를 기록했다.[58]

그러니 영국의 전직 기업부 차관 중 한 명인 매트 핸콕Matt Hancock이 정부 조사 보고서 서문을 쓸 때 그렇게 큰 희열에 도취되었던 것도 전혀 놀랄 일이 아니다.

> 공유경제는 새롭고 흥미로운 경제 영역이다. 디지털 혁신은 완전히 새로운 사업 방식을 만들어 내고 있다. 이러한 새로운 서비스 덕분에 새로운 세대의 개인기업가들이 출현하고 있다. 에어비앤비를 통해 여분의 방을 임대해 주는 것에서부터 피플퍼아워PeoplePerHour를 통해서 프리랜서 디자이너로 일하는 것에 이르기까지 사람들은 이미 보유하고 있는 자산과 기술로 돈을 벌고 있는 것이다. 자영업으로 가는 길이 이보다 더 쉬웠던 적은 없다.[59)]

고용 규제를 다시 생각해 보기

이것이 노동법에 가지는 의미는 무엇인가? 다시 한 번 우리는 기업가 정신과 혁신의 이야기에 근거한 제안들을 보게 된다. 노동법을 완전히 거부하는 것에서부터 노동자를 보다 덜 보호하는 새로운 분류를 통해서 기존의 법을 물타기 하려는 것에 이르기까지 다양한 제안들이 있다.

주문형 경제를 놓고 고심하는 정책 결정자들에게는 잠재적인 청사진이 부족하다. 지난 몇 년 동안 근로자 지위를 입법적으로 부인하고 새로운 '제3의 지위' 노동법을 만들자는 주장에서부터 규제 면책 조항(Safe harbours)과 업계 자율 규제에 이르기까지 모든 논의들이 있었다. 기존의 법으로부터 얼마나 멀리 벗어날 것인지에 있어서는 서로 차이가 있긴 하지만 이러한 제안들은 모두 공통적으로 기존의 규제에 대해 근본적인 회의를 품고 있다. 기존의 법은 혁신적인 새로운 사업 모델을 옴짝달싹 못하도록 억압하는 구속복인가? 우리는 왜 노동법이 기업가적 자유에 족쇄를 채우도록 해야 하는가? 이렇게 묻는 것이다.

이 스펙트럼의 맨 끝에는 긱 경제 노동자에게 노동법이 적용되지 않는다고 간단히 규정해 버리는 입법이 있다. 어떤 나라들은 다른 나라들보다 이 서사를 더 순순히 받아들인다. 예를 들어 미국에서는 플랫폼 기업들이 주州와 지역 차원의 배후에서 입법자들에게 로비해 왔고, 유리한 법안을 입안하고 지원하는 한편 자신들의 각본에 맞지 않는 법안들은 공격해 왔다. 이른바 승차공유법을 제정하기 위한 업계의 노력은 좋은 연구 사례다. 세부사항은 나라마다 다르지만, 공통적인 목표가 있다. 바로 노동자의 고용상 지위를 부정하고 플랫폼 기업을 단순한 중개자로 정의하는 것이다.

2016년 6월, 자유시장 싱크탱크인 알 스트리트R Street의 주별 입법 지도에는 단지 5개의 주만이 운송네트워크기업[Transport Network Company(TNC)] 형태의 규제를 제정하지 않은 것으로 나열되어 있었다.[60] 이러한 조치들은 언뜻 보기에는 주문형 플랫폼 기업들이 사업을 운용할 수 있게 허가해 주면서도 운전자 검증부터 보험 요건에 이르기까지 기본적인 표준을 준수하도록 하는 균형 잡힌 접근 방식을 제시한 것으로 보인다.

그러나 좀 더 면밀하게 들여다보면 새로운 법률이 흔히 플랫폼 기업들의 이익을 위한 것임을 금방 명백하게 알 수 있다. 2015년 말 로이터 통신이 실시한 조사가 강조한 것처럼 업계의 핵심적인 당사자들이 그 법들의 초안 작성에 긴밀하게 관여했다. 그 법들 중 다수는 운전자를 독립계약자로 분류하기 위한 조항을 담고 있는데 이것은 주 차원의 노동법상 보호의 범위를 넘는 것이다.[61)]

어떤 경우에 이것은 노골적인 분할(carve-out)을 통해 이루어진다. 예를 들어 오하이오주에서는 '운전자는 서면 계약에 의해 합의된 경우를 제외하고는 [주요 노동기준의 목적을 위해서는] 노동자가 아니'라고 관련 법에 규정되어 있고,[62)] 인디애나주에서는 '보험에 관한 [주] 법전을 개정하는 법률'이 TNC 운전자를 법에 따른 독립계약자와 유사하게 간주한다고 사려 깊게 명시하고 있다.[63)] 그 밖의 주에서도 그 정도로 직접적이지는 않지만 비슷한 효과를 내는 조항을 포함시켰다. 텍사스주에서는 TNC가 운전자를 '통제, 지시 또는 관리하지 않는다'고 규정하여[64)] 거의 모든 노동법이 노동자를 판단하는 기준의 핵심 요소를 부정한다. 노스캐롤라이나주에서는 'TNC의 운전자는 노동자가 아니라 독립계약자라는 반증 가능한 추정(Rebuttable presumption)이 존재한다.'[65)]

비슷한 로비 노력은 결코 미국에만 국한되지 않는다. 2016년 여름에 유럽연합(EU) 집행위원회가 발표한 <협력적 경제를 위한 유럽 의제(A European Agenda for the Collaborative Economy)>도 공유경제 업계의 입장을 많이 반영하고 있는 것으로 보인다. 당시 28개 EU 회원국에 배포된 구속력 없는 지침은 비록 공유경제 노동자의 고용상 지위를 부정하는 데까지는 미치지 못했지만, 플랫폼 기업을 서비스 제공자로 분류하려면 그 기업이 서비스의 가격을 통제하고 계약조건을 정하며 **이에 더해** '근본적 서비스를 제공하기 위해 사용되는 핵심 자산'까지 소유해

야 한다고 명시했다.[66)]

심지어 입법을 통해서 긱 경제 노무 수행자를 독립계약자로 분류하는 것을 탐탁지 않게 여기는 사람들조차 고용상 지위를 회피한다. 전통적인 범주의 근로자와 독립계약자 사이에 위치한 긱 경제 근로자들을 위해서 '제3의' 고용상 지위를 만들자는 제안은 그런 스펙트럼에서 가장 덜 과격한 관점에 있다. 세스 해리스Seth Harris 전 미국 노동부 차관 그리고 주문형 플랫폼 기업들과 꾸준히 협력해 온 프린스턴대학의 경제학자 앨런 크루거는 주문형 경제 플랫폼들이 보여 주고 있는 진정으로 새로운 형태의 노동에는 그에 걸맞는 고유한 법적 지위와 규제 기구가 필요하다는 관념을 바탕으로 긱 경제 노동자를 포획할 수 있는 중간적인 제3의 범주를 입법을 통해서 도입하자고 주장해 왔다. 그들이 말하는 '독립노동자(Independent worker)'는 단체교섭권과 사회보장 제공의 요소 등 일부 보호를 받지만, 임금 및 근로시간 보호와 같은 기본적 근로기준은 누리지 못할 것이다.[67)]

그런 지위를 도입하는 것이 정말 도움이 될까? 꼭 그렇지는 않다. 플랫폼 기업들은 가장 비용이 많이 드는 사용자의 의무 중 일부에서 즉시 해방되겠지만, 독립노동자에 해당하는지 지위를 다투는 소송을 멈추지 않을 것이기 때문이다. 미국의 한 지방법원 판사가 몹시 짜증 내면서 지적한 것처럼, 노동자 지위를 판단하는 작업은 종종 '정사각형 모양의 말뚝을 주고 2개의 둥근 구멍 중 (어디에 꽂을지) 하나를 선택하도록 요구하는 것'과 유사하다.[68)] 세 번째 둥근 구멍을 추가하는 것으로는 어떤 분류 문제도 해결할 수 없을 것이다. 실제로 독일, 이탈리아, 스페인 그리고 영국과 같은 몇몇 유럽 국가들은 분류 문제를 근본적으로 해결하지 않고 중간적 노동자 범주를 오랫동안 인정해 왔다. 그러나 최근에 영국에서 우버를 상대로 소송이 진행되는 동안 영국 노동법이 인정하는 세 번째 범주를 놓고 법적 논쟁이 집중된 것을 보면 알 수 있듯이 오히려 더 많은 혼란만 야기되었다.

기존의 규제에 대한 약간 더 강한 반발은 주문형 경제 플랫폼이 법 바깥에서 혁신을 이룰 수 있도록 해 주는 이른바 규제 면책 조항이 필요하다는 주장들을 뒷받침해 준다. 그중에서 세스 해리스와 앨런 크루거가 옹호하는 제안은 이런 생각이다.

> 만약 회사가 노동자들에게 복리후생을 제공한다면 법원이 그들 사이의 업무 관계가 고용 관계라고 판단할 수 있는 위험성이 증가할 것이기 때문에 회사는 노동자들에게 복리후생을 제공하는 것을 싫어한다. 이렇게 비효율적인 곤란을 극복하기 위한 우리의 제안은 복리후생을 제공하려는 목적으로 독립노동자들을 모으는 것은 법적으로 노동자 지위를 나타내는 것으로 해석하지 않는다는 것과 같은 면책 조항을 통해 중개인들을 보호하는 것이다.[69]

그러나 규제 '면책 조항'이라는 이러한 관념에는 심각한 결점이 있다. 플랫폼 기업들이 자신들의 노동자를 적절하게 대우하고 복리후생을 제공하지 못하는 것이 현재의 규제 탓이라는 주장이 깔려 있기 때문이다. 그것이 노동자 분류로 이어지고 그래서 만약 규제가 없었다면 자신의 호의로 제공**했을 수도 있다**고 플랫폼 기업이 주장하는 바로 그 권리들을 법적으로 의무화하게 될까 봐 플랫폼 기업들이 그렇게 하지 못한다는 것이다.

서사들을 꼼꼼히 따져 보자

지난 장에서 우리는 주문형 경제 노동의 현실에 대한 서로 대립하는 설명들을 살펴보기 시작했다. 한쪽에서는 긱 경제가 어떻게 진정한 기회를 제공할 수 있는지 보았다. 옛날의 직장 상사들은 사라지고, 개인 기업가들은 새로운 시장에 접근하여 유연하게 추가 수입을 벌 수 있다는 것이다. 다른 한편에서 우리는 또 많은 문제와 마주쳤다. 즉, 노동자들은 진정한 자율성과 기업가로서의 자유를 누리는 것이 아니라 고객의 등급 평가, 알고리즘, 앱, 과업 형태의 수많은 상사들과 맞닥뜨리게 될 수도 있는데, 모두 즉각적으로 그리고 계속 주목하라고 시끄럽게 요구한다는 것이다. 전통적인 사용자라면 지급해야 하는 정기적인 급여도, 보험도, 연금도 없이 말이다.

그러나 플랫폼 업계는 이러한 의견 대립은 숨긴 채 일관되게 긍정적인 이야기에만 초점을 맞추어 대중적 담론을 형성했다. 이것은 단지 영리한 마케팅으로 끝나는 문제가 아니다. 거의 모든 플랫폼 기업들에게는 그들이 (무엇을 하라고 자신들의 노동자들에게 지시하고 있는 것이 아니라,) 개인기업가들의 사업을 촉진하기 위해 IT 기술을 제공하고 있다는 생각이 그들의 사업 모델에 있어서 필수 불가결하다. 이러한 노력을 위해서는 디지털 파괴와 혁신, 기업가정신의 이야기가 필수적이다.

서사가 규제를 형성하기 때문이다.

그러므로 이것이야말로 공유경제 감언이설의 궁극적인 목표다. 바로 일반적인 법, 그중에서도 특히 노동법의 규제가 플랫폼 기업들과 그 이용자 그리고 그들의 노동력 사이에 형성된 계약 관계를 규제하기에 여전히 적절한지 의문을 제기하는 것이다. 그것은 다양한 모습과 수준으로 강렬하고 정교하게 제시된 묘책이지만, 일관되게 두 가지 서사로 모아진다. 첫째, 협력과 공유는 완전히 새로운 파괴적 혁신의 모델이기 때문에 규제적 간섭을 받아야 하는 경제 활동이 전혀 아니다 ('이웃을 돕는 이웃들'). 둘째, 전 세계의 개인들 앞에 지금 열려 있는 가능성들은 혁신적인 자유시장의 야단법석 속에서 번창해 나가는 새로운 종류의 기업가들을 만들어 냈다.

협력과 디지털 파괴라는 앞의 조잡한 이야기에는 진실이 거의 없다. 우리는 지금까지 택시와 운송 서비스 같이 전통적으로 규제가 심한 영역 즉, 과거의 기존 사업자들이 아마 지금 주문형 경제가 시도하고 있는 것만큼 자신들의 규제 당국을 잘 포획했을 산업들에서 공유경제의 다윗과 골리앗들(또는 더 정확히 말하자면, 골리앗과 골리앗들) 사이에 벌어진 큰 규제 전투 대부분이 이제까지 어떻게 치러졌는지를 보았다. 결과적으로 플랫폼 기업들이 (파리나 뉴욕의 많은 시민들이 확인해 주는 것처럼 소비자들에게 상당한 개선을 가져올 수 있는) 이러한 충돌로부터 얻은 교훈을 파괴적 혁신의 성공에 관한 서사로 더 확장시키려는 시도를 경계해야 한다. 대부분의 주문형 경제 기업들은 훨씬 규제가 덜한 환경에서 운영되고 있기 때문이다.

지난 몇 페이지에 걸쳐 논의한 많은 대안적 규제 모델들은 한편으로는 우리가 처음에 접했던 순수한 자유지상주의보다는 훨씬 더 교묘하다. 그들은 또한 기존 모델과 단절해야만 진정한 기업가정신을 뒷받침하는 '광범위한 혁신 강화 솔루션'으로 이어질 수 있다는 생각에 기반을 두고 있다.[70] 그러나 우리가 디지털 파괴에 대한 거창한 주장에 대해 회의적일 수는 있지만, 혁신과 기업가정신의 약속을 너무 빨리 무시해서도 안 된다. 만약 플랫폼 경제가 모두를 위해서 기업가정신의 혜택을 제공하는 진정으로 새로운 모델을 대표한다면, 고용 분류와 전통적인 규제 모델에 반대하는 주장에 더 넓게 무언가가 존재할 것이다.

주문형 경제 노동의 현실에서부터 더 자세히 살펴보자.

3
군중 속에서 길을 잃다

Lost in the Crowd

✲ ✲ ✲

공유경제를 옹호하는 기업 스페라Spera의 2016년 자유경제 보고서는 주문형 경제 노동의 멋진 비전을 제시한다. "그것은 단지 '긱' 일자리나 '자원을 공유하는 것'에 그치는 것이 아니다. 그것은 자유와 자율성 그리고 자기 결정이다. 바로 지금이 이러한 자유를 찾고, 얻고, 누릴 수 있는 가장 좋은 시기다."[1)]

기업가정신과 기회에 대한 이러한 서사는 이미 앞에서 본 공유경제의 감언이설과 비슷하다. 태스크래빗이 어떻게 '자신의 스케줄을 직접 정하고, 스스로의 상사가 되며, 얼마나 돈을 받고 싶은지 말할 수 있는 도구와 자원'을 가진 새로운 세대의 기업가를 키워 내고 있는지 리아 버스키Leah Busque가 열정적으로 자랑하던 것이 기억나지 않는가?[2)] 더 좋은 것은 믿을 수 없는 재정적 보상인 것처럼 보인다. 2014년 5월에 전 세계 언론이 우버의 자료를 인용해 보도한 바에 따르면 우버 서비스 중 가장 저렴한 우버X를 모는 운전자들의 중위소득(median income)은 샌프란시스코에서는 74,191달러, 뉴욕에서는 90,766달러였다고 한다.[3)]

기업가정신 주장이야말로 주문형 경제의 핵심이다. 단조롭고 따분한 저임금 일자리의 지겨움을 스타트업 세계의 흥분과 보상으로 맞바꿀 기회를 누가 즐기지 않겠는가? 대부분의 플랫폼 기업들은 계약상 자신은 서비스 제공자가 아니라 독립적인 기업가와 그들의 고객 사이의 거래를 촉진하는 단순한 시장에 불과하고 주장한다. 플랫폼 기업들은 '사용자로 보이기를 원치 않는다. 그래서 전통적인 기업들이 자신의 노동자나 소비자를 보호하기 위해 떠맡아야 하는 책임과 거리를 둠으로써 이러한 입장을 지속적으로 강화한다.'[4]

얼핏 보면 플랫폼 노동은 전통적인 기업 조직의 노선을 흐릿하게 만든다. 거기에서 소비자들은 시장에서 경쟁하는 회사들로부터 상품과 서비스를 구입하고 그다음엔 소비자들이 원하는 것을 제조하거나 생산하기 위해 회사들이 노동자를 고용한다.[5] 이러한 소비자-사용자-노동자의 삼각형을 둘러싸고 오랫동안 규제가 이루어져 왔는데 정확히 이것을 '파괴(Disrupt)'하고자 주문형 노동자를 독립적인 '개인기업가'로 분류하려는 관념을 고안해 낸 것이다. 주문형, '자산 경량화(Asset-light)' 사업이 값싸고 풍부한 서비스를 제공하기 위해서는 고용보호의 완전한 결여(와 그에 수반되는 상당한 비용 절감)가 매우 중요하다.

긱 경제에서 진정한 기업가정신의 사례를 찾는 것은 어렵지 않다. 자신의 사업을 키우기 위해서 태스크래빗을 이용하는 배관공을 생각해 보라. 그러나 우리가 플랫폼 노동 전체를 본다면 기업가정신의 서사는 유지하기가 훨씬 더 어렵다. 이 장에서 우리는 자유와 자율성 그리고 자기 결정이라는 기업가정신 주장의 핵심 요소들을 살펴보고, 그것들이 어떤 노동자들에게는 사실일 수 있겠지만 다른 사람들을 군중 속에서 빠르게 길을 잃게 할 수도 있다는 것을 알아본다.

많은 플랫폼 기업들의 사업 모델은 그들의 노동력을 계속 바뀌고 갈수록 힘들어지는 조건에 종속시켜서 엄격하게 통제하는 것을 노골적으로 전제하고 있는데 이것은 기업가정신을 촉진하는 것과는 정반대된다. 결과적으로 많은 노동자들에게 태스커, 드라이버-파트너, 또는 터커는 실리콘 밸리의 매력보다는 빅토리아 시대 인부들의 고된 일과를 더 연상시킨다. 장시간 저임금에 지속적으로 불안정하고 법적으로 거의 보호받지 못하는 데다 미래가 달라질 가망이 전혀 없기 때문이다.

개인기업가로서의 삶

✲

프레더릭 테일러Frederick Taylor가 1911년에 발표한 <과학적 관리법(Principle of Scientific Management)>은 노동자에 대한 면밀한 감시, 구체적 과업에 대한 엄격한 통제, 개별 생산량에 대응하는 임금 구조의 끊임없는 조정을 통해 전 세계 기업의 효율성을 향상시키겠다고 약속했다.[6] 현실에서 이것은 엄격한 통제 하에서의 지루한 장시간 노동과 저임금을 뜻했고 마치 긴 조립 라인에 선 로봇처럼 노동자들의 인간성을 말살했다. 가혹하고 착취적인 조건 때문에 많은 노동자들이 모여서 들고 일어났고 세계 최초의 경영 이론은 실제로는 실행될 수 없는 것으로 판명되었다.

오늘날 테일러주의는 다시 본격화해 심지어 테일러 자신도 꿈꿀 수 없었던 정도의 통제와 감독을 제공하는 기술과 알고리즘에 힘입어 주문형 경제의 모습으로 부활하고 있다. 기업가적 자율성은커녕 대부분의 주문형 노동자들은 플랫폼 기업의 엄격한 감시와 통제를 받으며 일한다. 플랫폼 기업들의 사업 모델이 수시로 바뀌는 탓에 앞날을 계획하는 것이 불가능하기 때문에 자기 결정은 먼 꿈에 불과하고, 그 시스템에 갇혀 버린 점점 더 많은 노동자들에게 자유를 누린다는 관념은 거짓말처럼 공허하게 들릴 뿐이다. 게다가 20세기 초에 테일러주의가 노동자들의 인간성을 잃게 만들고 그들의 기본적인 근로조건을 후려치겠다고 위협했듯이 오늘날의 주문형 경제 역시 그렇게 하고 있다. "청소하기엔 너무 더운 날입니다. 집안일은 태스커한테 맡기시고, 당신은 여름 햇볕이나 쬐세요."[7)]

자율성?

✲

플랫폼 기업들 대부분의 작은 활자는 그들이 단지 경제학자들이 '매칭'이라고 부르는 사업을 한다는 것을 암시한다. 태스크래빗의 서비스 조건에 따르면 그 회사는 뭔가를 처리할 필요가 있는 개인이나 사업체들과 그런 과업을 수행할 용의가 있는 개인이나 사업체들이 서로 연결

될 수 있는 온라인상의 장소를 제공한다.[8] 우버의 이용약관 역시 유사하게 '이용자들이 운송 및/또는 물류 서비스를 제공하는 제3자와 해당 서비스를 마련하고 일정을 계획할 수 있게 해 주는 IT 플랫폼 기업'이라고 그 회사를 정의하고 있다.[9]

이용자들이 딱 맞는 상대방을 찾을 수 있도록 플랫폼 기업들은 포인트나 별 개수를 통해서 서비스 제공자의 등급을 평가한다. 점수는 (표면상으로는) 이전의 소비자들이 매번 과업이 끝난 뒤에 익명으로 남긴 피드백에 기초해 계산되며 그 결과는 다음 '긱'이 시작되기 전에 미래의 이용자들에게 표시된다.

원칙적으로 기업가들은 경제학자들이 '레몬 문제'*라고 부르는 것을 극복하는 데 도움이 되는 개방적이고 투명한 평가 메커니즘을 환영해야 한다. 인터넷을 통해 노동자를 고용할 때 그들이 얼마나 괜찮을지 알기란 거의 불가능하기 때문에 관계된 모든 사람들에게 부정적인 결과가 초래된다. 좋은 노동자들은 낮은 임금을 받고, 나쁜 노동자들이 지나치게 높은 임금을 받으며, 회사들은 앞으로 아무도 뽑지 않으려고 할 것이다.[10] 등급 평가 메커니즘은 개인기업가들이 제공하는 서비스의 품질을 알리고 군중과 차별화할 수 있게 해 줌으로써 그들에게 더 높은 보수와 더 좋은 일자리를 얻을 수 있게 해 준다.

---

* 시장에서 거래되는 물건의 속성에 대해 판매자는 구매자보다 많은 정보를 가지고 있기 때문에 정보가 부족한 구매자의 입장에서는 불리한 물건(Lemon)을 선택하게 되는 '역선택(Adverse selection)'이 일어난다. 그래서 정보 비대칭이 심해질수록 결국 겉만 번지르르한 저급품만 남는 '레몬 시장(Lemon market)'이 되어 결국 소비자의 외면으로 경쟁력을 잃게 된다는 이론을 말한다.

그러나 톰 슬리가 주장한 것처럼 주문형 경제에서의 등급 평가는 이런 점에서 거의 가치가 없을 수도 있다.[11] 다양한 경험적 연구 끝에 그는 이렇게 결론짓는다.

> 평판 시스템은 높은 품질의 또는 신뢰할 수 있는 제품과 질이 낮거나 신뢰할 수 없는 제품을 구분하는 기본적인 작업에서 실패한다. 4.9점을 받은 우버 드라이버나 핸디 클리너가 4.6점을 받은 사람보다 어떤 식으로든 낫다는 증거는 없다.[12]

그의 주장에 따르면 대신에 평판 알고리즘은 다음과 같이 보아야 한다.

> 회사의 관리 구조를 대체하는 것이긴 하지만 나쁜 대용물이다. 평판 시스템은 지옥에서 온 상사다. 언제든지 충동적으로 당신을 해고할 수 있지만 거기에 대해 항의도 할 수 없는, 변덕스럽고, 성질이 고약하며, 설명할 수 없는 관리자인 것이다.[13]

그리고 등급 평가 알고리즘의 진짜 요점은 단순히 품질을 알리는 것보다는 노동자들을 매일매일 그리고 특정한 플랫폼 기업의 생태계에 가두어 둠으로써 통제하는 것이다.

단순한 평가 메커니즘이 어떻게 그렇게 강력할 수 있을까? 그렇게 단순하지 않기 때문이다. 플랫폼 기업 운영자들은 단순히 소비자의 피드백을 합산하는 것이 아니라 지속적인 알고리즘 모니터링에 의존해 업무와 서비스 전달의 모든 측면을 엄격하게 통제하는 것 때문이다. 플랫폼 기업 정책의 준수에서부터 노동자가 새로운 과업을 얼마나 빨리 그리고 얼마나 자주 수락하는지에 이르기까지 추가적 요소들이 실시간으로 제재받는 모든 일탈과 함께 그 방정식에 반영된다.

알고리즘에 의한 통제는 수많은 방법으로 행사되는데 종종 직접적 명령이나 명시적 지시를 회피하기 위해서 사용된다.[14] 우버의 통제 메커니즘에 대한 알렉스 로젠블랏Alex Rosenblat과 루크 스타크Luke Stark의 연구는 "우버가 노동자의 일상에 '약한(Soft) 통제'를 행사할 수 있는 우버 앱을 통해서 디자인 결정과 정보 비대칭을 다양하게 배치함으로써" 크라우드노동의 근로조건을 얼마나 쉽게 바꿀 수 있는지를 보여준다.[15] '혹시라도 회사의 정책으로 보이지 않도록 주의 깊게 설계되어 간접적으로 이루어지지만'[16] 그 지시는 믿을 수 없을 정도로 강력하다.

> 비록 승객들이 평점 시스템과 상호작용하는 방법이나 우버가 그것을 평가하는 방법에 대해 운전자들은 제한된 범위 내에서만 통제할 수 있지만, 개인화된 측정 지표들은 '자기 자신의 직업 안정성에 대한 매우 개별화된 책임감'을 길러 준다. 설계상, 전체 상호작용 과정에 대한 체계적인 책임은 개별 드라이버에게 다운로드된다.[17]

2015년 사건에서 에드워드 M. 첸Edward M. Chen 미국 지방법원 판사는 비슷한 지적을 하면서 다음과 같이 밝혔다.

> 우버의 앱 데이터는 운전자 행동의 특정 측면을 지속적으로 감시하는 데 사용될 수 있다. 운전자들을 항상 관찰할 수 있는 이러한 수준의 감시는 우버에게 운전자의 수행 '방법과 수단'에 대한 엄청난 통제력을 제공한다.[18]

각기 다른 플랫폼 기업들과 시기에 따라 구체적 방식은 매우 다양하지만 그 목표는 종종 동일하다. 대부분의 플랫폼 기업들은 정보가 빠삭한 노동자와 고객들을 단순히 '매칭'하는 것이 아니라 보이지 않는 대규모의 노동력을 빡빡하게 관리하는 사업을 하는 디지털 노동 중개자들이기 때문이다. 그리스 신화에서 모든 것을 감시하는 파놉테스Panoptes처럼 각 노동자 위로 끊임없이 맴도는 등급 평가 알고리즘이 주문형 노동의 거의 모든 측면을 형성한다. 새로 들어오려는 사람을 심사하고 과업을 배정하는 것에서부터, 작업 수행과 보수 지급 방식의 통제 그리고 만족스럽지 못한 성과에 대한 제재에 이르기까지 모든 과정은 종종 투명하지 않거나 책임 없이 이루어진다. 첸 판사가 미셸 푸코를 인용하면서 말한 것처럼 '의식 상태와 항구적인 가시성이 권력의 자동적 기능을 확보해 준다.'[19]

알고리즘에 의한 관리

'인터넷에서는 아무도 당신이 개라는 것을 알지 못한다'고 1993년에 잡지 《뉴요커New Yorker》에 실린 만화는 주장했다. 주문형 경제에서 플랫폼 기업들은 자신들의 이용자들 그리고 개들에 대해 모든 것을 알고 싶어 하는 것처럼 보인다. 잠재적인 노동자가 플랫폼 기업에 등록하는 순간에 통제가 시작된다. 대부분의 운영자는 계정을 활성화시켜 주기 전에 광범위한 정보를 요구하고 개별 노동자들의 자격을 심사하는데 단순히 다른 온라인 서비스에 가입하는 것보다 훨씬 더 사생활 침해적이다. 플랫폼 기업들이 다른 많은 세부사항과 함께 이용자들의 공식적

신원 증명 서류와 금융 정보들을 요구하는 것은 드문 일이 아니다.[20)]

일단 이용자가 활성화되고 나면 플랫폼 기업의 통제는 더욱 심해져서 작업, 시간 및 임금을 선택할 수 있다고 약속했던 자유를 제한하게 된다. 노동자들은 저임금의 불쾌한 과업을 수락해야 하고, 좋은 평가를 얻고 유지하려면 장시간 일해야 하지만, 실제로 집에 갖고 가는 급여는 최저임금 수준에 훨씬 못 미친다.

과업 할당과 관련해 가능한 한 빨리 일거리를 수락하도록 하기 위해 플랫폼 기업들은 다양한 전략을 채택하고 있다. 예를 들어, 승차공유 플랫폼 기업들은 종종 운전을 시작하기 전까지 운전자들에게 승객의 목적지를 알려 주지 않는다. 만약 운전자들이 독립적인 기업가라면 공항에서 오래 줄 서서 기다린 후에 근처 행선지로 가는 돈벌이가 안 되는 일을 떠맡지 않아도 될 것이다. 그러나 실제로는 많은 플랫폼 기업들이 운전자들에게 그들의 앱이 작동되는 동안 평균 호출 수락률을 높게 유지하도록 요구하고 승차 취소 가능 횟수에 엄격한 제한을 가한다. 돈이 되는 운행에 집중하려는 시도는 플랫폼 기업의 알고리즘에 의해 통제된다. 다시 말해 "운전자들은 더 높은 요금을 받는 일을 잡기 위해서 더 낮은 요금을 받는 일을 거부하는 행위에 대해 제재를 받는다. 이것은 독립적인 기업가로서 그들의 '자유'에 대한 또 다른 제약을 보여 주는 것이다."[21)]

또한 우버는 한동안 운전자가 돈이 안 되는 운행을 반복해서 거부할 경우에 즉각적인 제재로 최대 10분간의 짧은 비활성화를 실시했다.[22] 노동자가 일을 막 그만두려고 할 때에도 비슷하게 알고리즘 통제가 재빨리 개입한다고 로젠블랏과 스타크는 쓰고 있다. 우버 앱이 가격 급등 아이콘과 함께 매력적인 팝업 메시지를 운전자에게 보내는 것이다. '정말 로그아웃하시겠습니까? 당신의 지역에 호출이 매우 많습니다. 더 많은 돈을 버세요. 지금 멈추지 마십시오!'[23]

노동자가 일거리를 위한 입찰에서 더 많은 여유를 갖게 되거나 고객이 다양한 노동자들의 프로필 중에서 자유롭게 선택할 수 있는 상황이라고 하더라도 플랫폼 기업의 등급 평가 알고리즘이 노동자들의 작업 그리고 노동과 임금을 간접적으로 통제할 수 있다는 점을 과소평가해서는 안 된다. 대부분의 플랫폼 기업들은 일종의 예비 순위나 개인화된 추천을 제공할 것이다. 다른 플랫폼 기업들은 프리랜서들이 입찰할 수 있는 일의 양을 제한한다.[24]

기술과 인적 요소의 조합을 통해 플랫폼 기업은 또한 업무를 수행하는 방법과 기준을 거의 모든 측면에서 확고하게 통제한다. 예를 들어, 운전자가 우버 요청을 수락하면 그는 우버 운전자 앱을 통해서 승객에게 안내되고 요청된 목적지로 향하게 될 것이다. 만약 다른 경로를 선택하고 그래서 바가지를 썼다고 느끼게 되면 고객들은 불평할 수 있다. 우버 앱은 또한 운전자들에게 '승객들에게 생수, 껌, 과자, 박하사탕, 휴대전화 충전기를 제공할 것'과 '적절하게 복장을 갖출 것' 그리고 승객들을 위해 가방을 옮겨 주고 문을 열린 채로 잡고 있어 줄 것을 '상기시킨다.' 우버는 운행 중에 어떤 음악을 틀어야 하는지까지 통제한다. 즉, 기업 제휴를 통해 운전자들은 승객들이 자신의 배경음악을 설정하기 위해 음악 앱을 사용할 수 있도록 해야 하는 것이다. 경쟁업체 리프트 역시 비슷하게 '승차 경험'을 통제한다. 비록 운전자들이 승객들을 환영하는 주먹 인사나 핑크색 콧수염과 같은 더욱 별난 요구사항들 중 일부는 포기한 것처럼 보이지만 말이다.[25)]

수행하는 작업을 특정하지 않은 경우에도 플랫폼 기업은 과업 수행 방식을 종종 통제한다. 태스크래빗 회사 로고가 보이는 밝은 녹색 티셔츠와 같이 세부 규정을 통해서든 아니면 일반적인 이용 조건을 통해서든.[26)] 아마존 M터크는 예를 들어 '로봇, 스크립트 또는 그 밖의 자동화된 방법을 사용하여 서비스를 완료하지 않는다' 같은 다양한 조건들을 이용자들이 '구체적으로 인정하고 동의한다'고 주장한다.[27)]

이러한 엄격한 통제의 또 다른 열쇠는 기술이다. 업워크의 고객은 이른바 업무 일지를 통해 자신의 노동자가 잘하고 있는지 확인할 수 있다. 프리랜서가 시간 단위로 보수가 지급되는 일을 할 때마다 업워크의 소프트웨어가 그의 모니터 화면을 규칙적으로 스크린샷으로 캡처하고 키보드 입력을 카운트하며 프리랜서가 보수를 청구한 시간 내내 그 일을 한 것이 맞는지 고객이 확인할 수 있도록 완료된 작업을 기록하기 때문이다. 최근에 소프트웨어가 업데이트된 후, 우버 앱은 이제 운전자의 과속이나 급제동을 감지하기 위해서 각 운전자의 아이폰에 있는 GPS, 자이로미터, 가속도 센서를 이용하고 있다.[28)]

그러나 결정적으로 알고리즘에 의한 통제는 노동자들을 보호하거나 그들이 기업가적 선택을 쉽게 할 수 있도록 돕기 위해서는 확장되지 않는다. 일부 플랫폼 기업은 노동자들도 고객을 평가하도록 하지만 그 점수는 전혀 표시되지 않거나 소비자의 서비스 이용 능력에 거의 영향을 미치지 않는다.[29] 그 결과 주문형 노동자들은 불법적이고 위험하며 비윤리적이고 감정적으로 완전히 잔혹한 작업에 노출될 수 있다. 그럼에도 불구하고 낮은 평가 등급을 피하려면 신속하고 친절하며 쾌활하게 수행해야 한다.

예를 들어, 많은 배달 서비스는 시간의 압박이 너무 심하기 때문에 교통 규칙을 조금이라도 어기지 않고서는 작업을 완료할 수 없다. 불법 주차에 대해 포스트메이츠가 내놓은 해결책은 무엇이었을까? '주문을 제때에 배달하는 데 필요하다면 법을 위반해도 괜찮다는 명시적인 제안'이었다.[30]

한편, 노동자들은 위험한 근로조건에 맞서면 불이익을 받을 것이라는 위협을 받고 있다.

> 몇 개월 전에 세탁을 해 달라는 고객이 있었다. 세탁을 마쳤는데 그의 물건에는 뭔가 고약한 것이 있었다. 나는 이 더러운 것이 사실은 그의 세탁물 전체에 묻은 고양이 설사라는 것을 깨달았다. 그 고객은 항상 세탁물이 네 더미라고 게시했는데, 내가 그의 빨래를 할 때마다 두 칸짜리 세탁기를 10회 또는 15회 채웠다. 빨랫감은 산더미처럼 쌓여 있었고 온통 고양이 설사로 뒤덮여 있었다. 이런 일이 세 번째 일어났을 때, 나는 사실 태스크래빗에 전화를 걸어서 말했다. '지금 무슨 일이 일어나고 있는지 보세요. 게다가 나는 고양이 알레르기가 있고 내 프로필에 그렇게 나와 있어요. 나는 25달러 이상 받아야 할 것 같습니

다.' 태스크래빗은 사실 매우 정중하게 말했다. '그렇군요, 끔찍하네요. 알려 줘서 고마워요. 우리가 그 고객과 얘기해 볼게요.'[31]

그러나 그 노동자가 불평했지만 고객을 멈추지는 못한 것 같다. 그 고객이 또 몇 더미를 세탁해 달라고 요청했을 때 그가 더 높은 가격을 요구하자 일이 잘못되어 버렸다. '나는 그 후 곧 태스크래빗으로부터 프로답지 못하다는 이메일을 받았다. 그들은 내가 다시 그렇게 하면 잘릴 것이라고 말했다.'[32]

다른 작업들은 노동자들을 심각한 정신적 해로움에 노출시킬 수도 있다. 업로드된 콘텐츠의 품질을 판단하는 과정에서 페이스북이나 유튜브 같은 웹 사이트들은 콘텐츠가 부적절하거나 불쾌한지 여부를 판단하기 위해 크라우드노동자들에게 갈수록 더 많이 의존하고 있다. 크라우드플라워CrowdFlower와 같은 플랫폼 기업들은 '품질 저하 없이 비용을 절감하는' 실시간 콘텐츠 관리 능력을 자랑스럽게 광고한다. '사이트에 제출된 각 이미지는 세 명의 검토자가 평가하는데 최선의 응답을 결정하기 위해 이들의 판단은 자동으로 교차 점검된다'는 것이다.[33] 그리 어렵지 않게 들릴 수도 있지만 생각해 보라. 문제되는 이미지들에는 종종 극단적인 포르노, '잔혹한 거리 싸움, 동물 고문, 자살 폭탄, 참수, 끔찍한 교통사고'가 담겨 있다.[34]

이러한 사정과 앞 장에서 접한 것처럼 많은 노동자들이 자신의 행복한 경험을 공개적으로 설명하는 것을 어떻게 조화시킬 수 있을까? 두 가지 설명이 가능하다. 첫째, 플랫폼 노동과 주문형 노동자들의 이질성을 기억해 보자. 심심풀이 삼아 크라우드플라워에서 프로그래밍 도전을 즐기면서 약간의 추가 수입을 얻고 그래서 언제든 그만둘 수 있는 누군가는 저임금의 불안정한 직업을 이어 가면서 생계를 꾸려 나갈 수밖에 없는 다른 사람보다 훨씬 더 큰 기쁨을 얻을 것이다. 둘째, 항상 주시하고 있는 알고리즘이 어떤 형태의 일탈도 감지할 수 있다는 점을 떠올려 보자. 앤드류 캘러웨이Andrew Callaway는 (안) 행복한 우버 드라이버의 맥락에서 다음과 같이 지적한다.

> 승객으로서 당신은 인터뷰 주제를 평가하게 될 것이다. 그것은 우버 운전을 얼마나 좋아하느냐고 승객들이 물어볼 때 운전자들이 얼마나 정직한지에 대해서는 의미를 가질 수 있다. 우울하게 만드는 노동자는 높은 평가를 받지 못한다. 아무도 자신이 좋아하는 앱을 이용하는 것에 대해 죄책감을 느끼고 싶어 하지 않는다.[35]

기업가정신의 임금

알고리즘에 의한 통제의 범위는 결코 일 자체를 통제하는 데서 멈추지 않는다. 노동자들의 급여는 여러 플랫폼 기업들에 따라 다양한 방식으로 결정된다. 특정한 일에 대해 얼마를 지불할 의사가 있는지를 고객들이 명시하거나 일거리를 놓고 노동자들이 입찰을 하는 방식도 있고, 완전 자동화된 중앙 가격 책정 방식도 있다. 예를 들자면, 우버의 역동적 알고리즘은 개별 도시의 가격 수준이나 심지어는 특정한 지역과 시간대의 특수한 수요와 같은 요소에 근거한 이른바 탄력요금제(Surge pricing)를 통해서 거리와 시간에 대한 보수를 결정한다.[36] 일부 플랫폼 기업들은 또한 고객이 완료된 작업의 인수를 거절할 수도 있도록 허용하는데(그 경우에는 비용을 지불할 필요가 없음) 종종 아무 이유도 제시되지 않지만 플랫폼 기업은 결과적으로 발생하는 분쟁에 관여하는 것을 거부할 수 있다.[37]

플랫폼 기업이 임금률을 정하지 않는 경우에도 플랫폼 기업은 여전히 노동자의 급여에 대해 상당한 통제권을 행사한다. 많은 기업들은 수수료, 청구, 결제의 모든 측면을 완전히 통제하기 위해 소비자와 노동자 간에 어떤 현금 교환도 직접 이루어지면 안 된다고 강요한다. 또한 노동자들에 대한 급여 지급의 시기와 방식도 대부분 플랫폼 기업이 결정하는데, 때로는 가혹한 방식으로 결정된다. 미국 바깥에 있는 M터크 노동자 대다수는 아마존의 온라인 포털에서만 쓸 수 있는 아마존닷컴 상품권으로만 급여를 받을 수 있다.[38]

임금 수준의 통제야말로 주문형 사업 모델의 핵심이다. 소비자의 비용은 낮게 유지하되 플랫폼 기업의 소득은 극대화해야 하기 때문이다. 크라우드플라워의 CEO는 한 인터뷰에서 그 회사가 대부분의 노동자들에게 시간당 2~3달러밖에 지급하지 않는다고 시인한 적이 있다.[39] 이것은 크라우드플라워만의 문제가 결코 아니다. 우려스러운 비율의 주문형 경제 노동자들이 최저임금 수준보다 훨씬 낮은 임금을 받는 것처럼 보인다. 뉴욕대학 스턴경영대학원의 파노스 이페이로티스 Panos Ipeirotis는 아마존 M터크 노동자들의 시간당 평균 임금이 4.80달러(2012년)라고 주장하지만, 이라니와 실버맨은 좀 더 현실적으로 2달러라고 계산했다.

어떤 의미에서 저임금은 단순히 표준적인 시장 지배력의 결과라고 볼 수 있다.

> 진입이나 퇴장의 장벽이 매우 낮고 임금의 상한선이나 최저선이 없는 디지털 플랫폼 기업의 경쟁적 특성은 (주문형) 시장의 임금이 경제학자들이 말하는 '경쟁 시장 시세'에 매우 가까운 수준으로 설정되어 있다는 것을 의미한다. 즉, 주어진 서비스에 대한 수요와 공급을 일치시키는 것이다.[40]

그러나 좀 더 자세히 살펴보면 넘치는 노동자들이 제한된 수의 일거리를 놓고 경쟁하게 하기 위해서 주문형 경제의 임금이 종종 인위적으로 낮게 설계되어 있다는 점이 금방 드러난다. 그 결과로 얻어지는 이익의 일부는 플랫폼 기업이 가져가는 반면에 비용 청구서는 노동자들이 부담하도록 남겨지는 것이다. 특히 노동자들의 공급과잉은 소득에 관한 한 실제 이중고로 작용한다. 많은 긱 서비스들에 대한 수요는 상대적으로 공급에 둔감하기 때문에 주어진 일거리를 놓고 너무 많은 노동자들이 경쟁하게 되면 임금이 낮아질 뿐더러 심지어 더 낮은 가격에서도 개인이 일자리를 찾을 수 있는 기회는 줄어들게 된다.

다음 일거리를 구하기 위해 노동자들이 끊임없이 서로 경쟁하도록 강요함으로써 공급을 조작하는 바로 그 요소는 낮은 임금 수준을 달성하는 데 큰 도움이 된다. 예를 들어, 보도에 따르면 우버는 특정한 도시나 장소에서는 '높은 수요'와 '대박 나는 주말'을 약속하면서 운전자들과 접촉한다. 특히 온라인상에서 일을 완료할 수 있고 따라서 글로벌 경쟁에 열려 있는 분야에서는 고숙련 노동자들조차도 이러한 힘의 지배를 받는다. 지금은 업워크로 바뀐 오데스크에서는 노동자 중 4분의 3 이상이 대졸 이상 학력을 가지고 있었지만 심지어 전일제로 일하더라도 벌 수 있는 월 소득이 750달러에 불과했다.[41]

플랫폼 기업들의 수익률이 꾸준히 상승하면서 임금률은 더욱 하락하고 있다. 실제 수수료율은 시기에 따라서 그리고 플랫폼 기업에 따라서 크게 다르다. 일반적으로 대부분의 플랫폼 기업은 보통 복잡한 공식에 따라 노동자 임금의 15~30%를 받을 것이다. 예를 들어, 아마존은 요청자가 터커에게 지불한 금액의 20%를 수수료로 받거나 10개 이상의 개별 '인간지능작업(HITs)'이 있는 대규모 작업에 대해 40%의 수수료를 받는다. 그러나 HIT당 최소 0.5센트를 떼기 때문에 수수료는 종종 노동자 임금의 50% 이상에 달한다. 2010년의 연구에 따르면, M터크에서 구할 수 있는 HIT의 4분의 1은 0.01달러짜리이기 때문이다.[42] 그 결과, 임금은 낮고, 고소득을 올렸다는 보도는 종종 과대평가된 것이다. 퓨 센터Pew Center의 조사에 따르면 시간당 8달러 이상을 버는 노동자는 단지 8%에 불과하다.[43]

서비스를 물리적으로 제공해야 하는 특성 때문에 지역 내에서만 경쟁이 이루어지는 분야에서도 임금이 내려간다. 플랫폼 기업들은 과업과 과업 사이에 임금을 지급하지 않고 그들의 작업과 관련된 대부분의 비용을 노동자들이 부담해야 한다고 주장하기 때문이다. 배달을 마치고 다음 배달 전에 자전거로 돌아다녔든, 자신이 할 수 있는 일자리가 있는지 찾기 위해 긴 일거리 목록을 훑어봤든 간에 노동자는 특정한 고객들을 위해 실제로 일한 시간에 대해서만 임금을 받게 될 것이다. 1990년대에 영국의 버거킹 지점에서 일하던 노동자들이 버거를 뒤집거나 또는 계산대 앞에서 주문을 받는 시간에 대해서만 급여를 받는 것으로 악명 높았던 것과 다를 바가 없다.[44] 노동자들에게 떠넘겨지는 것은 '유휴'시간의 비용뿐만이 아니다. 긱 경제에서는 자동차나 컴퓨터와 같은 도구를 제공하는 것에서부터 유지비와 운영비를 지불하는 것까지 모든 것을 노동자들이 책임진다.

실제로 집으로 가져가는 임금에 엄청난 영향을 미치는데도 불구하고 이러한 사실은 플랫폼 기업들의 공식 통계와 홍보 자료에서는 지속적으로 빠졌다. 홀Hall과 크루거가 플랫폼 기업의 자체 데이터를 사용해 분석한 결과 미국 전역의 우버X 드라이버의 시간당 평균 수익은 (택시 운전자의 소득보다 훨씬 더 높은) 15.60달러에서 29.65달러 사이였다.[45] 아주 나쁜 것처럼 들리지는 않는다. '물론 우버 드라이버-파트너들은 가솔린이나 감가상각 또는 보험과 같이 운전에 드는 비용을 지급받지 않는다'는 사실을 기억하기 전까지는 말이다.[46]

일단 모든 비용을 공제하고 나면 시간당 임금은 급격하게 떨어지며 종종 최저임금 수준에 훨씬 못 미친다. 뉴욕 우버 운전사들을 상대로 무작위 조사를 해 본 결과 (최저임금이 10.5달러인데도) 집으로 가져가는 임금은 시간당 3.99달러에 불과하거나 심지어는 재무적으로는 순

손실에 가까운 급여를 받는 것으로 드러났다.[47] 이와 유사하게 영국 노동조합 GMB는 런던에서 최고 등급 평가를 받고 가장 많이 버는 우버 운전자들도 그들이 지출해야 하는 비용을 감안하면 (영국 최저임금 7.50파운드 이하임이 분명한) 시간당 5.68파운드밖에 벌지 못할 것이라고 계산했다.[48]

이렇게 저임금을 받는 데 비해 자동차나 컴퓨터를 구입하는 데 드는 고정비용이 높기 때문에 많은 주문형 노동자들이 장시간 노동하기 쉽다는 것은 놀라운 일이 아니다. 낮은 급여는 많은 노동력을 24시간 내내 이용 가능하도록 유지하는 데 필수적인 연장 근무에 노동자들을 투입시키기 위해 필요한 핵심 수단이다. 고객에게 가능한 한 빠르게 서비스를 제공하기 위해 플랫폼 기업들은 인력 과잉 공급을 지속적으로 유지할 필요가 있다. 그래서 각 개별 노동자의 임금은 낮아지고, 노동자들은 생계를 위해 훨씬 더 오랜 시간을 일해야 한다.

공유경제 옹호자들 중 일부는 대부분의 과업이 단지 안정적인 1차 소득을 보충하기 위해 수행되기 때문에 플랫폼 기업의 통제로 인해 야기되는 저임금과 장시간 근로가 반드시 문제가 되는 것은 아니라고 주장한다.[49] 아마존 M터크를 연구한 대표적인 전문가인 식스 실버맨Six Silberman이 지적했듯이 이것은 전혀 사실이 아니다.

> 연구자들과 사용자들이 낮은 급여를 정당화하기 위해 제시하는 [많은] 서사들(예를 들면, M터크에서 일해서 버는 소득에 의존하는 노동자들은 대부분 생활비가 낮은 '개발도상국'에 살고 있고 '선진국' 노동자들 대부분은 주로 심심풀이로 일한다든가,

크라우드노동은 쉽고, 노동자들은 상대적으로 저숙련의 교육받지 못한 이들이라든가, 노동자들은 아마존 M터크에 참여하는 것을 자유롭게 선택했고, 임금이 너무 낮다고 생각한다면 쉽게 다른 일을 선택할 수 있다는)은 부정확하다.[50)]

제재

이제 구석구석 파고드는 플랫폼 기업들의 통제의 최종 요소로 넘어가 보자. 알고리즘에 의한 등급 평가는 일련의 인센티브와 제재에 의해 뒷받침된다. 평점이 높은 사람들에게는 보수가 좋거나 여러 면에서 매력적인 요청이 할당되는 반면, 평점이 낮으면 가치가 낮은 일거리만 노동자에게 할당되는 '수행기준 근신(Performance standard probation)'이 이어지거나 아니면 그냥 잘린다('계약이 종료된다').[51)]

노동자들을 완전히 비활성화시키지는 않는 플랫폼에서도 등급이 낮으면 여전히 문제가 될 수 있다. 어떤 플랫폼 기업들은 작업의 품질(과 수량)에 따라 어떤 형태의 '엘리트' 지위를 부여해 이용자가 더 좋은 작업과 더 높은 급여에 액세스할 수 있도록 하거나 우선 검색 목록을 보장한다.

> 한 노동자는 시작하자마자 친구들이 낮은 등급의 지옥으로 쫓겨나는 것을 지켜보고 나서 주로 평점 완충 장치를 충분히 얻기 위해 수십 개의 저임금 일자리를 가져갔다고 말했다. … 성적이 나쁘면 쫓겨나지는 않지만, 선택 목록에서 훨씬 아래쪽에 나타나기 때문에 일을 덜 받고 덜 벌게 된다.[52)]

엘리트 지위를 부여받는 조건은 대개 불명확하다. 어떤 플랫폼 기업들은 과업의 평균 점수와 개수를 포함한 요소를 명시하고 있지만, 다른 기업들은 자신들의 기준을 밝히기를 거부한다.[53] 호의적인 평점을 달라고 간청하기 위해 노동자들이 고객에게 의도적으로 에누리를 해 줘야 할 정도로 등급 평가는 위력적이다. '어떤 운전자들은 더 높은 등급을 받고자 전략적으로 일찍 운행을 마친다고 보고해 고객이 내야 할 요금을 낮춘다.'[54]

등급 평가 제도의 제재는 단지 전능한 데서 그치는 것이 아니다. 그것은 종종 전혀 예측할 수 없는 자의적인 방식으로 운영되고 때로는 완전히 인종차별주의적나 성차별주의적인 것처럼 보일 때도 있다. 통제는 더욱 강렬한 데 그치지 않는다.

> (통제는) 훨씬 더 제멋대로다. 전통적인 고용 관계에서는 만약 당신의 기준에 문제가 있다면 당신은 고객들에게 따질 수도 있고 당신이 개선하도록 돕기 위해 당신의 매니저가 조치를 취할 수도 있지만, 긱 경제에서 당신의 고객들은 즉시 당신에게 의지하지 않는다. 평점을 매기는 사람들을 아무도 확인하지 않는다는 것은 그 평점을 객관적이라고 생각하기가 훨씬 더 어렵다는 뜻이다.[55]

주문형 플랫폼 기업들의 알고리즘이 이용자들의 의식적 또는 무의식적 편견을 종합해 여성이나 소수 인종 노동자와 같은 집단에 대한 차별을 초래한다는 증거가 늘어나고 있는 점을 감안하면 이는 특히 우려되는 사항이다. 한 익명의 운전자가 《가디언Guardian》과의 인터뷰에서 강조한 것처럼 말이다. '대학생들은 나이 든 운전자에게 낮은 평점을 주고, 남성 승객들은 같이 시시덕거리지 않는 여성 운전자에게 낮

은 평점을 주며, 장애가 있는 운전자들은 비활성화된다.'[56]

제재는 거의 사전 통지 없이 이루어질 수 있으며 주문형 노동자들은 자신의 등급이 떨어진 이유조차 이해하기 어려운 경우가 많다.

> 승차공유 일자리에서 해고되는 것만으로도 매우 실망스러운 일인데, 설상가상으로 당신은 비활성화 당한다는 아무런 경고나 설명도 받지 못한다. 그 대신 운전하기 위해 로그온하려고 할 때, 오류 메시지를 받게 될 뿐이다.[57]

아마존 역시 이와 유사하게 '이 계약을 종료하고 어떠한 이유에서든 예고 없이 사이트 접속을 즉시 금지시킬 수 있는 권리'를 갖고 있으며, 보도에 따르면 노동자의 계정에 남아 있는 모든 소득은 박탈될 수 있다.[58]

다른 상황에서 알고리즘에 의한 통제는 거의 우스꽝스러울 정도로 가혹할 수도 있다. 《선데이 타임스Sunday Times》 보도에 따르면 보스턴에 사는 전직 포스트메이츠 배달원 조셉 맥도날드Joseph MacDonald는 배달용 자전거를 타다가 (역시 승차공유 운전자가 모는) 차에 치였을 때 그 회사가 지시한 대로 자신의 사고에 관해 이메일을 보냈다. 답변이 뭐였냐고? 그는 '사고로 인해 배달을 거절했기 때문에 한 시간에 1건을 수락하면 보통 받게 되는 시간당 15달러를 받지 못할 것'이라는 대답을 들었다.[59]

구체적인 알고리즘과 사업 모델들은 시기에 따라 그리고 플랫폼 기업들에 걸쳐 항상 계속 다를 것이다. 하지만 플랫폼 기업들이 보이지 않는 노동력을 엄격하게 통제하는 것은 변함 없는 상수로 빠르게 떠오르고 있다. 앞에 내건 자율성의 약속과는 전혀 다른 구호인 것이다.

자기 결정?

✲

자기 결정이라는 약속 역시 지켜지지 않고 있다. 많은 플랫폼 기업들의 사업 모델은 개별적인 개인기업가가 임금과 노동의 수준을 일정하거나 비례하는 기준으로 통제하는 것을 거의 불가능하게 만들기 위해 구조화되었다. '각 경제에서의 임금은 종종 매우 유연하며 수요와 공급의 증가 또는 감소에 따라 더 빨리 변할 수 있기 때문이다.'[60]

많은 주문형 노동자들에게 자기 결정을 먼 꿈으로 만드는 것은 (기업가들 역시 직면해야 하는) 시장 메커니즘의 제약받지 않는 작동뿐만이 아니다. 최대의 이익을 얻기 위해 사업 모델을 끊임없이 재조정하기 때문에 플랫폼 기업들의 의도적인 선택과 통제 또한 중요한 역할을 한다.

가장 단순한 (그리고 가장 흔한) 경우, 이것은 플랫폼 기업들에 의해 유지되는 노동자 임금률의 변화를 의미한다. M터크의 수수료는 2015년 7월에 10%에서 20%로 두 배로 뛰었다.[61] 2016년 6월에 업워크는 모든 직무에 10%의 정액제를 적용하던 수수료 모델을 각 고객과의 프리랜서 평생 청구에 기초하는 슬라이딩 시스템으로 변경했다.[62] 우버도 이와 유사하게 지불해야 하는 수수료의 액수를 변동시키는 실험을 계속했다. 즉, 운행 횟수가 줄면 유지되는 비율도 함께 하락하는데, 이

것은 단시간 노동자에게 특히 해롭다.[63)]

또 다른 흔한 전략은 플랫폼 기업들이 새로운 도시나 지역에 처음 진출할 때에는 노동자들에게 합리적으로 관대한 임금과 보조금을 주다가 결국 몇 개월 후에 이용 요금은 낮추고 수수료를 인상하는 것이다. 6장에서 보게 되겠지만, 이러한 빈번한 손실 감수 전략의 주된 목적은 경쟁자들을 몰아내고 네트워크 효과를 활용하기 위해 시장 점유율을 사들이는 것이다. 또한 다수의 노동자를 그 플랫폼 기업에 잡아 두는 것도 우호적인 정치적 여론을 조성하고 초기의 두려움과 정치적 반대를 극복하는 데 도움이 되는 유용한 전술이다. 《뉴욕타임스The New York Times》가 보도한 것처럼 텍사스주 댈러스의 운전자들은 처음에는 우버를 매우 지지했다.

> 그들은 우버가 댈러스시의 승인을 받을 수 있도록 돕기 위해 그 회사와 전술적인 제휴를 맺었는데, 지역 택시 회사들은 이에 저항했다. 우버가 사업 확장 노력의 일환으로 [우버 운전사] 알레마요 씨에게 휴스턴시의회에서 발언해 달라고 요청하자, 그는 증언하다가 우버를 칭송하는 노래까지 부르기도 했다. '난 운전자들이 우버를 갖는 것이 공평하다고 말했어.' 그는 회상했다. '나는 그들을 대신해서 말한 거야. 돈을 받고 한 것은 아니지만.' 그러나 2014년에 우버가 2008년 이전에 생산된 자동차를 모는 운전자들은 더 이상 [프리미엄 요금 서비스인] 우버블랙에 참여할 수 없다고 결정하면서 그 관계는 악화되기 시작했다.[64)]

계약조건은 계속 더 나빠졌다. 특히 약속된 프리미엄 요금을 이용하기 위해 고급차에 투자했지만 이제는 헐값에 서비스를 제공할 수

밖에 없었던 운전자들에게는 더욱 그러했다. 그러나 동시에 반대는 헛수고로 보였다.

> 운전자들은 자신들이 우버의 손아귀에 있다는 것을 오래전부터 인식해 왔다. 우버의 인기 때문에 그들의 다른 사업 기회는 거의 모두 말라 버렸다. 게다가 우버는 시의회로부터 공식 허가를 얻었기 때문에 운전자들도 정치적 소모품이 되었다.[65)]

전 세계의 주문형 노동자들 역시 처음에는 합리적으로 관대하던 플랫폼 기업들이 어떻게 '밧줄을 팽팽하게 당기기 시작'했는지, 아니면 어떤 경우에는 그들의 사업 모델을 완전히 바꾸었는지 목격했다.

예를 들어, 다른 보상 모델을 계속 실험하기 때문에 태스크래빗의 보수 수준은 극적으로 다양하다. 2014년의 주목할 만한 변화는 태스커들이 주어진 작업에 대해 자신의 제안을 제시할 수 있는 원래의 경매 방식 메커니즘에서 알고리즘이 구직 노동자들을 선별해서 클라이언트와 매칭시키면서 그들의 시간당 임금률을 표시하는 방식으로 전환한 것이다. 태스크래빗은 그러한 모델들을 수없이 많이 테스트해 왔다. 자신의 임금률을 제시하는 태스커에게 고객이 '최적 가격'을 설정하(고 태스크래빗은 추가 서비스 수수료를 부과하는)는 모델도 있었고 심지어는 미리 정해진 '신속 배정' 작업의 경우 태스크래빗의 알고리즘이 급여를 결정하는 모델까지 있었다.[66)]

딜리버루도 2016년 여름에 비슷한 변화를 시도했다. 노동자들에게 (런던의 경우는 7파운드였던) 시간당 기본급을 보장하고 (배달 건당 1파운드의) 약소한 보너스를 지급하던 임금 구조를 그냥 배달 건당 3.75파운드를 지급하는 더 위험한 모델로 전환하고 근무 스케줄이 짜여 있는 교대제를 폐지하여 자유롭게 선택할 수 있도록 한 것이다. 배달원들은 이에 격분해서 반기를 들었다. 딜리버루가 가장 바쁜 시간은 런던 교통의 혼잡시간대와 겹쳐서 빠르게 연속으로 여러 번 배달하기가 힘들고, 배달과 배달 사이에 대기하면서 보내는 '유휴시간'에 대해서는 더 이상 급여를 지급하지 않기 때문에 수입이 대폭 줄어들게 된다는 이유였다. 시위가 잇따르고 여론이 부정적으로 악화되면서 딜리버루는 부분적으로 그리고 적어도 당분간 물러날 수밖에 없었다.[67]

그러나 딜리버루가 태도를 바꾼 것은 드문 예외였다. 로젠블랏과 스타크는 일부 플랫폼 기업들이 이러한 지속적인 변화를 촉진하기 위해 이용하는 냉소주의를 강조한다.

> 요금 인하를 촉진하기 위해 우버는 늘 하는 식으로 운전자들에게 요금을 낮추면 '수요가 크게 증가하고 파트너들의 시간당 수익이 25% 늘어나 더 큰돈을 벌게 되는 것!'이라고 설명하는 그래프를 보여 준다. 우버의 논리는 '수요가 폭발'하기 때문에 운행 횟수가 많아지고 온라인에 접속해 있는 시간을 훨씬 더 효율적으로 활용할 수 있어서 운전자들이 더 많이 돈을 벌게 된다는 것이다. 오스틴을 포함한 다른 도시들에서 요금 인하에 대해 다른 운전자들이 반응했던 것과 같이 온라인 게시판의 운전자들은 믿을 수 없다고 반응하면서 그것을 '우버의 수학(Uber math)', '선전' 그리고 전체주의적(Orwellian) 감언이설이라고 불렀다. 운전자들은 요금 인하 이전에 올리던 수입만큼 벌 수 있으려면 더 오랜 시간 일하고 추가 비용을 지출해야 한다고 주장한다.[68]

많은 사람들에게 주문형 노동의 유연성과 자기 결정이라는 이미지는 그래서 신기루에 지나지 않는다. 플랫폼 기업들 편에서의 일방적 유연성은 노동자들을 지속적인 변화에 노출시키는데 적응할 수 있는 시간도 많이 주지 않는 데다가 거의 항상 그들에게 즉각적으로 재정적 불이익을 입힌다.

자유?

*

마지막으로, 자유에 대한 약속 역시 공허하게 울려 퍼질 뿐이다. 플랫폼 기업들의 사업 모델은 노동자들이 노동조합을 결성하고 단체교섭할 수 있는 자유를 비롯한 그들의 근본적인 권리를 주장하기 어렵게 만들기 때문이다. 대부분의 기업들이 진정한 독립노동자의 대표체를 조직하려는 어떠한 노력에 대해서도 적대적이라는 것은 놀라운 일이 아니다.

시애틀에서 노동조합 결성이 진행되었을 때, 우버의 콜센터 대표들은 운전자들에게 전화를 걸어서 '노동조합 결성과 단체교섭이 대부분의 파트너(드라이버)가 우버 플랫폼을 이용하는 방법의 특성들과 어떻게 부합하지 않는지'에 대해 '몇 가지 생각을 공유하라'는 지시를 받았다.[69]

《뉴욕타임스》 전 특파원 스티븐 그린하우스Steven Greenhouse는 이렇게 지적했다.

많은 측면에서 디지털 주문형 노동자들은 노동조합을 조직하고 홍보하는 것을 가로막는 장애물에 전통적인 경제에서 일하는 노동자들보다 훨씬 더 많이 직면하고 있다. 주문형 노동자 중 많은 사람들은 고립되어 있고 서로 대면할 일이 거의 없기 때문에 온라인 게시판이 신뢰와 연대를 쌓기 위한 차선의 대용물이 된다. 이러한 노동자들이 온라인상에서 소통할 때 회사들은 때때로 그들을 염탐하고 심지어 문제를 일으킬 수 있는 잠재적인 인물들을 자신들의 플랫폼 밖으로 쫓아내기도 한다. 더욱이 주문형 노동자는 독립적인 계약자로 빈번히 간주되기 때문에, 근로조건 개선을 위한 노동자들의 단결에 회사가 보복하지 못하도록 금지하는 연방 노동법으로도 그들은 보호받지 못한다.[70)]

점점 더 많은 플랫폼 기업들은 또한 자신들의 우월한 협상력을 이용하여 진정한 기업가라면 누릴 수 있을 가장 기본적인 자유들을 노동자들이 포기하도록 강요한다. 대리인을 보내거나 새로운 고객들을 찾는 것은 물론 분쟁이 생겼을 때 법원으로 들고 가지도 못하게 하는 것이다. 가입 절차의 일부로서 노동자들은 대개 어떤 일을 제공하든 자신이 직접 수행해야 하는 의무를 지는 것에 동의해야 한다. 태스크래빗의 매뉴얼은 '태스크 의뢰인들은 다른 사람이 아니라 당신의 웃는 얼굴을 보고 싶어 한다'고 명시하고 있어서 기업가가 '우리의 조사 과정을 거치지 않은 누군가'를 대신 보내는 것을 분명히 금지하고 있다.[71)]

또, 거의 모든 플랫폼 기업들은 노동자와 소비자가 직접 계약하는 것을 명확하게 금지하는 조항도 계약에 두고 있다. 어떤 웹 사이트는 심지어 개인적으로 협상을 하는 다른 고객이나 노동자들을 신고해 달라고 이용자들에게 요청한다. '만약 당신이 아는 누군가가 수수료 회피에 참여하고 있다면 우리가 상응하는 조치를 취할 수 있도록 고객 지원팀에 연락해 달라'고 태스크래빗은 직원들에게 촉구한다.[72] 파괴적 혁신가들은 그 자신을 파괴적으로 혁신하는 것에는 그다지 신경 쓰지 않는 것 같다.

혹시 어떤 분쟁이 일어나더라도, 점점 더 많은 주문형 노동자들이 법원에 호소할 수 있는 기본적인 자유조차 행사하지 못할 것이다. 딜리버루의 런던 스쿠터 계약에서 이 조항을 예로 들어 보자.

> 2.2 당신 또는 당신을 대리하는 그 누구도 고용심판소나 당신이 근로자 또는 노동자인지 여부가 다퉈지는 민사 법원에 어떠한 청구도 제기하지 않을 것임을 추가로 보증한다.
>
> 2.3 위의 2.2항에도 불구하고 만일 당신 또는 당신을 대리하는 누구든(또는 당신의 대체자 또는 당신의 대체자를 대리하는 누구든) 고용심판소 또는 어떤 노동법의 의미 내에서든 당신(또는 당신의 대체자)이 근로자 또는 노동자라는 주장이 성공적으로 다퉈지지 않는 한 속행할 수 없는 민사법원에 어떠한 청구라도 제기한다면, 당신은 (법률상 비용을 포함한) 비용 및 그 소송 절차와 관련하여 발생하는 지출에 대해 보상하고 딜리버루를 면책할 것에 동의하며, 그 소송 절차에서 당신에게 부여될 수 있는 어떠한 손해, 보상, 비용 또는 그 밖의 금액에 대해 딜리버루가 당신에게 지불해야 할 금액으로 지불할 수 있다는 것에 동의한다.

다른 말로 하자면, 당신은 딜리버루를 고소하지 않기로 동의한다. 설령 고소한다 하더라도 그로 인해 발생하는 모든 비용에 대해서 당신이 책임지게 될 것이다. 실제로는 그러한 조항들은 종종 시행할 수 없는 것일 수도 있다. 의회 위원회가 이 조항들을 비판했을 때 여론이 들끓자 딜리버루는 계약서를 다시 작성했다. 그럼에도 불구하고 처음에 그 조건이 포함되었다는 사실은 자신들의 법적 지위에 대해 이의제기할 것인지 심사숙고하고 있는 개인들에게 강한 메시지를 보냈다.[73)]

개별 중재 조항도 또 하나의 주요 관심사다. 미국을 비롯한 국가들에서 플랫폼 기업들은 일반적으로 (저소득 노동자들이 더 쉽게 제기할 수 있는) 배심재판과 집단소송을 금지하려고 노력해 왔고, 그래서 어떤 소송도 공적인 법원에 제기해서는 안 되며 대신 사적 중재로 돌려야 한다고 주장하고 있다. 캘리포니아주립대학 로스앤젤레스 캠퍼스의 캐서린 스톤Katherine Stone 교수는 이 '치명적 조합'이 가져올 지대한 결과를 상세히 설명하고 있다.

> 기업은 특정한 노동법을 면제받을 수 있을 뿐만 아니라 그 기업의 노동자들에게 애초에 노동법이 적용되는지에 대한 문제 전체를 피할 수 있다. … 개별 노동자가 자신의 개별적인 중재 절차에서 이러한 주장을 제기할 수는 있지만 그가 승리하더라도 그것은 다른 사람들에게는 적용되지 않을 것이고 그 결과는 중재의 비밀의 베일 뒤에 숨겨질 것이다. 따라서 노동자들이 자신들의 노동법상의 권리를 잃을 뿐만 아니라, 우리 사회는 지난 100년 동안 건설해 놓은 노동법 보호의 전체 틀을 잃을 수도 있다.[74)]

가장 나쁜 것은 노동자들이 갈수록 특정 플랫폼 기업에 얽매이게 되었다는 것이다. 우리는 평가 메커니즘이 개인들을 구속할 수 있는 강력한 방법들을 이미 보았다. 대부분의 알고리즘은 완료한 작업 건수로 점수를 계산해서 같은 기준으로 '엘리트 노동자' 지위를 부여한다. 일을 자주 해서 더 높은 등급을 받을수록 더 매력적인 과업과 (약간) 더 나은 급여를 받을 수 있고, 적어도 때때로 받게 되는 부정적인 평가를 상쇄시킬 수는 있다. 수수료 구조 역시 비슷한 효과를 내도록 설계될 수 있다. 업워크의 '평생 청구' 전략에서는 노동자를 붙잡아 두기 위해서 시간이 지날수록 수수료가 감소한다. 업워크는 프리랜서가 고객에게 청구하는 처음 500달러까지는 그 고객과의 모든 계약에 대해 20%의 수수료를 부과하고 500.01달러에서 10,000달러 사이의 가치의 고객에 대해서는 총 청구액의 10%, 10,000달러를 초과하는 고객에 대한 총 청구액에는 5%의 수수료를 부과한다.[75] 활동을 다양화(해서 여러 플랫폼 기업들로부터 비활성화 당하거나 다른 제재를 받는 위험을 감수)하지 말고 자신의 모든 달걀을 한 바구니에 담으라고 업워크의 시스템은 노동자들에게 동기를 부여하는 것이다.[76]

그러나 이러한 강력한 인센티브 구조에도 불구하고 주문형 경제에서 노동의 현실은 너무 낙담스럽기 때문에 노동자들은 다른 플랫폼으로 옮겨 갈 수 있다. 우버의 자체 데이터에 따르면, 등록한 운전자들 중 단지 50%를 약간 넘는 인원만이 처음 가입하고 1년이 지난 후에도 여전히 활동하고 있다.[77] 이러한 '이탈(Churn)' 또는 이직은 대규모 노동력의 지속적인 가용성을 전제로 하는 사업의 확대에 심각하게 위협이 된다. 노동자들을 특정한 생태계에 붙잡아 두기 위해 방법을 찾다가 플랫폼 기업들은 훨씬 더 멀리 가기 시작했다. 모든 약속 장치들 중에서도 가장 가혹한 것, 바로 빚까지 동원하게 된 것이다.

어떤 회사들은 노동자들이 필요한 도구를 장만할 수 있도록 대출 기능을 마련했다. 2015년에 우버가 산탄데르 은행과의 최초의 제휴를 끝내자 그 빈 자리를 채우기 위해 우버가 100% 출자한 자회사 엑스체인지 리싱Xchange Leasing이 골드만 삭스가 마련해 준 10억 달러의 신용 기능을 가지고 뛰어들었다.

블룸버그가 자세하게 조사한 결과, 신용등급이 낮은 노동자들에 대한 대출, 자동차 과대평가, 높은 이자율 부과에 이르기까지 금융 전문가들이 '약탈적' 대출이라고 분류한 특징들이 모두 드러났다. 게다가 반전도 있었다. 우버는 노동자들의 (물론 수수료를 공제한 뒤의) 소득 흐름을 이용해 자신에게 바로 상환하도록 할 수 있다는 것이다. 운임이 급격하게 내려가고 우버가 가져갈 몫이 커지자 노동자들은 함정에 빠졌다는 것을 알게 되었다. 한 운전자는 블룸버그 통신과의 인터뷰에서 '핵심은 내가 지불해야 할 돈을 딱 맞추기 위해서 운전해야 한다는 것'이라고 말했다. '만약 당신이 어떤 주에 지불할 돈이 부족하면 그다음 주에 지불해야 할 금액이 올라갈 것이다. 그것은 불어나기 시작한다.'[78] 그렇지만 새로운 금융 상품들이 계속 등장하고 있다. 2016년 4월에 우버는 금융 서비스 스타트업 기업 클리어뱅크Clearbanc와 손잡고 운전자들에게 '선지급금'을 제공했는데 이것은 대출 원금의 125%까지 내게 하는 스타트업 대출에 완곡한 상표를 붙여 놓은 것일 뿐이다.[79]

기업가정신인가, 아니면 주문형 함정인가?

공유경제에 관해 가장 흔히 퍼져 있는 서사 중 하나인 기업가정신의 실상을 탐구하면서 우리는 많은 노동자들이 군중 속에서 길을 잃거나 심지어 함정에 빠지기가 얼마나 쉬운지 보았다. 모두를 위한 경제적 권한의 분산은커녕 노동자들은 플랫폼 기업들에 의해서 엄격하게 통제받고 있으며, 우리가 믿는 것보다 훨씬 더 흔하게 낮은 임금, 긴 근로시간 그리고 의심스러운 노동기준에 시달리고 있다는 것을 발견했다. 실제로 나타난 그림을 보면 이러한 것들은 예외가 아니라 갈수록 더 일반적인 현상이 되고 있다.

많은 주문형 경제 노동자들 측면에서 보자면 '강력한 IT 플랫폼 기업들'이 '전 세계의' 노동자들에게 불어넣고 있는 '단번에 기업가가 되는(Turnkey entrepreneur)' 꿈은 진정한 기업가로서의 자유와 자율성 그리고 자기 결정권을 모두 부정하는 것이다. 동시에 그들 노동의 모든 측면에 대한 강렬하고 다차원적인 통제에 끌려다니는 종속과 의존, 경제적 불안정의 삶에 자신들이 갇혀 있다는 것을 알게 되면서 그 꿈은 순식간에 악몽으로 판명되었다.

그러나 어떤 플랫폼 기업들은 우리가 만났던 혹독한 근로조건에 대해 걱정하기보다는 오히려 자신들의 바람직한 특징이라고 대놓고 광고하고 있다. 가장 극단적으로 기업가정신의 서사는 (자기) 착취를 적극적으로 찬양한다. 《뉴요커》의 저널리스트 지아 톨렌티노Jia Tolentino는 '죽도록 일하는 것을 찬양하는 긱 경제'의 여러 사례를 강조했다.

> 회사가 자신의 직원들이 생계를 유지하기 위해 얼마나 열심히 그리고 얼마나 꾸준히 일해야 하는지를 찬양하려면 대단히 디스토피아적인 이중적 사고가 필요하다. 왜냐하면 그러한 계약조건은 이러한 회사들이 스스로 정한 것이기 때문이다. '군살 없는 기업가'를 위한 것으로 스스로를 홍보하는 온라인 프리랜서 시장인 파이버는 최근에 '우리는 실행하는 사람들을 믿습니다'라는 광고 캠페인으로 분노를 자아냈다. 뉴욕시의 일부 지하철 객차에 눈에 띄게 전시된 광고는 한 여성이 결의에 찬 멍한 표정으로 카메라를 응시하는 모습을 담고 있다. '당신은 점심으로 커피를 한 잔 마신다.' 그 광고는 선언한다. '당신은 당신이 완수해야 하는 일을 완수한다. 수면 부족은 당신이 선택한 약이다. 당신은 실행하는 사람이 될지도 모른다.'[80]

대중 담론은 이러한 많은 문제들을 서서히 깨닫기 시작하고 있다. 진지한 정통 일간지나 주간지 가운데 공유경제의 근로조건에 대한 폭로를 싣지 않았거나, 기자 한 명을 잠입시켜서 한 주 또는 두 주 동안 주문형 세계에서 생계를 유지하려고 노력하면서 보낸 그들의 (일반적으로 우울한) 경험을 보도하지 않은 매체는 없는 것 같다. 긱 경제에 보편적으로 문제가 있다고 말하려는 것은 아니다. 우리는 이미 긍정적인 사례도 많이 접했기 때문이다. 그럼에도 불구하고 우리가 본 증거들은 기업가정신의 서사에 심각한 도전을 제기하고 있다. 많은 사람들에게 공유경제의 노동은 정반대의 것을 상징하게 되었다는 것이다.

그렇다면, 우리의 두 번째 핵심 서사, 즉 디지털 혁신의 결과물로서의 긱 경제 노동은 어떤가? 심지어 비판적인 보도조차도 긱 노동을 혁명의 결과물이나 노동에 대한 새로운 모델이라고 보는 함정에 빠지는 경향이 종종 있다. 그러나 실제로는 주문형 경제가 구체화하고 있는 고도로 파편화된 고용 관계에서의 불안정 노동에 대해 많은 것이 새롭다고 결론 내리기 전에도 역시 조심할 필요가 있다. 다음 장에서는 오늘날의 주문형 노동시장에 대한 역사적 선례 중 일부를 살펴본다. 공유경제가 진정한 혁신이 맞는지, 아니면 우리가 만났던 문제가 되는 요소들은 단지 경제적·법적 위험을 기업들로부터 옮겨서 대신 노동자와 소비자에게 집중시키기 위해 만들어진 최신의 (그리고 가장 극단적인) 사업 모델에 불과한 것인지 이해해 보기 위해서다.

4
혁신의 역설

The Innovation Paradox

✲ ✲ ✲

한스 크리스티안 안데르센이 쓴 동화 <벌거벗은 임금님>에는 멋진 옷을 좋아하는 임금님의 이야기가 나온다. 어느 날 두 명의 재봉사가 임금님에게 찾아와 아주 특별한 옷을 만들어 주겠다고 말한다. 그 옷은 믿을 수 없이 화려한 색깔과 무늬의 옷감으로 짜는데, 총명하고 자격 있는 사람들 눈에만 보인다는 것이다. 임금님은 곧 그 옷을 주문하고 계속 신하들을 보내 진행 상황을 살피게 한다. 신하들 눈에는 텅 빈 베틀만 보였지만 자신들이 바보라고 여겨질까 봐 임금님에게 장황하게 보고를 한다. 마침내 옷이 완성되자 임금님은 존재하지 않는 옷을 입고 신하들로부터 엄청난 찬사를 받은 후에 기념 행진을 시작했다. 백성들은 어리둥절했지만 임금님의 멋진 새 옷을 칭찬해야 한다고 생각했다. "임금님이 벌거벗었다!"고 한 꼬마가 소리 지르기 전까지는 말이다.[1)]

디지털 혁명과 주문형 경제의 급진적 혁신에 대한 가슴 벅찬 이야기들을 듣고 있으면 종종 안데르센의 이 교훈적인 이야기가 떠오른다.

우리는 혹시 바보처럼 보이거나 신기술에 반대하는 러다이트

Luddite*처럼 혹은 더 나쁘게 보일까 봐 감히 찍소리도 못하고 사실이 아닌 이야기에 홀딱 속아 넘어가는 것은 아닐까? 이전 장에서는 여러 앱과 플랫폼 기업들에 의존하는 주문형 노동 뒤에 숨겨진 현실을 탐구하면서 모든 사람이 개인기업가가 될 수 있다는 그들의 주장이 많은 노동자들의 현실과 얼마나 동떨어져 있는지 알게 되었다. 이 장에서 우리는 공유경제 감언이설의 두 번째 핵심 주장인 '혁신'으로 눈을 돌린다. 그들 주장의 근거는 크게 두 가지다. 첫째, 기술은 전례가 없는 방식으로 노동을 재구성했다. 둘째, 그 결과로 나타나는 새로운 형태의 기업 조직은 우리가 이전에 보았던 어떤 것과도 다르다. 다시 말해서, '디지털 혁신이 완전히 새로운 사업 방식을 창조하고 있다'는 것이다.[2)]

'혁신'이라는 주장이야말로 공유경제 감언이설의 핵심이다. 그것은 규제 당국, 특히 노동법을 저지하기 위해 만들어졌다. 규제는 혁신을 억압한다고 한다. 만약 노동 조직과 사업 모델이 진정으로 참신하다면 그것들을 왜 기존 규제 프레임워크의 구속복 속으로 구겨 넣어야 하는가? 그리고 만일 주문형 경제가 근본적으로 새로운 사업 방식이라면 왜 플랫폼 기업들을 시장의 다른 사업자와 같이 취급해야 하는가?

---

* 러다이트 운동은 1811년부터 1817년에 거쳐 영국의 공장지대에서 일어난 기계파괴운동을 말한다. 산업혁명으로 인해 일자리를 빼앗긴 노동자들이 주축이었으며 현재는 산업화나 자동화 또는 신기술 도입에 반대하는 경향이나 사람을 가리키게 되었다.

기업가정신과 마찬가지로 혁신에 반대하기란 어렵다. 어떤 정치가나 언론인, 시민이 변화와 발전을 막기 위해 기계를 부수러 나온 러다이트로 보이고 싶겠는가? (그리고 그들이 왜 그래야 하겠나?) 그러나 규제에 대해 어떻게 결론을 내리든 그 전에 우리는 과연 긱 경제 노동이 얼마나 진정으로 새로운 것인지 우리 스스로에게 물어봐야 한다.

그렇게 함으로써 우리는 근본적인 역설과 만나게 된다. 공유경제의 성장을 뒷받침하는 핵심 요소들이 완전히 새로운 것이라는 점은 의심할 바 없는 사실이다. 긱 경제가 소통과 중개 그리고 통제를 위해 인터넷, 스마트폰 앱, 디지털 플랫폼에 의존한다는 점이 무엇보다 중요하다. 여러 스타트업 기업들 간의 치열한 경쟁과 주문형 경제 플랫폼들의 지속적인 진화는 적어도 기술 측면에 있어서는 커다란 혁신의 원천이 되어 왔다.

반면에 주문형 경제의 **노동**에 관해서라면 이야기가 아주 다르다. 이전 장에서 나는 테일러주의적인 통제가 어떻게 긱 경제 노동자들에게 저임금과 가혹한 근로조건을 초래했는지 살펴보면서 역사적 사건과의 첫 번째 유사점을 제시했다. 그러나 긱 경제의 근로조건에 대해서만 역사적 선례가 충분한 것은 아니다. 유사점들은 그것보다 훨씬 더 냉혹하다. 계속 변동하는 노동 수요에 주문형 노동자들의 대규모 공급을 매칭시키는 긱 경제의 바로 그 사업 모델은 수 백년에 걸쳐 일본과 유럽 대륙, 영국의 시골과 뉴욕에서부터 마르세유에 이르는 주요 도시 지역의 다양한 경제에서 나타났던 흔적을 통해 찾아볼 수 있다.

제프 베이조스의 주장과는 반대로 '서비스로서의 인간'이라는 생각은 노동이라는 개념 그 자체만큼이나 오래되었다. 그리고 그것은 인터넷이 등장하기 전부터 이미 다시 확고하게 자리 잡아 온 아이디어다. 아웃소싱과 하청 사업에서부터 파견 노동에 이르기까지 노동의 단편화가 20세기 후반 노동시장의 특징이었던 것이다.

이것이 이 장의 핵심적인 주장이다. 노동 측면에서 본다면 긱 경제의 혁신은 신화에 불과하다는 것이다. GPS 위치탐지기와 인터넷에서부터 손바닥만 한 크기의 강력한 프로세서에 이르기까지, 앱과 플랫폼 기업들이 이용하고 있는 소프트웨어와 하드웨어는 종종 진정으로 혁명적인 혁신과 돌파(Breakthrough)의 직접적인 결과물이다. 그러나 업계의 주장과는 정반대로 그 밑에 깔려 있는 사업 모델은 결코 새로운 것이 아니다. 복잡한 직무가 아닌 저숙련 과업, 대규모 노동력을 통제하는 강력한 중개자 그리고 개방된 시장과 폐쇄된 위계 조직 사이의 혼합된 형태까지 긱 경제는 수백 년 동안 지속되어 온 노동시장 관행의 최신 (그리고 아마도 가장 극단적인) 사례에 불과하다.

해 아래는 새것이 없나니**

✲

이러한 생각은 우리의 일상생활의 모든 요소 속으로 인터넷이 원활히

** 구약성경 《전도서》 1장 9~10절을 인용한 것이다.

통합되고 있는 상황과 상충한다. AOL 공동창업자 스티브 케이스Steve Case는 우리가 인터넷이 가져온 혁명적인 '제3의 물결'에 직면하고 있고 그것이 노동시장에 특별한 영향을 미칠 것이라고 주장했다.[3] 그는 CNBC와의 인터뷰에서 "노동 그 자체의 본질이 변화하고 있다는 것을 인식해야 한다"고 주장했다. 그리고 "제3의 물결이 그것을 가속화할 것이고 그 변화는 정책 결정자들에게 혁신을 따라잡으라고 더 많이 압력을 가할 것"이라고 덧붙였다.[4]

이것은 단순히 테크놀로지에 관한 과장 광고가 아니다. 혁신에 대한 주장은 경제 이론에 탄탄하게 근거한 것으로 보이기 때문이다. 뉴욕대학 스턴경영대학원의 아룬 순다라라잔은 광범위한 문헌을 활용해 플랫폼 기업들이 '새로운 경제 활동 구조'를 보여 준다고 주장했다. 그는 이것이 '시장과 위계 조직의 흥미로운 혼합물로서 20세기의 관리 자본주의가 21세기의 크라우드 기반 자본주의로 진화하는 것을 알리는 신호탄일 수 있다'고 강조했다.[5] 이러한 주장은 현대 경제를 조직하기 위한 두 모델을 병렬시키는 데서 출발한다. "시장에서는 아담 스미스가 말했던 그 유명한 '보이지 않는 손'이 수요와 공급이 균형을 이루는 지점에서 가격을 결정한다. 그리고 '보이는 손'도 있다. 보통 기업이나 조직(또는 정부 기관)으로 생각되는 위계 조직 말이다."[6]

매사추세츠공과대학(MIT) 경제학자인 톰 말론Tom Malone, 조앤 예이츠Joanne Yates, 로버트 벤저민Robert Benjamin의 연구를 바탕으로 순다라라잔은 긱 경제의 혁신이 기업가들에게 대기업의 위계적 기업 조직에서 개방된 시장으로 진출하도록 동기를 부여함으로써 경제를 근본적으로 변화시킬 것이라고 주장한다. '디지털 기술이 발전함에 따라 설명하기 복잡한 제품을 시장을 통해 거래하는 데 들어가는 조정 비용이 감소한다. 따라서 시장을 기반으로 하는 훨씬 많은 종류의 경제 활동이 가능해진다.'[7] 그 결과는? 순다라라잔은 주문형 경제의 증가를 디지털 트렌드와 아웃소싱, '넘나들 수 있는 기업 경계'의 '자연스러운 정점'이라고 보지 않고, 플랫폼 기업을 '순수한 시장과 순수한 위계 조직의 혼합'이라는 급진적인 특징을 가진 '새로운 조직'으로 파악한다.[8]

기업의 조직만 근본적으로 재창조된 것은 아니다. '노동에 관한 모든 것 역시 바뀔 필요가 있을 것이다.'[9] 디지털 혁신은 '직무 설계, 조직 구조, 관리 체계, 업무 프로세스와 관련된 모든 영역'에 걸쳐서 영향을 미치고 있다.

> 본사나 정규직 인력 풀 없이 특정한 프로젝트나 과업별로 인력을 동원하는 방식으로 운영하는 기업이 점점 늘어나면서 중앙 집중화된 일터가 해체되는 현상까지 나타나고 있다.[10]

디지털 혁신이 이러한 혁명의 열쇠로 제시된다.

> 그러한 구조를 유지하기 위해서는 엄청난 관리 비용이 들기 때문에 소소한 과업들을 수행하기 위해 수천 명의 노동자를 고용하는 것이 과거에는 가능하지 않았다. 그러나 오늘날에는 디지털 플랫폼 기업에 연결된 수많은 크라우드노동자들에게 점점 더 작게 쪼개진 과업을 최소한의 거래 비용으로 아웃소싱할 수 있게 되었다.[11]

그렇다면 주문형 경제에서의 노동에 혁신은커녕 근본적으로 새로운 것이 전혀 없다고 주장하는 것이 어떻게 가능할 수 있을까?

직관에 반하는 이러한 주장을 지속하기 위해서는 플랫폼 기업들의 디지털 기반 구조를 넘어서 혁신에 대한 주장의 두 가지 핵심 요소를 면밀히 조사해야 한다. 첫째, 노동의 미래는 일련의 개별적인 업무를 처리하기 위한 즉각적인 노동력을 기업에게 제공하는 일반직(Generalist) 노동력에 의해 특징지어진다. 둘째, 그 근본적 사업 모델은 위계 조직과 시장을 독특하게 조합한 새로운 하이브리드 형태의 기업 조직이다.

주문형 경제 노동의 조직에서 이러한 특징이 핵심적 요소라고 순다라라잔 등이 강조하는 것은 절대적으로 옳다. 그러나 이것은 플랫폼 노동에서 새롭게 나타난 측면도 아니고, 디지털 방식으로 매개되는 노동시장에 특정되는 특징도 아니다.

타임머신을 타고 과거로***

일리노이대학의 맷 핑킨 교수는 긱 경제와 역사적 노동 조직 형태 사이의 밀접한 유사점을 처음으로 지적한 사람들 중 한 명이었다.[12] 그는

*** 백투더퓨처Back to the Future

특히 이른바 선대제(先貸制, putting-out system)**** 가내 생산에 초점을 맞췄다. 여기에는 제조 공정을 털실 뽑기, 천 짜기, 직물 재단하기, 바느질해서 단추 달기 등 개별 단계로 세분화함으로써 다양한 종류의 상품 생산을 조직하는 중앙 기업가가 관여했다. 그 주요한 생산 품목은 직물(울, 면, 실크), 의류와 레이스 제조에서, 부츠, 신발, 손톱, 체인에 이르기까지 모든 것을 망라했다. 이러한 작업들 각각은 자신의 집이나 작은 작업장에서 일하는 노동자들이 수행한다. 일련의 중개자들은 각 가내노동자에게 재료와 지시를 전달하고, 작업이 완료되면 상품을 중앙의 물류창고로 돌려보내거나 다음 작업자에게 넘겼다.[13)]

'외주 노동(Outwork)'이나 '착취 작업(Sweated trades)'에서부터 (작업이 꼭 집에서만 이루어지는 것은 아니었지만) '집에서 하는 일(Homework)' 또는 '가내생산'에 이르는 다양한 이름으로 알려진 이러한 사업 모델은 산업화된 국가들 대부분에 20세기까지 널리 퍼져 있었다. 그 초기 기원은 기원전 1000년 중엽의 고대 인도로까지 거슬러 올라갈 수 있다.[14)] 또한 그것은 제조업에만 국한된 것도 아니었다. 배에서 짐을 내리는 전 세계 항구의 항만노동자들과 같은 초기 서비스 산업들도 종종 비슷한 경로를 따라 조직되었다.

역사책을 훑어보면 곧 밀접하게 관련된 수많은 사업 모델을 여

**** 중세 말 근세 초에 유럽에서 등장한 생산 방식으로 상인에게서 원재료를 제공받은 소생산자가(대개 농민이 농한기에 부업으로) 집에서 재료를 가공하고 제품을 만들어 상인에게 삯을 치르고 상인은 그 제품을 시장에 갖다 파는 산업 형태다. 그 이전의 가내수공업과 기술적인 차이는 없지만 공정별 분업이 가능해지면서 생산성이 향상되었고 섬유산업에서 특히 발전했다.

러 대륙에서 수백 년에 걸쳐 볼 수 있다. 고대 바빌론과 중세 피렌체에서 노동을 조직하는 핵심은 강력한 중개자들이었다. 일본의 **돈야**(問屋, Tonya)***** 조직과 독일의 **선대제**(Verlagssystem)에서도 가까운 유사점을 발견할 수 있다.[15] 물론 주문형 경제에서의 노동과 마찬가지로 나라마다 그리고 시대에 따라 차이와 변화가 많이 있지만 유사점들이 훨씬 더 뚜렷하다. 1908년에 영국 의회 보고서가 언급한 바와 같이 '다소 유사한 여건들이 유럽 대륙의 모든 선진국들뿐만 아니라 미국 그리고 심지어 호주까지도 널리 퍼져 있다.'[16]

기술적 진보에 의해 추진된 혁신이라는 순다라라잔을 비롯한 여러 인물의 주장에 이의를 제기할 수 있는 것은 이러한 배경이 있기 때문이다. 우리는 19세기의 외주 노동과 선착장 노동에 대한 설명으로부터 주문형 경제 노동에서 새롭게 나타났다고 하는 각각의 특징들을 다시 살펴볼 것이다.

만약 그 특징이 일자리들을 작은 작업으로 쪼갬으로써 많은 노동자들에게 나누어 완성시키는 것이나 강력한 중개자의 역할, 또는 임금과 근로조건에 영향을 미치는 것이라면 모든 기술적 혁신에도 불구하고 그 밑에 깔려 있는 사업 모델은 전혀 새로운 것이 아니라는 것을 보여 줄 것이다.

***** 에도 시대로부터 내려오는 일본의 전문 도매상

노동력에서 과업집단으로

노동 그 자체에 대한 변화에서부터 시작해 보자. 여기서는 특히 긱 경제의 혁신을 위해서 두 가지 요소가 중요하다고 이야기된다. 첫째는 '과거 500년간의 대부분 동안 그리고 특히' 저숙련 노동력이 다시 등장하면서 '산업화가 시작된 이래로' 관찰된 '꾸준히 더 많은 전문화'의 역전이고, 둘째는 일자리가 소규모 구성단위로 세분되고 '기존 근로자로부터 더 많이 뽑아내는 것이 아니라 노동으로 전환될 수 있는 잃어버린 시간들을 찾아서 노동 효율을 높이는' '과업 경제(Task economies)'에서의 새로운 '노동 공급의 신속성'이다.[17)]

판에 박힌 그리고 종종 저숙련의 일자리를 얻기 위해 경쟁하는 수많은 노동자들의 존재와 그에 따른 일자리 경쟁에는 둘 다 긴 역사적 내력이 있다. 다시 말해서, 노동력(Workforce)을 과업집단(Taskforce)으로 전환한 것은 19세기 영국과 다른 노동시장의 특징 중 하나였다.

아주 근본적으로는 긱 경제와 19세기의 외주 노동 모두 일자리를 작은 단위로 나눔으로써 쉽게 표준화해서 통제하고 측정할 수 있도록 한다. 선박에서 창고로 물품을 옮기거나 A 장소에서 B 장소로 택시를 태워 주는 저숙련 작업의 경우라면 이것은 간단해 보인다. 수년간의 훈련과 견습이 필요한 고도로 숙련된 직업은 직관적으로 이러한 상품화로부터 비교적 안전한 것으로 보인다. 양복 재단사가 만든 수제 정장이나 상업적 계약을 작성하는 변호사의 판단을 생각해 보라. 하지만 복잡한 작업 흐름 역시 개별 단계로 쪼갤 수 있기 때문에 이러한 일자리들 역시 '과업 경제'의 부상에 위협을 받고 있다.[18] 각각의 과업은 점점 더 수가 늘어나는 외주 노동자들에게 나누어진다. 오늘날 아마존 M터크가 과학자들이 대규모 샘플 데이터를 작은 토막들로 분해하고, 각각의 조각들을 온라인에 게시하여 개별 터커들이 특정한 특징이나 패턴을 발견할 수 있도록 하는 것과 똑같은 방식이다. 노동을 이렇게 상품화한 결과는 당시 보고서에서 지적한 바와 같이 광범위했다.

> 이 사람들이 전체 작업에 얼마나 익숙하지 않은지는 주목할 만한 일이다. 노동이 너무 분산되어 있기 때문에 코트 제작에 종사하는 노동자는 그 옷의 실제 판매 가격을 알지 못할 정도다.[19]

그리고 과업 경제의 성장은 지식의 부족만 야기한 것이 아니다. 생산 비용도 점차 개별 노동자들에게로 떠넘겨졌다.

가동중지시간(Down-time)을 예로 들어 보자. 리프트 운전사가 다음 운행을 기다리며 맨해튼 거리를 한가롭게 배회하고 있거나 업워크 디자이너가 과업 설명 목록을 스크롤할 때, 둘 다 보수가 지급되지 않는다. 과업과 과업 사이에 때로는 상당한 시간을 보수 없이 투자해야 했던 외주 노동자도 정확히 똑같았다.

일거리를 찾아서 일하기 위해 자신들의 비용을 들여 런던의 자치구들을 돌아다니던 외주 노동자들의 이야기가 넘쳐 난다.

> 런던의 많은 지역에서는 바느질한 겉감, 다 만든 바지 더미 또는 갓 마무리한 셔츠 꾸러미가 든 바구니를 들고 사용자들에게 서둘러 가는 재택 노동자와 그들의 아이들을 길거리와 전차에서 지나치는 일이 드물지 않았다.[20]

자본 비용도 마찬가지였다. 외주 노동자들은 대개 각 업무를 끝내는 데 필요한 모든 도구와 부수적인 재료를 자신의 비용으로 제공하기로 되어 있었다. 리프트 운전자들이 자신의 자동차와 휘발유를 책임지고 터커들이 자신의 개인용 컴퓨터로 일하는 것과 정확히 같은 방식인 것이다. 대부분은 또한 자신의 공간을 이용해야 했는데 그것은 종종 자기 집 침실이나 거실을 의미했다.[21]

군중 속에서 끌어내기

과업 경제는 직업별 기술이나 훈련이 많이 필요하지 않다. 우리 대부분은 저숙련 노동에 종사할 수 있다. 노동시장 내에서의 과거의 구획이 더 쪼개짐에 따라 어떤 일에든 이용할 수 있는 잠재적 노동자들의 풀은 크게 증가했다. 이제 양복 재단사도 신발 밑창을 조립할 수 있고, 부츠 만드는 사람도 셔츠 단추를 꿰맬 수 있게 된 것이다. 노동의 상품화는 사용자들이 더 이상 그쯤에서 멈출 필요가 없다는 뜻이기도 했다. 즉, 잠재적인 노동자들의 지속적인 공급을 보장하고 기존의 구조들을 감축하기 위해 모든 사람들을 노동시장에 끌어들일 수 있었다.

도시 노동시장에서 전통적으로 배제되었던 집단들을 대상으로 채용이 이루어졌다. 전직 군인, 여성, 아동, 시골 노동자들을 모집했고, 런던의 일부 중개인은 아일랜드, 동유럽, 아시아와 같은 먼 곳에서 고용한 것으로 알려지고 있다. 근로조건과 소득에 대한 거짓 설명에 속아서 온 노동자들이 드물지 않았다. 1849년부터 1850년에 걸쳐 《모닝

크로니클즈Morning Chronicles》 대도시 특파원 헨리 메이휴Henry Mayhew는 '성인 남성 유괴' 사건이 증가했다고 보도했다. 피해자는 주로 시골이나 아일랜드 노동자들이었는데 착취자들('좀 더 일반적으로는 착취자의 부인들')은 거짓으로 높은 소득을 약속하면서 꾀어내었고, 그다음에는 나중에 돈을 벌 기회가 있다고 약속하거나 그들과 그 가족을 상대로 소송을 걸겠다고 위협하며 피해자들을 붙잡고 있었다.[22)]

긱 경제 역시 이주노동자들에서부터 집에 틀어박혀서 가족을 돌보는 사람에 이르기까지 전통적으로 배제되었던 집단의 노동시장 참가를 늘림으로써 그렇지 않았다면 흘려보냈을 시간을 활용할 수 있는 새로운 방법을 드러냈다. 이것은 실제로 뚜렷하게 긍정적인 효과를 거둘 수 있다. 예를 들어, 우버는 지속적인 구조적 실업으로 고통받고 있던 파리 외곽, 프랑스의 교외에서 새로운 일자리 기회를 창출한 것으로 오랫동안 환영받아 왔다.[23)]

일거리 앱 파이버 역시 회사 블로그에서 '엄마가 집에서 갓난아기를 보면서 전문가로서 어떻게 성공을 거두었는지'와 같은 이야기를 하고 있다.[24)] 그 '엄마'인 젠 앱가르Jenn Apgar는 병원에서 잡지를 보다가 파이버를 처음 접하게 되었다. '청소년들이 여름방학 동안 여분의 돈을 벌 수 있는 팁이 잡지에 있었다. 파이버에서 아르바이트를 하는 것이었다.' 그는 호기심이 생겨서 바로 가입했다. '난 가진 게 시간밖에 없잖아.'[25)]

얼핏 보면 주문형 노동의 이러한 측면을 좋아하지 않을 이유가 무엇이겠는가? 전 세계의 정부들은 노동시장 참여를 늘리고 전통적으로 배제된 집단을 일터로 끌어들이는 정책을 개발하기 위해 오랫동안 노력해 왔다. 긱 경제의 혁신이 그 어려운 목표를 해낼 수단을 마침내 가져온 것처럼 보인다.

그러나 역사는 우리에게 더 어두운 결과를 경고한다. 기업가들이 수요 변동의 위험을 군중에게 전가함에 따라 개인들은 모든 일 쪼가리를 위해 서로 공격적인 경쟁을 하게 되는 상황으로 내던져진다는 것이다. 메이휴는 매일 벌어졌던 쟁탈전을 아주 생생하게 묘사한다.

> 이 대도시의 가장 비범하지만 알려지지 않은 장면 중 하나를 보고 싶다면 아침 7시 반에 런던항港의 문으로 가야 한다. 그곳에서 각양각색의 사람들이 무리 지어 주 출입문 안에 모이는 것을 보게 될 것이다.[26)]

일거리를 따내기 위해 군중이 모인다. 공급이 수요를 훨씬 앞지르기 때문에 그들 사이에는 경쟁이 치열하다. 오늘날의 주문형 경제에서는 앱이 원격으로 작업을 할당하기 때문에 문제가 물리적으로 발생하지 않을지는 모르지만 밑에 깔려 있는 구조적 문제는 정확히 같다.

> 자신에게 일을 줄지도 모르는 사람의 시선을 붙잡기 위해 옥신각신하며 서로 밀치고, 수많은 손이 하늘 높이 뻗기 시작한다. 어떤 사람들은 다른 사람들의 등 뒤로 뛰어오른다. 모두들 소리치고 있다. 단 하루의 일자리를 얻기 위해 수천 명의 사람들이 고군분투하고, 거기 모인 사람들 중 수백 명은 가난 속에서 하루를 허송세월하며 보내야 한다는 것을 잘 알기 때문에 실랑이가 더욱 격렬해지는 것을 지켜보는 것은 아무리 냉담한 사람이라도 슬프게 만드는 광경이다.[27)]

부두에서는 어떤 일을 얻든 육체적으로 힘들고 보수도 낮았다. 그러나 메이휴는 다소 놀라워하며 보도한다. 아침에 일자리를 얻지 못한 사람들 대부분이 선착장 주위를 계속 서성거리곤 했다. '비가 오든 해가 뜨든 항상 그 주인 없는 1실링(12펜스)이나 8펜스짜리 일거리를 잡을 준비가 되어 있는 많은 사람들을 찾을 수 있다.'[28]

중개자들

과업 경제는 특정한 물류(Logistical) 문제를 특징으로 한다. 상설적인 구조 없이 어떻게 일을 할당하고 노동자를 감시할 수 있는가? 하는 것이다. 오늘날 이것은 빠른 통신 기술, 알고리즘에 의한 감시, 위치 정보와 다른 많은 혁신적인 기술 솔루션을 통해 쉽게 달성된다. 기술이 위계 조직과 시장 사이의 경계를 모호하게 하는 핵심이라고 한다.[29]

그러나 다시 한 번 말하지만, 여기에 진정으로 혁신적인 것은 거의 없다. 외주 노동이나 항만 노동에서든 또는 오늘날의 긱 경제에서든 관계없이 완전히 개방된 시장과 기업 내부의 위계 조직 사이에 하이브리드 구조를 만들어 내려면 소비자와 노동자를 찾아내고, 작업과 임금을 할당하고, 품질 관리를 보장하기 위한 일련의 강력한 중개자가 필요하다.

> 외주 노동이 대규모로 이루어지면서 제3의 '파트너' 즉, 중개상(Agent), 상인(Putter-out), 중간상인(Fogger), 주문받으러 다니는 사람(Bagman)의 중요성이 높아졌다. 먼 도시의 상인에게 그는 노동자의 모집과 훈련을 관리하고, 기

> 본적인 장부 관리를 많이 하며, 운반과 수송의 여러 가지 귀찮은 문제들을 해결하는 관리자(Manager-figure)가 되었다. 반면 노동자에게 그는 고용과 수입의 본질적 원천이었다. 아주 흔하지만 이해하기는 어려웠다. 중간상인(Middleman)의 애매한 역할은 외주 노동 시스템의 유연성을 보여 준다.[30]

기술을 제쳐 놓고 생각하면, 중개자들 대부분의 사업 모델의 본질적인 특징은 주문형 경제에서 플랫폼 기업들과 앱이 하고 있는 디지털 노동 중개와 동일했다. 그들은 과업을 중개하는 역할을 했고, 엄격한 통제력을 발휘했으며, 노동자들의 수입을 깎았다.

중개에 관해서는 첫째, 중간상인은 통상적으로 가격 책정뿐만 아니라 노동자의 선발과 해고를 담당했다. 런던항에서 일이 할당되던 방식에 대한 메이휴의 묘사는 전 세계 항구의 모습을 잘 보여 주었다. 예를 들어, 뉴욕항에서 하역 인부를 고용하는 방식은 '정렬(Shapeup)'이라고 불렸다. 즉, 배가 정박하려고 하는 부두에는 깃발이 내걸려 있고 많은 인부들이 재빨리 부두에 반원형半圓形으로 모여 채용 담당자가 선발해 주기를 기다리고 있었다.[31] 그러면 선착장 현장 감독들이 밖으로 나와서 그날의 작업들을 배분했을 것이다. 때로는 말 그대로 '선착순' 방식으로, 어떤 때는 뇌물과 개인적 선호에 따라서, 하지만 더욱 빈번하게는 정기적인 출석이나 근태, 복종에 대한 노동자들의 평판을 근거로 일감을 나누어 주었다.[32]

중간상인들은 또한 끊임없이 노동력을 사업 수요에 딱 맞춰 유지하는 책임도 맡고 있었다. 어느 누구도 꼭 온종일 일할 수 있다고 보장받지 못했던 것이다. 예를 들어 리버풀항에서는 대부분의 일이 끝나면 사람들은 정오에 종종 해고되었다. 이렇게 해야 그들의 특별한 효율성이 보장된다고 중간상인들은 주장했다. '사람들은 생산해야 하고, 그렇지 않으면 치워질 것이기 때문이다.'[33] 그것은 또한 중간상인들이 어떤 가격을 제안하더라도 노동자들은 받아들여야 한다는 것을 의미했다. 그 가격은 여러 중간상인들이 서로 번갈아 가며 낮추려고 할 때마다 자주 바뀌었다.[34]

중간상인들은 또한 윗사람에 대해 품질 관리 책임도 지고 있었는데, 그들이 동시에 여러 곳에 있을 수는 없었기 때문에 쉽지 않은 일이었다. 그래서 경제적 압력을 통해 간접적으로 통제해야 했다. 가장 간단하게는 부적절한 작업에 벌금을 부과하는 방법을 썼다.[35] 그러나 더 중요한 것은 다음부터 일을 주지 않겠다는 끊임없는 위협이었다. 1909년에 영국 구빈법위원회(English Poor Law Commission)가 발표한 보고서에 따르면 그래서 일자리의 불안정성은 항상 강력한 통제 수단이 되었다. '그 일을 완수해야 할 책임이 있는 중간상인들은 자신들의 힘이 약화될까 봐 노동자들에게 안정적 재직 기간을 보장해 주는 것을 두려워한다.'[36]

많은 노동력을 이용할 수 있는 상태로 두는 것은 수요가 가장 많은 시기에만 사용자(와 중간상인)에게 이익이 되는 것이 아니라 일자리가 없거나 불충분한 시기에도 분명히 훨씬 더 중요한 역할을 했다. 노동자들은 '언제든지 부를 수 있는 상태로 사무실 근처에서 온종일 앉아 있으라는 권고를 받았고 이를 어길 경우 앞으로 일을 받지 못한다는 벌칙의 위협을 받았다. 그러나 실제로 그들이 근무하는 시간 외에는 아무런 보수도 지급 받지 못했다.'[37] 일찍이 베아트리스와 시드니 웹 부부가 1897년에 이미 언급한 바와 같이 이러한 시스템의 이익은 일방적이다. 기업가들이 많은 노동자들을 대기 상태로 세워 놓는 데는 아무런 비용도 들지 않았기 때문이다. 그리고 그것은 각각의 개별 노동자들이 '더 완전히 이렇게 속수무책으로 휘둘린다'는 것을 의미했다. 이렇게 "예비군"이 존재하는 경우 사용자는 실질적으로 거래조건을 지시할 수 있다.[38]

중개자들의 사업 모델의 마지막 요소는 역사적으로 많은 비난을 받았던 삭감 또는 그들이 노동자들의 임금에서 빼앗아 간 '공제(控除, stoppage)'였다. 예를 들어, 외주 노동 산업에서 편물공들은 종종 프레임에 대한 임대료뿐만 아니라 마모 및 손상, 재료, 공구에 대한 비용에서부터 (이른바) 불량한 작업에 대한 벌금에 이르기까지 많은 부수적 요금을 부과받았다.[39] 그래서 소득을 예측하기 어려웠고 전혀 소득을 벌지 못하더라도 다양한 비용을 지불하기 위해서 (1주일 중 최대 2일까지) 상당한 작업 시간을 보내야 했다.

비록 공공연하게는 아니었지만 항구에서도 비슷한 문제가 발생했다. "갑질은 단지 가끔 술이나 담배를 (뇌물로) 받는 것일 수도 있고, 아니면 항만노동자들의 수입에서 실제로 '삭감'하는 것일 수도 있었다."[40]

군중 속에서 몸부림치는

단지 긱 경제의 사업 모델에 대해서만 충분한 역사적 선례를 찾을 수 있는 것은 아니다. 이전 장에서 살펴본 근로조건 중 일부 역시 19세기의 외주 노동자들의 근로조건을 잘 보여 준다. 실제로 이미 익숙한 서사는 처음 들어 본 것이 아니다. 외주 노동은 때때로 기업가정신으로 홍보되었다. 노동자들에게 '자신의 책임 하에 작은 사업을 할 수 있는 더 나은 기회가 있고 그래서 자기 스스로의 사용자가 될 수 있으며,'[41] 공장 노동의 오랜 시간과 '질 낮은 도덕적 습관'을 피할 수 있는 '더 나은 전망도 있다'고 약속했던 것이다.[42] 현실은 다소 달랐다. 낮고 예측 불가능한 임금과 고도로 불규칙한 업무 패턴 그리고 협상력이 전혀 없는 것이 특징이었다.

노동자들 사이의 경쟁은 임금에 극적인 영향을 미쳤다. '노동의 세분화가 클수록 노동의 지위가 낮아지고, 노동의 지위가 낮을수록 노동자의 소득도 낮아진다.'[43] 다음과 같은 것이 '거의 상식'이었다.

> 많은 사람들(주로 가정에서 일하는 여성)의 소득은 매우 적은 편이어서, 그들이 극단적으로 오랜 시간 동안 열심히 일해 봤자 가장 변변찮은 방식으로 삶을 혼자 유지하기에도 충분하지 않다.[44]

대규모 인력이 이용 가능한 상태로 있다는 것은 더 나아가 개인에게는 매우 불규칙한 노동으로 이어졌다. 사용자는 기계나 훈련에 투자를 하지 않았고 수요가 급증할 때마다 추가 노동자를 찾을 수 있다는 것을 알고 안심했기 때문에 사용자와 그들의 중간상인들에게는 '거래가 침체되거나 비수기일 때 노동자를 유지할 동기가 거의 없었다.'[45] 다른 사람도 아닌 바로 프리드리히 엥겔스Friedriedrich Engels는 1840년대에 랭카셔Lancashire 지방의 면 방직공들에 대해 언급했다. '이 불쌍한 녀석들은 상업적 위기가 있을 때 가장 먼저 일자리를 잃고, 거래가 개선되면 가장 마지막으로 다시 일을 떠맡게 된다.'[46]

특히 여성과 아이들이 착취당했다.

> 낮은 임금에 익숙하고, 집안일과 병행할 수 있는 일을 몹시 하고 싶어 했으며, 가계소득 전체에 조금이라도 보탤 수 있는 다른 방법이 부족하고, 일반적으로 집단적 자기방어 능력이 없었기 때문에 그들은 꾸준한 싸구려 노동의 핵심 요소가 되었고 이것이 외주 노동 시스템을 실행 가능하게 해 준 주요 요건들 중 하나였다.[47]

여론의 관심이 높아지자 중간상인과 외주 노동 시스템의 다른 옹호자들은 이러한 노동의 많은 부분은 부가적 소득이라는 점이 특징이며, 따라서 '정규직' 노동과 같은 기준을 적용해서는 안 된다고 주장했다. '주로 여성, 아동, 노인으로 구성된 노동력'이기 때문에 그 노동은 '다른 방면에서 가계로 들어오는 소득에 비해 본질적인 면에서 단시간, 간헐적, 보완적'이라고 그 일을 특징짓기 쉬웠다.[48]

따라서 같은 법적 잣대로 따져서는 안 된다는 이 '부가적 소득' 타령은 수백 년에 걸쳐 계속해서 나타나고 있다. 그것은 예를 들자면 임시직(Temporary) 노동 산업의 초기에 대부분 여성 노동자의 낮고 불안정한 임금을 정당화하는 논리로 다시 이용되어 큰 효과를 거두었다. 뉴욕버팔로대학의 에린 해튼Erin Hatton 교수는 그 산업의 미국에서의 가장 초창기 사업자들 중 하나를 인용해서 이러한 주장을 기록으로 남겼다.

> 노동조합이 보호하는 '생계벌이(Breadwinning)' 일자리를 저임금 임시직으로 대체하려고 하는 대신 임시직 파견업체들은 문화적인 면에서 더 안전한 길로 갔다. 즉, (이른바) 단지 소액의 돈을 벌기 위해서 일하는 주부들을 위한 임시직 노동을 파는 것이다. 켈리Kelly의 한 임원은 1958년 《뉴욕타임스》에 말했다. '전형적인 켈리 걸Kelly Girl은 전일제로 일하고 싶지는 않지만 오로지 집에만 있는 것에도 싫증이 났다. 그렇지 않다면 그는 그냥 소파나 새 모피 코트 대금을 낼 때까지만 직업을 갖고 싶어 할 것이다.'[49]

물론 이 중 어느 것도 과거 수백 년 동안 간헐적 노동을 하는 동기가 모두 똑같았다는 뜻은 아니다. 진짜로 용돈이나 벌면서 한가하게 시간을 보내려는 경우나 상사로부터 직접 감독받는 직장, 또는 공장과 작업장 바닥의 거친 환경에서 벗어나기를 정말로 선호하는 사람들이 없었다고 말하려는 것도 아니다.[50]

그럼에도 불구하고 '하이브리드' 시장-위계 조직 모델이 노동시장에 미치는 전반적인 영향은 분명하다. 즉, 숙련도가 낮은 대규모의 과업집단은 노동자의 개별적, 집단적 교섭력을 근본적으로 약화시킨다는 것이다. 이렇게 고립되고 불규칙한 노동의 특성으로 인해 노동을 집단적으로 조직하는 것은 어려워졌다.[51] 1876년에 어떤 사용자들은 이 제도 덕분에 그들이 일종의 역전된 경매를 누릴 수 있게 되었다고 자랑했다.

> 월요일 아침, 계약자 또는 장인匠人들은 주인의 창고에 집합한다. 그는 그들을 하나하나 불러서 그들이 특정한 체인을 얼마의 가격에 만들 것인가를 물어본 뒤 언제나 최저입찰가를 제시한 사람들에게 일을 준다.[52]

역사는 되풀이된다

✲

최소한 노동과 관련해서는 역사적 사실을 짧게만 조사하더라도 주문형 경제가 혁신이라는 주장을 약화시킬 수 있다. 강력한 중개자를 통한 선대제 노동에서부터 간헐적인 노동에 의존하는 것에 이르기까지 우리가 본 각각의 요소들을 가지고 사용자들은 오랫동안 실험해 왔다. 디지털 혁신은 개별적인 요소들을 결합해서 그 밑에 깔려 있는 많은 문제들에 힘을 더했다. 노동의 본질을 근본적으로 바꾸지 않고도 말이다. 그러나 역사 속에서 여러 가지 유사점을 볼 수 있지만 주문형 경제 노동이 단순히 옛날 노동시장으로 회귀하는 것이라거나 새로운 '디지털 봉건주의'에 불과하다는 주장에도 넘어가지 말아야 한다.[53] 대규모의 일반직 노동자들을 조정하는 강력한 중개자와 그에 따른 저임금, 불안정 노동은 인터넷이 등장하기 훨씬 전부터 이미 다시 현대 노동시장의 특징이 되었다. 유엔 국제노동기구(ILO)의 최근 보고서는 다음과 같이 쓰고 있다.

> 지난 수십 년 동안, 선진국과 개발도상국 모두에서 정규직 고용에서 비정규직 고용으로 현저한 전환이 있었다. 임시 고용, 단시간 노동, 임시 파견 노동 및 그 밖의 다수 당사자 고용 관계, 위장 고용 관계와 종속적 자영업이 포함된다.[54]

혁신의 신화는 주문형 경제와 미국, 유럽 등지에서 점점 더 많은 비판과 조사를 받고 있는 아웃소싱, 임시 파견(Temp agencies), 영시간계약 그리고 유사한 노동계약들 사이의 불연속성과 차이점을 만들어 내는 데 중요하다.

현대 노동시장에서의 노동의 단편화와 그것이 경제에 미치는 부정적인 영향에 관한 문헌은 방대하다. 가장 쉽게 접근할 수 있는 설명 중 하나는 보스턴대학의 데이비드 와일David Weil 교수가 쓴 《균열 일터(The Fissured Workplace)》인데, 그는 오바마 행정부 시절에 미국 노동부에서 임금 및 근로시간 부서장을 역임하기도 했다. 와일은 재무적 성과의 압력이 어떻게 점점 더 많은 기업들로 하여금 청소, 보안, 회계, 인사와 같은 주변적 활동들을 아웃소싱하도록 했는지를 설명한다. 이렇게 소규모 과업들로 노동을 세분화하는 것은 다단계 파견업체나 아웃소싱 회사에 걸쳐 퍼져 나갔고, '호텔의 하우스키핑'에서 '로펌의 기본적 법률 조사'에 이르기까지 '기업의 핵심으로 간주할 수 있는 고용 활동으로 곧바로' 번졌다.'[55]

각각의 중개자가 자신의 몫을 떼어 가면서 문제가 나타나기 시작한다.

> 한 단계 더 내려갈수록 이윤이 더 적게 남는다. 동시에 노동은 일반적으로 전체 비용에서 더 큰 비중을 차지한다. 이것은 원칙을 무시하려는 동기가 상승해 근본적인 노동기준의 위반을 초래한다는 것을 의미한다.[56]

2장에서 보았듯이 긱 노동을 모두에게 기업가정신을 부여하는 획기적으로 새롭고 혁신적인 경제 모델로 묘사하는 것은 중개인과 그 노동으로부터 궁극적으로 이익을 얻는 이들 모두가 세법과 노동법상 책임을 지도록 하려는 규제 시도로부터 긱 경제를 보호하는 중요한 단계다.

이러한 미래주의자들의 주장에 모든 사람이 동의하는 것은 아니다. 이전에는 ILO에서 일했고 지금은 루벤대학의 노동법 교수인 발레리오 데 스테파노Valerio De Stefano는 주문형 노동은 여러 형태의 비정규직 노동과 많은 차원을 공유한다고 오래전부터 주장해 왔다. 그는 긱 경제가 오랫동안 확립된 모델들을 단순히 결합하고 다시 이름을 붙인 것에 불과하다고 설명한다.[57] 실제로 기존의 비정규직 노동과 주문형 경제 사이에는 분명한 연속성이 있으며 현대 기술이 이전의 통제 방식을 대체하고 있기 때문이다.[58] 매튜 핑킨이 보여 주었듯이 이러한 연속성은 과거 수백 년 동안의 외주 노동자들과 항만노동자들에게까지 바로 이어진다. '20세기와 그 이후의 가내 기반 계약 노동의 전개에서 바뀌는 것은 전혀 없었다. 자본주의의 냉혹한 미적분은 변함없이 유지되어 왔다.'[59]

19세기에 기준 이하의 작업 관행으로 종종 비난을 받았던 것은 두 가지 요소였다. 첫째, "싸구려 상품의 '불건전한 열풍'", 둘째, '균일하지 않은 규제와 비효율적인 노동 조직'에 의해 가중된 분권화된 생산이 그것이다.[60] 핑킨은 단편화된 노동시장의 '경제적 논리'에 대해 더욱 정교한 설명을 구성한다. 그는 우리에게 케임브리지대학의 두 경제학자 질 루베리Jill Rubery와 프랭크 윌킨슨Frank Wilkinson의 초기 저작을 기억하게 하는데, 그들은 노동의 단편화 또는 세분화를 이끄는 많은 요소들을 찾아냈다. 여기에는 자본 투자와 기술(작업을 세분화할 수 있는가?), 작업 조직(예를 들면 재정적 인센티브와 같은 방식을 통해 노동자들을 원격으로 통제할 수 있는가?), 시장 유연성(제품이나 서비스에 대한 수요가 얼마나 변동하는가?) 그리고 단체행동과 법적 규제를 피할 수 있는 인센티브가 포함된다.[61]

IT 기술은 여러 면에서 이러한 요소들을 더욱 두드러지게 만들었다. 인터넷 덕분에 일자리는 더 이상 지리적으로 얽매이지 않는 과업들로 단편화될 수 있다. 서로 다른 런던 자치구 노동자들끼리 하던 경쟁이 지구 전체로 확장될 수 있는 것이다. 위치 정보에서 스크린샷 소프트웨어에 이르는 기술적 혁신 덕분에 플랫폼 기업들은 거의 비용 없이도 노동자 각각을 이제까지 알려지지 않았던 수준으로 항상 통제할 수 있게 되었다. 특정 지역에서의 서비스 수요를 충족시키기 위해 노동자를 파견하는 알고리즘은 단순히 소비자들의 요구에 응답하는 수준이 아니라 아예 그 요구를 미리 예측하도록 훈련될 수 있다.

그러나 그 밑에 깔려 있는 구조는 놀랍게도 변함없이 유지되어 왔다. 적어도 노동에 관해서라면 혁신은 대부분 신화다. 안데르센 동화에 나오는 사기꾼들이 최신 패션을 좋아하는 임금님의 약점을 악용하는 것과 매우 흡사하게 플랫폼 기업들은 혁신에 대한 우리의 마땅한 지지에 들러붙어서 100년 전의 모델을 마치 노동을 조직하는 근본적으로 새로운 작업 방식인 것처럼 팔았다.

우리가 왜 신경 써야 하는가?

*

그러므로 이전 장에서 살펴본 기업가정신에 대한 주장처럼 혁신에 대한 주장 역시 공허하게 들린다. 업워크의 CEO 스테판 카즈리얼 Stephane Kasriel은 매우 기뻐하며 동의한다. '프리랜서 경제는 더 이상 존재하지 않는 일련의 제약 이전의 노동의 모습으로 실제로 되돌아가고 있다.'[62)]

그러나 만일 플랫폼 기반 노동에 전혀 새로운 점이 없다는 것이 사실이라고 하더라도 우리가 왜 신경 써야 하는가? 전 세계의 마케팅 부서들은 어쨌든 끊임없이 제품과 서비스를 아주 새로운 상품처럼 판매하고 있고, 우리는 그들의 주장이 사실이 아니라는 것을 알면서도 기꺼이 묵인한다.

하지만 주문형 경제의 혁신 주장들은 그것보다 훨씬 더 치명적일 수 있다. 그것들은 단순히 고객과 노동자들의 관심을 끌고 규제 당국을 저지하려고 꾸며 낸 기업의 감언이설이 아니다. 혁신이라는 용어는 긱 경제 사업 모델이 가진 훨씬 더 깊고 문제가 되는 두 가지 측면을 은폐한다. 하나는 사업의 위험이 플랫폼 기업들로부터 개별 노동자들에게로 급격하게 이동한다는 점이고, 다른 하나는 이렇게 저렴한 노동력에 의존하는 것이 진정한 혁신과는 정반대로 가도록 동기를 부여한다는 진짜 위험성이다.

아무런 보상 없이 위험을 떠넘기기

✲

새로운 (하이브리드) 시장과 경제적 혁명을 말하는 공유경제의 감언이설은 전통적인 사용자와 대기업들이 소비자와 노동자들에게 휘둘러온 공고한 힘을 잃게 되는 세상을 제시한다. 긱 경제 플랫폼 기업들은 우리 개개인의 선택과 통제력을 회복하기 위해 개입한다는 것이다. 물론 어느 정도까지는 사실이다. 독립계약자들은 자신들의 자유 중 일부를 안정성과 보호의 대가로 맞바꾼 정규직 노동자들보다 훨씬 더 많은 유연성을 누리고 소비자들은 이제까지 감당할 여유가 없었던 제품과 서비스에 접근할 수 있을지도 모르기 때문이다.

하지만 당신이 바라는 것이 무엇인지 주의하라. 시장은 경제 활동의 전리품뿐만 아니라 위험(Risk) 또한 분배한다. 이것이 모든 기업가들이 수백 년 동안 고심해야 했던 근본적인 이율배반(Trade-off)이다. 자신의 서비스나 제품을 사 줄 구매자를 찾지 못할 수도 있고 따라서 시간, 돈, 자원의 투자를 날리게 될지도 모르는 위험을 떠맡는 대신,

일이 잘 풀리면 거의 한없이 대박을 터뜨릴 수 있는 기회를 얻게 되는 것이다.

이 장에서 논의된 (역사적인 외주 노동, 더 최근의 임시직 파견업체, 긱 경제 플랫폼 기업들에 이르기까지) '혁신적' 방식의 이면을 보면서 그 아래 깔려 있는 경제학에 다시 한 번 집중하면 다른 문제가 나타난다. 긱 경제 사업 모델은 완전하게 기능하는 시장에 내재되어 있는 기업가정신의 근본적인 이율배반을 분리하기 위해 설계되었다. 비용과 위험은 노동자들에게 전가되는 반면에, 중개자들은 이익을 누릴 수 있게 된다는 것이다.

영국의 정치가 어니스트 베빈Ernest Bevin이 말했듯이 노동자들의 자유라고 하는 것은 '아무것도 없이 집으로 돌아갈 자유'에 지나지 않는다.[63] 다르게 말하면 단편화와 중개자, 그 밖의 '하이브리드' 형태는 플랫폼 사업자들이 그들의 자본 중 많은 부분을 위험에 빠뜨리지 않고도 이익을 뽑아낼 수 있게 해 주는 차익거래의 도구 역할을 한다.

이렇게 본다면, 긱 경제의 성장은 예일대학의 제이콥 해커Jacob Hacker가 '거대한 위험 전가(Great Risk Shift)'라고 묘사한 더욱 근본적인 경제적 추세의 최신판에 불과하다.[64] 해커 교수는 선택이 자유로운 '소유권 사회'에서 '개인적 책임'을 더 강조하게 되면서 노동자들에 대한 안전과 보호가 잔혹하게 침식되는 것이 은폐되어 왔다고 주장한다.[65]

플랫폼 기업들이 기업가정신과 혁신을 강조하는 것은 이러한 서사와 딱 들어맞는다. 한 우버 운전자가 최근의 가격 변경 때문에 자신이 파산하게 됐다고 불평했을 때, 당시 우버의 CEO였던 트래비스 칼라닉이 내뱉은 대답이 이것을 잘 보여 주고 있다. '당신도 알겠지만, 어떤 사람들은 자기가 스스로 싼 똥을 책임지려고 하지 않죠. 그들은 자기 인생의 모든 것을 다른 사람 탓으로 돌립니다. 행운을 빕니다.'[66]

마지막 장에서 우리는 이러한 위험 전가 뒤에 숨겨진 메커니즘과 그것이 우리 모두에게 미치는 더 큰 영향을 다시 살펴볼 것이다. 지금은 혁신의 언어가 이러한 종류의 도전으로부터 숨겨 주는 편리한 엄폐물 역할을 하고 있다고만 말해도 충분하다. 즉 약속한 대로 일이 잘 풀리지 않으면 자기 사업에 대해 책임을 지지 않는 노동자들 잘못인 것이고, 비판하는 평론가들에 대해서는 답도 없는 러다이트라고 쉽게 묘사할 수 있는 것이다.

혁신의 인센티브

마지막으로, 혁신은 우리 경제를 발전시키는 데 큰 역할을 하기도 한다. 하지만 뭔가 재미있는 일이 벌어지고 있다. 2017년 봄에 크리스틴 라가르드 국제통화기금(IMF) 총재가 강조한 것처럼 경제학자들과 정치인들은 혁신이 시장을 재편하는 방식, 아니 그보다는 혁신이 시장을 재편하지 않는 방식에 대해 점점 더 우려하고 있다.

> 좋은 소식부터 전하겠습니다. 운전자 없는 자동차에서 로봇 변호사, 3D프린터로 만든 인간의 장기臟器에 이르기까지 기술 혁신은 그 어느 때보다 빠르게 진행되고 있는 것으로 보입니다. 그리 좋지 않은 소식은 모든 곳에서 기술적

돌파구가 보이지만 생산성 통계만은 예외라는 것입니다.[67]

이 역설과 씨름하기 위해 평론가들이 많은 연구를 쏟아 냈다. 예를 들어, 한 학설은 최근 몇십 년 동안 우리가 흔히 생각하는 것만큼 많은 혁신이 있었던 것은 아니라고 주장한다. 기존 기술을 개조하고 재구성했을 수는 있지만 진정한 돌파구를 찾아내는 것에는 실패했다는 것이다.[68]

또 다른 분석은 자본에 대한 투자가 감소한 탓이라는 것이다. 《파이낸셜타임스》의 저널리스트 마틴 샌드부Martin Sandbu는 지난 10년간 선진국에서 자본 투자가 부진했음을 지속적으로 보여 주는 경제 보고서들을 강조해 왔다.[69] 달리 말하자면, 설령 새로운 기술이 등장하더라도 사용자들은 도입하지 않는 것 같다.

이러한 생산성 수수께끼는 광범위하고 열띤 논쟁의 주제가 되어 왔다.[70] 그것은 결코 긱 경제에만 국한된 것은 아니다. 하지만 우리가 무시해서는 안 될 중요한 연결 고리가 있다. 어떤 면에서 주문형 경제에서의 노동은 단순히 오래된 고용 모델의 디지털 환생이 아니라 우리에게 약속했던 것과 정반대일 수도 있다.

혁명적인 혁신 문화를 조성했다는 주문형 경제의 주장을 반박하는, 서로 밀접하게 관련된 두 가지 반론이 있다. 첫째, 주문형 경제의 이른바 혁신적이라는 요소 중 많은 부분은 단순히 기존 사업자의 지위를 공고히 해서 미래의 경쟁업체를 막으려는 목적이다. 둘째, 플랫폼 기업들의 사업 모델은 실제로는 혁신을 일으키는 연구·개발(R&D) 그리고 근로조건에 투자할 의욕을 떨어뜨릴 수 있다.

해로운 혁신

등급 평가 알고리즘을 예로 들어보자. 노동자와 소비자들 모두에 대한 이용 가능한 정보가 급격하게 증가한 것은 전통적으로 양면 시장을 괴롭혀 온 정보 비대칭을 완화하는 데 크게 기여했다. 생산성 향상 혁신의 사례는 간단해 보인다. 광범위한 정보를 통해 수요와 공급을 쉽게 매칭시킬 수 있기 때문에 플랫폼 이용자에게 제공하는 서비스가 증가하고 노동자들의 소득은 늘어난다는 것이다. 그러나 자세히 보면 모든 것이 겉보기와 완전히 같지는 않다. 앞 장에서 보았듯이, 알고리즘에 의한 등급 평가의 가장 중요한 두 가지 기능은 노동자를 통제하는 것 그리고 그들을 특정한 앱의 '생태계'에 붙잡아 두는 것이다. 평점을 쌓기 위해서는 시간이 걸리고, 한 플랫폼에서 다른 플랫폼으로 그 평점을 들고 갈 수 없기 때문이다.

긱 경제는 네트워크 사업이다. 플랫폼 기업은 노동자와 소비자 두 측면에서 시장의 상당한 부분을 빠르게 장악하고 계속 유지할 수 있어야만 번창할 수 있다. 인프라 또는 이와 유사한 자본 비중이 높은(Capital-heavy) 투자가 부족하다는 점을 감안하면 이것은 쉽지 않다. 아마존에 도전하고자 하는 경쟁업체는 우선 물류창고와 항공기 그리고 배송 센터의 어마어마한 네트워크를 구축해야 하기 때문이다. 반면에 대부분의 긱 경제 시장은 가장 큰 기업들과 대결하려고 해도 필요한 것은 단지 앱(과 시장 점유율을 확보하는 동안 벤처캐피털이 투자한 자금을 써버리려는 의지)뿐이기 때문에 다른 제공자들이 진입하기에 매력적이고 쉬운 가능성이 남아 있다.

(앞서 살펴본 다른 자물쇠 메커니즘뿐만 아니라) 알고리즘에 의한 평점 역시 경쟁업체들을 골치 아프게 만들기 위한 시도다. 노동자들 그리고 비록 정도가 좀 덜하긴 하지만 소비자들이 어떤 플랫폼을 떠나서 처음부터 다시 시작해야 할 때 경쟁업체들은 필요한 계기를 얻을 수 없기 때문이다. 비슷한 목표를 가진 것으로 의심되는 혁신의 다른 사례들이 매체에서 점점 더 많이 논의되고 있다.

2017년 봄에 우버가 범죄 목적을 위해서 자신의 소프트웨어를 수정했다는 일련의 보고가 있었다. '회색 공(Greyball)'이라는 이름의 도구는 승차 요청을 거부해서 법 집행 요원들을 따돌리기 위해 고안되었다. '지옥(Hell)'이라는 발랄한 이름을 붙인 또 다른 프로젝트도 경쟁기업 리프트를 노리기 위해 만들어진 것이라는 주장이 나왔다. '개인들의 프로필 데이터베이스(DB)를 구축하여 우버와 리프트를 모는 운전자를 파악한 뒤, 두 앱을 모두 쓰는 운전자들에게 우선적으로 승차를 배차함으로써 리프트를 그만 이용하도록 하려는' 의도라는 것이다.[71)]

우버는 '회색 공'은 사기성 승차 요청과 싸우기 위한 중요한 수단으로 사용된 것이고 '지옥'에 대해서는 조사가 진행 중이라고 주장했다. 그러나 만약 제기된 의혹이 사실로 밝혀진다면 두 프로그램은 해로운 혁신의 추가 사례가 될 것이다. 시장 효율을 높임으로써 전반적인 후생을 향상시키려는 것이 아니라 이 혁신에는 훨씬 더 의심스러운 목표가 있다. 바로 플랫폼 시장으로 들어오려는 신규 진입자들을 막기 위한 장벽을 구축하려는 것이다.[72]

혁신을 가로막는 것

아마도 훨씬 더 걱정스러운 것은 긱 경제가 그 혁신적인 주장에 부응하지 못한다는 바로 그 사실일 것이다. 오히려 정반대의 목적을 달성하기 위해 구조화되어 있을지도 모른다. 우리가 이번 장에서 중점적으로 다루어 온 긱 경제 사업 모델의 세 가지 요소, 즉 값싼 노동력에 대한 의존과 개별화된 과업집단으로의 노동력 분할 그리고 노동법의 적용 범위 밖에서 운영해야 한다는 고집은 모두 혁신을 저해하는 요인으로 확인되었다.

우선 값싼 노동력부터 살펴보자. 여기서 기본적인 생각은 인간이 아주 적은 비용으로 어떤 과업을 완수할 수 있는 한 혁신적인 기계의 개발과 설치, 유지에 투자할 필요가 없다는 것이다. 《이코노미스트》의 라이언 아벤트Ryan Avent는 말한다.

> 풍부한 노동력과 임금에 대한 하방 압력은 새로운 노동절약적 기술에 투자할 동기를 감소시킨다. 압박을 받기 전까지 기업들은 그들의 창고를 정비하거나 자동화하지 않고, 웨이터 종업원을 터치스크린으로 교체하지 않는다. 그래서

> 부문 내 생산성은 그렇지 않았을 경우보다 더 느리게 성장한다. 또한 동적 효과도 있다. 노동력이 저렴하기 때문에 새로운 기술을 도입하지 않을 때, 장래에 한층 더 많은 생산성 향상에 기여할 무형의 자본의 축적과 혁신에 대한 자극을 전혀 얻을 수 없다는 것이다.[73]

역사적으로나 최근에 있어서나 모두 이 주장을 뒷받침할 많은 증거가 있다. 예를 들어, 1855년에 영국 의회의 외주 노동 산업 조사위원회는 주문형 사업 모델의 그 역사적 선구자들이 노동자들에게뿐만 아니라 경제 전반에도 해로운 영향을 끼친다는 우려를 표명했다. 기업가들이 값싼 외주 노동자에 의존하는 것은 '불완전하고 열등한 기계를 영구적으로 사용하게 해 좀 더 경제적인 개선된 생산방식의 채택을 막는다'고 한 것이다.[74]

두 가지 반론이 즉시 떠오른다. 첫째, 자율주행차 개발에 나선 우버의 잘 알려진 노력은 어떨까? 그리고 아무튼 혁신적인 자동화가 지연된다면 로봇의 증가로 인해 일자리를 위협받게 될 노동자들에게 도움이 될 수도 있지 않을까? 첫 번째 주장과 관련해, 우버가 자율주행차를 강조해 온 것에 대해 전문가들은 기술적 관점과 경제적 관점 모두에서 점점 더 의문을 품어 왔다. 우버의 노력이 경쟁사들의 기술 진보에 크게 뒤쳐지는 것처럼 보인다는 것이다.[75] 어쨌든 값비싼 자율주행차에 막대한 투자를 하면서까지 우버가 자동차, 휘발유 그리고 자신들의 시간까지 모든 비용을 운전자들이 부담하는 현재의 자산경량화 모델을 대체하려는 이유는 무엇인가? 《파이낸셜타임스》가 결론 내린 바

와 같이 '이런 종류의 생각은 자동차 시장의 경제학을 근본적으로 잘못 평가하는 것이다.'[76]

노동자들 역시 혁신을 가로막는 긱 경제의 위협 때문에 고통받고 있다. 경제사학자 던컨 바이텔Duncan Bythell은 혁신 그리고 심지어 자동화도 반드시 노동자의 이익을 해치는 것은 아니라고 강력하게 주장하고 있다. 노동자들과 기술 혁신 사이의 그러한 직접적인 충돌은 산업의 '마지막 죽음의 고통'에서만 관찰된다고 그는 말한다.[77] 한편 혁신은 노동을 더 쉽고 안전하게 그리고 가장 중요하게는 더 생산적으로 만들어 준다. '외주 노동자들이 간헐적인 고용과 낮은 임금의 문제에 직면했던 것은 기계가 그들을 대체해서가 아니라 기계가 그들을 대체하지 않았기 때문이다.'[78] 값싼 노동자들의 대규모 풀에 즉각적으로 의존하는 것이 중심인 주문형 사업 모델은 그래서 혁신적이지 않을 뿐만 아니라 진정한 혁신에 투자하지 않고 그 대신 값싼 노동 비용으로 경쟁하는 기업, 서비스 그리고 제품을 지속시키는 부작용을 낳을 수도 있다.

마지막으로, 긱 경제에서의 고용 구조 또한 기술 혁신을 간접적인 방법으로 방해할 수 있다. 특히 부당해고 보호와 같이 하나의 일자리에서 노동자의 안정성을 보장하는 노동법 규범이 '근로자들의 혁신적 노력을 강화하고, 위험은 따르지만 틀을 깰 잠재력이 있는 프로젝트에 대한 기업의 투자를 장려한다'고 시사해 주는 증거가 늘어나고 있다.[79] 더 나아가 창의성과 혁신은 조정된 그룹 환경에서 작업하는 것과 연결된 것으로 보인다. '조직과 제도는 창의성을 가능하게 하고 그것에 수반되는 번영으로 우리를 이끈다. 해체와 단편화는 그렇지 않다. 파편화되고 단절된 노동력은 그들 그룹의 특별한 재능을 이용하기가 훨씬 더 어려울 것이다.'[80] 다시 말해서 독립적 계약을 과업 단위로 체결하는 매우 개인주의적인 긱 경제 모델은 혁신의 성공에 필요하다고 입증된 많은 조건들을 근본적으로 약화시킨다.

벌거벗은 유니콘 기업

《파이낸셜타임스》 기자 이자벨라 카민스카는 '벌거벗은 택시 유니콘 기업(Taxi unicorn's new clothes)'에 이의를 제기하면서 "지금 유일한 혁신은 '전화하셨죠, 손님' 방식에서 '앱으로 부르셨죠, 손님' 방식으로 바뀌었다는 사실"뿐이라고 주장한다.[81] 이러한 주장은 조금 너무 냉혹할지도 모른다. 하지만 정말 그렇다. 혁신의 신화에 대해 이번 장에서 살펴본 것은 긱 경제의 사업 모델의 뒤에 놓여 있는 근본적인 요소들 중 어떤 것도 새로운 것이 아니라는 것을 보여 주었다. 커다란 과업집단, 강력한 중개자 그리고 그 결과로 초래된 열악한 근로조건들은 지난 수백 년 동안 존재해 왔고, 현대 노동시장에서도 인터넷이 나타나기 한참 전에 이미 다시 나타난 것이기 때문이다.

물론 긱 경제 앱과 플랫폼 기업들 이면에 있는 많은 기술은 정말 새로운 것이지만 노동에 관한 한 우리가 알고 있는 것처럼 노동을 재창조했다는 긱 경제 업계의 주장에 넘어가서는 안 된다. (아이가 소리

쳐서) 벌거벗은 임금님이 결국 현실을 받아들이게 된 것처럼 우리도 상황의 실체에 초점을 맞춰야 한다. 그래서 각 경제의 진정한 혁신적 요소들이 번창할 수 있도록 하면서도 그 해로운 측면들은 저지해야 한다. 이것이 어떻게 가능할 수 있을까? 다음 장으로 넘어가서 선택할 수 있는 방안들을 살펴보자.

5

혁신가들을 혁신해 보자

Disrupting the Disruptors

✲ ✲ ✲

중요한 정책 문제들은 진단하기는 쉬워도 치료하기는 어렵다고 마키아벨리는 경고한다.[1] 긱 경제를 규제하는 데 있어서도 이것이 사실인가? 꼭 그런 것은 아니다. 적절한 진단에 따라 치료가 이루어진다면 말이다. 긱 경제의 노동은 어떤 사람들에게는 기업가정신의 기회를 제공하지만, 다른 사람들에게는 엄격하게 통제받는 불안정한 노동을 제공한다. 기술은 혁신적이고 흥미진진하지만, 그 밑에 깔려 있는 사업 모델에는 오래된 역사적 뿌리가 있는 것이다.

어떤 해결책을 제시하든 주문형 노동의 이질성에 민감해야 한다. 우리는 노동시장의 유연성을 유지하면서도 그것이 야기할 수 있는 불안정성을 해결할 필요가 있다. 그 핵심은 주문형 긱이나 태스크, 승차와 '인간지능과업(HIT)'이 모두 노동이며, 그렇게 규제되어야 한다는 것을 인식하는 데 있다. 노동법은 중요한 절충을 가능하게 해 준다. 노동자는 일련의 보호를 누리는 대신 사용자의 명령에 종속되는 것에 동의한다는 것이다. 기술을 빼고 이야기하자면, 주문형 플랫폼 기업들이 행사하는 통제는 다른 기업들이 행사하는 통제와 근본적으로 다르지 않다. 따라서 노동자들에 대한 최저기준의 보호 역시 본질적으로 다르지 않아야 한다.

이것은 실제로 어떻게 실행될 것인가? 두 단계를 차례로 고려해야 한다. 첫째, 노동법 법률가들이 '인적 적용 범위 문제'라고 부르는 것을 다룰 필요가 있다. 즉, 긱 노동자들은 근로자인가, 아니면 독립계약자인가? 그리고 누가 그들의 사용자인가? 하는 질문 말이다. 적어도 이 첫 번째 질문에 대해서는 수레바퀴를 다시 발명(하느라 쓸데없이 시간을 낭비)할 필요가 거의 없다. 우리는 모든 참가자들이 오랫동안 확립된 동일한 규칙에 따라 경기할 수 있도록 경기장을 평평하게 만드는 데 초점을 맞춰야 한다. 우리는 노동자를 독립적인 기업가로 잘못 분류하려는 사용자의 시도에 대응하기 위해서 전 세계의 여러 법체계가 어떻게 학습해 왔는지 그리고 노동자와 고객들 사이의 전통적인 경계가 흐려진다고 하더라도 어떻게 책임을 정확하게 할당할 수 있는지 탐구할 것이다. 비교적 단순하게 보이지만, 이러한 조치들이 갖는 의미는 광범위하다. 노동법은 우리가 지금까지 직면했던 많은 어려움으로부터 노동자들을 보호한다는 것이다. 애초에 긱 노동을 그렇게 매력적으로 만들었던 유연성을 위협하지 않으면서도 말이다.

일단 노동법의 적용 범위 안으로 들어가면 노동자들은 최저임금을 받을 수 있는 자격에서부터 차별 보호에 이르기까지 기본적인 최저선의 권리들을 누릴 수 있게 된다. 그러나 노동법의 구체적인 원칙들에 관해서는 긱 노동의 구체적 요소에 대응해 기존의 기준을 발전시켜야 할 필요가 있을 수도 있다. 휴대 가능한 평점과 유연한 근로시간을 보상하기 위한 더 높은 임금 수준, 새로워진 사회적 파트너 참여에 이르기까지 말이다. 마지막으로, 결론적으로 우리는 노동법이 보호하는 권리와 유연성은 본질적으로 양립할 수 없다는 신화를 다룰 필요가 있다. 이것은 모든 노동자에 대한 동등한 보호를 억제하는 가장 오해의 소지가 있고 해로운 잘못된 관념 중 하나이기 때문이다.

주문형 경제에서의 노동 규제

✲

노동시장에 대한 법적 규제는 안정성과 통제 사이의 근본적인 절충에 달려 있다. 즉, 고용계약 하에서 일하는 근로자들은 보호를 받지만 독립계약자들은 그렇지 않다는 것이다. 거의 모든 나라의 노동법은 그 나라의 노동법과 조세 그리고 사회보장제도를 구조화하기 위해서 (0과 1 둘 중 하나로 나누는) '이진법적 분할(Binary divide)' 방식을 채택했다. 만약 의문이 든다면 노동자나 그 사용자들은 법원으로 찾아갈 수 있다. 숙련된 노동 판사들이 (대개 통제 여부, 종속성 및/또는 경제적 의존성과 같은 요소를 포함하는) 일련의 법적 테스트를 통해 누가 노동자인지 그리고 누가 진정한 기업가인지를 판단한다.

노벨경제학상 수상자 로널드 코즈는 이러한 방식을 뒷받침하는 이론을 최초로 발전시킨 사람들 중 한 명이었다. 잘 알려진 대로 그는 양자 간의 고용계약을 기업가들이 그들의 노동력을 엄격히 통제할 수 있는 비결로 규정했다. 즉, 정기적인 임금 지급에 대한 대가로 노동자들은 사용자의 명령에 복종한다는 것이다.[2] 노동법과 사회보장법은 이러한 권력을 책임 있게 행사하도록 하기 위해 대응했다. 고용계약은 업무 수행 방식이나 임금 지급 방식, 근로자를 고용하고 해고하는 것에 이르기까지 모든 것을 통제할 수 있는 권리를 사용자에게 준다. 그것은 또한 이러한 권력을 행사하는 방법도 규율한다.

사용자는 자신의 노동자에게 온종일 노동하라고 강요할 수 없고, 최저임금 이상을 지급해야 하며, 고용과 해고에서 특정 집단을 불법적으로 차별해서는 안 된다.[3] 사용자는 급여세(Payroll taxes)를 공제하고 연금과 보험료에 기여한다. 반면에 독립계약자는 자신의 세금 환급과 장기적인 경제적 안정성을 책임지는 대가로 더 높은 보수를 책정할 수 있다.

긱 경제의 감언이설 중에 어떤 가닥은 플랫폼 기업이 노동법을 준수하는 것은 불가능하다고 주장한다. 케케묵은 관료적 형식주의가 어떻게 최첨단의 혁신을 따라갈 수 있겠나? 20세기의 노동자들을 위해 만들어진 규제가 오늘날의 기업가정신의 세계에는 부적합하지 않은가? 그리고 어쨌든 그것은 지나치게 복잡하지 않은가? 하고 말이다. 그렇지 않다. 다음 페이지에서 보게 될 것처럼 전 세계의 법체계는 계속해서 발전하고 있고 주문형 경제 노동에서 발생하는 많은 문제들을 점점 더 해결하고 있다. 플랫폼 기업들의 사업 모델을 규제하기 위해 구체적인 규칙들은 세심하게 업데이트하거나 발전시킬 필요가 있을 수도 있지만 전체적인 메시지는 명확하다. 진정한 기업가정신은 노동법의 적용 범위를 벗어나지만, 엄격히 통제받는 종속적인 노동은 그렇지 않다는 것이다.

'파괴적 혁신'이 법을 위반한다는 의미의 실리콘 밸리식 줄임말이 된 이상, 이제는 '파괴적 혁신가를 파괴적으로 혁신'하고, 공유경제가 평평한 경기장에서 공정하게 경쟁하도록 해야 할 시점이다. 첫 번째 경우에 필요한 것은 주문형 노동을 기존 노동법 규칙의 적용 범위 안으로 다시 가져오는 간단한 일이다. 즉, 노동자를 기업가로 잘못 분류(誤分類, misclassify)하려는 플랫폼 기업들의 시도를 무시하고 플랫폼 기업들에게 사용자로서의 책임을 정확하게 부과하면 되는 것이다.

규칙을 지키면서 경기하기

✲

일관성 있고 세심하게 관리된 고객 경험을 제공하기 위해서는 노동력을 엄격하게 통제하는 것이 필수적이지만 그것은 일련의 노동 보호 규제를 유발하기도 한다. 긱 경제의 첨단에서 주문형 플랫폼 기업들은 양쪽 세계의 장점을 모두 갖기 위해 노력한다. 사용자로서 완전한 통제와 재정적 보상을 누리면서도 그와 동시에 독립적인 서비스 제공자와 계약하는 형식을 취해서 책임은 지지 않으려는 것이다. 이것이 많은 주문형 경제 기업들이 자신들은 사용자가 아니라 중개자에 불과하기 때문에 자신들의 경쟁업체처럼 그들을 규제해서는 안 된다고 주장하는 이유다.

노동법을 무시하는 것이야말로 이 방정식에서 중요한 요소다. 진정한 기업가정신을 위한 여지를 노동자들에게 거의 남겨 두지 않을 때 특히 문제가 된다. 플랫폼 기업들이 자신들의 책임을 회피하기 위해 사용하는 메커니즘은 놀랍도록 간단하다. 그리고 혁신과는 전혀 거리가 멀다. 이러한 '파괴적 혁신'은 계약상의 오분류(노동자들이 근로자가 아니라 독립계약자라는 플랫폼 기업들의 이용약관상의 간단한 주장)와 고객과 플랫폼이 사용자로서의 통제를 함께하고 모호하게 하는 다자간 업무 협약의 사용 증가에 기초한다.[4] 이러한 각각의 도전들을 법이 어떻게 해결할 수 있는지 살펴보자.

노동자 (오)분류

주문형 경제 노동의 실상을 살펴보면서 우리는 서비스 제공의 모든 측면을 엄격하게 통제하는 것이 어떻게 알고리즘에 의한 관리의 전형적인 특징인지 확인했다. 그러니 고용 분류는 매우 간단해야 한다. 과업의 할당과 수행 방법, 보수 지급 방식까지 모든 것을 플랫폼 기업이 통제하는데도, 정말로 우리는 '회색 영역(Grey areas)'에 대해 말할 수 없는가? 그러나 바로 그러한 불확실성을 창출할 목적으로 강하게 단어를 선택해서 계약 조건의 초안을 꼼꼼하게 작성하고 플랫폼에 가입하기 전에 예비 노동자와 고객이 수용하도록 하는 것이다.

> 태스커는 독립계약자이고 회사의 근로자가 아니다. 회사는 태스크를 수행하지 않으며, 태스크를 수행하는 개인들을 고용하지 않는다. 이용자들은 이에 의하여 회사가 태스커의 작업을 감독, 지시, 통제 또는 감시하지 않으며 수행된 작업이나 태스크에 대해 어떤 식으로도 책임지지 않음을 인정한다.[5)]

주문형 플랫폼 기업들은 단지 독립계약자와 그들의 고객들이 쉽게 거래할 수 있도록 해 주는 중립적인 중개자에 불과하며 그래서 지역, 국가 또는 국제적 노동법 규제의 적용 범위를 거의 확실하게 벗어난다는 점에 모든 사람들이 동의한 것으로 보인다.

하지만 노동법도 그렇게 호락호락 패배하지는 않는다. 계약 당사자들끼리 자신들의 법률적 관계에 어떤 특정한 이름표를 붙이기로 '합의'할 수 있는 자유는 법에 의해 엄격히 통제된다. 1985년의 유명한 영국 대법원 판결처럼 말이다.

> 일단 합의가 체결되면 그 법률상의 결과는 그 합의의 효과를 고려해서만 판단될 수 있다. 영어에 익숙하지 않은 제조자가 자신은 삽을 만들 의도로 삽을 만들었다고 주장하더라도 땅을 팔 때 쓰는 다섯 갈래 도구를 만들었으면 쇠스랑이 될 뿐이다.[6)]

자신들의 노무 수행자를 독립적인 기업가로 오분류하려고 시도하는 사용자에 대응하여 전 세계의 법체계는 일방 당사자가 상대방을 속여서 붙였을지도 모르는 이름표가 아니라 그 상황의 실질에 따라 관계를 분류하도록 하는 다양한 법리(Doctrine)를 발전시켰다.

영국에서는 이것을 흔히 '위장 자영업(Sham self-employment)'이라고 부른다. 대법원은 선례先例가 되는 오토클렌츠Autoclenz 사건 판결에서 거의 모든 노동자들의 계약 체결 이면의 경제적 현실을 인정하고, 사용자가 서면으로 규정한 일련의 계약조건들이 그 노동자가 노동법의 적용 범위를 벗어나는 기업가임을 증명하는 결정적인 증거가 될 수 없다고 강조했다.

> 어떤 서면 합의의 조건이 실제로 합의된 내용을 나타내는지 여부를 판단할 때는 당사자들의 상대적 협상력을 고려해야 한다. 진정한 합의는 종종 그 사건의 모든 정황으로부터 얻어져야 할 것인데 서면 합의는 단지 그 일부에 지나지 않는다.[7)]

당사자들끼리 한 합의의 법적 효과를 판단함에 있어 법원이 이렇게 계약의 광범위한 맥락을 고려하는 '목적론적 접근법(Purposive approach)'의 여러 버전들이 전 세계적으로 채택되었다. 예를 들어, 미국에서는 소포배달 및 물류 제공업체 페덱스FedEx가 오랫동안 오분류 소송에 휘말려 왔다. 오늘날의 많은 주문형 플랫폼 기업들과 마찬가지로 그 회사는 배달기사들을 엄격하게 통제하면서도 그들이 독립계약자라고 주장했다. 페덱스에 불리하게 내려진 선례 판결들 중 하나에서 2014년에 제9회 순회 항소법원은 배달기사들이 캘리포니아주 법에 따른 근로자라는 주장을 인정했다. 트롯Trott 판사는 다음과 같은 관찰 결과를 덧붙였다.

> 전해지는 바에 따르면 에이브러햄 링컨은 '만약에 당신이 개의 꼬리를 다리라고 부른다면 개는 다리가 몇 개입니까?' 하고 물었다고 한다. 그는 대답했

다. '4개입니다. 개의 꼬리를 다리라고 부른다고 해서 꼬리가 다리가 되는 것은 아닙니다.' 카도조Cardozo 대법관* 역시 성문법의 특징을 설명해 달라고 요구받았을 때 같은 이유에서 '형식이나 이름표가 아니라 밑바탕에 있는 현실'을 찾아보라고 우리에게 조언했다. 페덱스의 운영 계약서에 배달기사들을 '독립계약자'라고 표기한다고 해서 그들이 확정적으로 그렇게 되는 것이 아니다.[8)]

거의 모든 유럽 국가들은 '사실 우선의 원칙(Principle of primacy of facts)'과 유사한 접근법을 취하고 있다. 그것은 국제노동기구(ILO)의 고용관계 권고 제198호에서도 다음과 같이 인정되었다.

(근로자 분류는) 계약이든 다른 형태의 협정이든 당사자들이 합의했을 수 있는 여타의 협정에 관계가 어떻게 규정되어 있는지에 관계없이 일차적으로 업무수행 및 노동자에 대한 보수와 관련된 사실에 의하여 결정되어야 한다.[9)]

세인트루이스대학의 미리암 체리Miriam Cherry 교수는 주문형 경제에서의 노동자 오분류에 대한 선도적인 전문가다. 기업가정신과 혁신의 감언이설이 처음에는 노동자들의 주장에 방해가 됐지만 현재는 소송이 한창 진행 중이며 집안일 도우미 서비스에서부터 음식과 식료품배달에 이르기까지 모든 것을 제공하는 플랫폼 기업들이 근로자 분류 소송에 직면하고 있다고 그는 주장한다.[10)] 많은 분쟁의 중심에는 캘리포니아주 법원이 있다. 캘리포니아주의 노동법이 비교적 관대하기 때문이기도 하고, 거의 모든 실리콘 밸리 회사들이 법적으로 그곳에

---

* 벤자민 N. 카도조Benjamin N. Cardozo(1870~1938)는 수많은 명판결을 내린 것으로 유명한 미국 연방대법원 전 대법관이다.

본사를 두고 있기 때문이기도 하다. 그러나 소송은 갈수록 더 전 세계적으로 진행되고 있다. 2016년 여름에 런던 중앙 고용심판소는 자신들이 우버의 노동자로 고용된 것이라고 주장하는 우버 운전자들의 첫 번째 청구원인들을 청취했다.[11)]

전 세계 언론과 규제 당국의 관심을 끈 그 후속 결정에서 스넬슨Snelson 판사는 청구인 운전자들이 독립계약자가 아니라 노동자라고 명백하게 판결했다. 아슬람, 파라 대 우버(Aslam, Farrar v Uber) 사건의 판결문은 이례적으로 이렇게 지적했다.

> [87] 우리는 우버의(아마도 그 변호사의) 그 회사에 대한 설명과 운전자와 승객이라는 두 집단 사이의 법적 관계에 대한 분석에 동의하도록 강요하기 위해 우버가 작성한 서면의 그 놀라운 길이에 충격을 받았다. (a) 자동차로 사람을 실어 나르는 기능이 중심에 있는 사업을 운영하고 … (c) 운전자와 승객에게 그 회사가 운송 서비스를 제공하지 않는다는 것에 계약상 동의하도록 요구하며 … (d) 문서를 꾸미면서 허구와 왜곡된 용어 그리고 심지어 참신한 전문용어까지 사용해서 재분류하는 어떤 조직도 의심을 받을 만하다고 우리는 생각한다. 우버의 전반적인 주장과 특히 우버 매니저인 버트람 여사의 무섭도록 충성스러운 증언에 대해 깊이 생각해 보면서 우리는 거트루드 여왕의 가장 유명한 대사를 떠올리지 않을 수 없다.
> "내 생각엔, 그 귀부인은 너무 많은 항의를 하고 있구나."
> [88] 둘째, 방심하는 순간에 우버의 이름으로 말하고 쓰여진 많은 것들을 상기해 볼 때 우리의 의심은 줄어들지 않는다. 그것은 우버가 운송 사업을 운영하고 그 목적으로 운전자들을 고용한다는 그 운전자의 단순한 주장을 강화한다.
> [89] 셋째, 우리의 의견으로는 우버가 운송 서비스의 공급업체로서 사업을 하고 있다는 것을 부인하는 것은 비현실적이다. 단순한 상식은 그 반대로 주장한다.[12)]

우버는 이 판결에 항소했으나 성공하지 못했다. 항소를 기각하면서 존경하는 이디Eady 판사는 주장했다. '우버와 운전자들 사이에 계약이 체결되었고 그로 인해 운전자들은 승객들에게 교통 서비스를 제공하는 우버의 사업의 일환으로 우버를 위해 개인적으로 일하게 되었다고 우리 심판소는 결론 내릴 수 있다.'[13)]

고용심판소의 분명한 판결 이후 영국에서는 유사한 사건들이 쏟아졌는데, 판사들은 지속적으로 계약상 문구의 이면을 보려고 했다. 예를 들어, 자전거 배달원이 체불된 휴일급여를 청구한 사건을 판단하면서 고용판사 J. L. 웨이드J. L. Wade는 원고인 긱 노동자가 일할 시간과 방식을 자유롭게 선택할 수 있다는 주장을 기각했다. 특히 '그가 거부할 경우 더 이상 일을 주지 않을 것을 우려했'기 때문이었다. 이것은 '직장에서의 협상력의 불평등'이라고 심판소는 결론지었다.[14)]

근로자 오분류에 대해 소송을 제기하는 것은 노동자들뿐만이 아니다. 사용자가 국민보험(National Insurance)과 연금기여금을 납부하지 않으면 납세자들도 손해를 보기 때문이다. 프랑스에서는 사회보장 관리기관인 URSSAF와 ACOSS가 우버를 상대로 수백만 유로의 기여금을 요구하고 있는데, 우버는 자신의 운전자들은 단지 독립계약자일 뿐이라고 주장하며 납부를 거부해 왔다.[15)] 전 세계의 규제 당국이 주목하고 있다. 미국 노동부 임금 및 근로시간 부서가 2015년 봄에 발표한 <1938년 미국 공정근로기준법(Fair Labor Standards Act)에 따른 해석 지침>은 주문형 산업에서의 독립계약자 오분류에 대한 경고로 널리 인식되었다.[16] 영국 정부의 기업·에너지·산업전략부(BEIS)는 배달 서비스 플랫폼 기업 딜리버루에게 법원이나 심판소가 반대 판결을 내리지 않는 한 그 회사의 배달원들에게 합법적인 영국 최저임금을 지급해야 한다고 분명히 상기시켰다.[17]

이 책을 쓰고 있는 시점에는 많은 사건들이 아직 계류 중이거나 항소가 진행 중이다. 지금까지 해결된 청구의 결과는 여러 가지 이유에서 극적으로 다양하다. 세계 전역의 법원과 행정기관들은 서로 경합하는 여러 근로자성 판단 테스트와 해석론을 개발해 왔고(미국 법은 심지어 청구를 제기하는 근거 법령에 따라 다른 판단 기준을 적용하기도 한다), 주문형 플랫폼 기업들의 사업 모델과 소송 전략의 지속적인 변화는 일관적인 그림을 그리기 어렵게 만든다.

체리의 상세한 분석에 따르면 어떤 플랫폼 기업들은 성공적으로 자신들의 사건을 방어했지만, 다른 플랫폼 기업들은 자신들의 노무 수행자를 근로자로 재분류하기로 결정했다.[18] 2015년에 우버 운전자 바바라 앤 버윅Barbara Ann Berwick이 캘리포니아 노동위원회에 제기한 임금과 비용 청구는 세간의 높은 이목을 끌었다.[19] (궁극적인 구속력은 없었지만) 청구에서 지고 난 뒤에 우버는 미국에서의 초기 입장을 상당히 완화했다. 2016년 4월에 캘리포니아주와 매사추세츠주에서 '드라이버-파트너'들이 근로자 지위를 요구한 2건의 집단소송에 대해 우버는 8,400만 달러의 일시불 지급과 그 사업 모델에 대한 몇 가지 변화를 조건으로 합의안을 제안했다.[20] 그러나 캘리포니아주에서의 거래는 오래가지 않았다. 지방법원 판사 에드워드 첸은 그 합의조건이 우버에게 10억 달러가 넘는 상당한 벌금을 면제시켜 주는데 운전자들에게는 훨씬 낮은 금액을 주게 된다는 우려 때문에 그것을 거부했다.[21]

그 밑에 깔려 있는 메시지는 명확하다. 플랫폼 기업들이 노동법상 지위를 부인한다고 아무리 강하게 말하더라도 노동자를 독립계약자로 분류하는 데 자동적으로 성공하지는 못하리라는 것이다. 각 나라와 청구권에 따라 노동법의 통상적인 근로자 판단 테스트가 주문형 경제의 노동에 적용된다. 그리고 플랫폼 기업이 서비스 제공의 많은 측면을 엄격하게 통제하는 점을 고려하면 그들은 종종 고용 지위를 가리키게 될 것이고, 진정한 기업가가 아니라면 노동보호법과 규제의 범위를 벗어나지 못하도록 할 것이다.[22]

개별 사건들의 구체적 사실 관계는 계속해서 어려운 경계선 문제를 만들어 낼 것이다. 그러나 그런 점에서 주문형 경제에서의 노동은 오늘날 다른 많은 일터의 원고들이 직면하고 있는 상황과 거의 다르지 않다. 사실 관계가 복잡하다는 점은 주문형 플랫폼 기업들이 노동법의 적용을 받아서는 안 된다는 주장과는 무관하다. 1심 노동 판사들과 행정당국은 어려운 청구를 해결하는 훈련을 오랫동안 받아 왔다.

사용자 찾아내기

그러나 어떤 법체계에서는 또 다른 문제가 발생할 수 있다. 노동법은 노동자와 단일 사용자 사이의 계약, 이른바 양자 간의 관계를 오랫동안 전제로 해 왔다. 우리는 이미 플랫폼 기업들의 사업 모델이 고객과 사용자 그리고 노동자들 사이의 경계를 모호하게 만드는 데 얼마나 큰 역할을 하는지 보았다. 어떤 플랫폼 기업은 그들이 제공하는 서비스의 모든 측면을 완전히 통제하는 반면에 다른 플랫폼 기업은 이용자들에게 상당한 재량을 준다. 태스크래빗에서 태스커들은 자신들의 서비스에 대한 가격을 정할 수 있고, 아마존 M터크 요청자들은 각 과업에 허용되는 작업 시간을 명시하고 있으며, 업워크와 같은 플랫폼 기업들의 고객들은 종종 자신이 의뢰하는 작업이 어떻게 수행되어야 하는지 정확하게 명기한다. 달리 말하자면, 노동자와 고객들 모두 전통적으로는 사용자의 특권에 속했던 영역에 대해서 때때로 통제할 수 있다.

플랫폼 기업과 이용자들 사이에 통제권이 분산되어 있는 사업 모델은 고용을 양자 간 관계 즉, 노동자와 그의 사용자라는 두 개별적 당사자 사이의 계약으로 생각하는 법체계들에서 문제를 일으킬 수 있다.[23] 사용자가 한 명 이상 있을 수 있다는 사실을 어떻게 인정할 수 있는가? 그 해결책은 누가 책임을 져야 하는지를 판단하는 좀 더 유연한 접근법을 채택하는 것이다.

사용자의 기능적 개념

법적 관점에서 사용자의 권한들과 그에 대한 법률적 통제를 '사용자의 기능'으로 분석할 수 있다. 사용자의 개념을 탐구하는 이전의 책에서 나는 고용과 해고에서부터 노동과 임금에 대한 통제에 이르기까지 다

섯 가지 기능을 확인했다.[24)]

전통적으로는 코즈가 '조정자로서의 기업가'라고 부른 단일 당사자가 고용계약을 통해 자신의 근로자들을 통제하면서 이러한 모든 기능을 행사했을 것이다. 반면에 독립적인 기업가들은 자신의 임금을 스스로 책정하고, 자신이 어떤 일을 할 의향이 있는지를 결정하고, 시장 경쟁에 참여하는 데 따른 위험을 감수한다(그리고 보상을 얻는다).

이것은 주문형 경제의 앱과 모바일 기술 그리고 알고리즘의 세계에는 더 이상 해당되지 않는다. 플랫폼 기업들은 자신들의 노동력을 조정하고 통제하기 위해 고용계약을 맺을 필요가 없으며, 다른 당사자들도 자신의 디지털 인프라를 이용하여 특정한 사용자 기능을 행사할 수 있다. 그 결과로 나타나는 변형은 무궁무진하다. 대부분의 승차공유 앱을 포함한 일부 플랫폼 기업은 다섯 가지의 전통적인 사용자 기능을 거의 모두 행사하는 반면, 다른 플랫폼 기업은 일부 기능들을 소비자들에게 나누어 준다(대상 과업과 그 수행 기간, 가격을 고객이 명시할 수 있도록 하는 M터크를 생각해 보라). 태스크래빗의 사업 모델을 따르는 기업들은 임금 결정과 같은 핵심 기능들을 개별 노동자들과 직접 공유하기도 한다.

일단 사용자 기능의 행사가 서로 다른 당사자 간에 공유되거나 분양되면, 누가 책임 있는 사용자인지 찾아내는 것이 좀 더 어려워진다. 더 이상 한 명의 당사자를 사용자로 식별할 수 없기 때문이다. 생각해 볼 수 있는 한 가지 대응은 따라서 그 노무 수행자는 근로자가 아니라 독립적인 기업가라고 결론짓는 것이다. 하지만 그게 옳을 리가 없다. 플랫폼을 통해 여러 당사자들로부터 통제받는 노동은 진정한 기업가정신과는 거리가 멀다. 또 다른 해결책은 일부 국가에서 노무 아웃소싱 파견업체에 대해 하는 것과 마찬가지로 어떠한 경우에도 플랫폼 기업이 사용자로서 책임을 지도록 선언하는 것이다. 그러나 특정한 상황에서는 비록 정반대 이유 때문에라도 그것이 다시 문제가 될 수 있다. 만약 진정으로 독립적인 자영업자가 태스크래빗을 통해 자신의 서비스를 홍보하고 싶다면 어쩌겠는가?

이러한 '모 아니면 도(All or nothing)' 접근 방식의 함정에 빠지는 대신에, 우리는 좀 더 융통성을 발휘해 사용자의 기능적 개념을 채택해야 한다. 하나 이상의 사용자 기능을 통제하는 데 책임을 지는 사람은 자신의 행동에 적용되는 규정을 준수해야 한다. 예를 들어, 플랫폼 기업이 노무 수행자의 임금률을 설정하는 경우에는 그 기업은 최저임금 조건이 준수되도록 보장해야 한다. '고용계약'이 무엇인지 묻는 풀기 어려운 수수께끼에서 벗어나서 그 대신에 훨씬 더 직관적인 질문을 던져 보자. 누가 책임져야 하는가?

쉬운 사례: 사용자로서의 플랫폼 기업 또는 진정한 기업가

많은 경우에 모든 책임은 플랫폼 기업이 진다. 플랫폼 기업이 완전히 통제하거나, 그 고객들과 함께 통제하(고 그에 따라 책임지)기 때문이다. 가격 책정이나 과업 지정에 관해서 고객들이 참여한다고 하더라도, 지속적인 통제와 보수(Remuneration)는 플랫폼 기업의 손에 남아 있다. 어떤 과업을 받아들일지 결정하고, 자신의 급여율을 정하고, 과업을 수행하는 방법과 누가 수행할 것인지를 완전히 통제하는 진정한 기업가 정신의 상황일 때만 노무 수행자 자신이 사용자의 기능을 행사하는 것이므로 노동법의 보호 범위 밖에 놓이게 된다. 빈대학의 마틴 리삭 Martin Risak 교수와 함께 나는 이것이 실제로 어떻게 작용하는지를 설명하기 위해 비교적 간단한 사례인 노동자들의 경비와 임금의 지불을 살펴보았다.[25)]

스펙트럼의 한쪽 끝에서 단일 플랫폼 기업은 모든 사용자 기능을 행사한다. 그 결과 상황은 비교적 간단하다. 플랫폼 기업이 요금 수준을 결정하거나 과업의 건당 고정 가격을 지정하는 등 급여율을 설정하는 경우에는 확실히 노동자가 이익을 내거나 손해를 볼 수 있는 기회를 완전히 통제하는 것이고 따라서 서비스 제공에 드는 모든 비용을 고려하더라도 노동자가 최저임금 이상을 받도록 보장해야 한다.

승차공유 플랫폼 기업들은 사업주의 기능적 개념이 플랫폼 기업을 사용자로 명확하게 식별해 주는 주문형 사업 모델의 좋은 예다. 회사의 알고리즘이 어떤 운전자가 특정 승차를 제공할지를 결정하고, 운전자의 경로와 수락률을 통제하며, 요금과 임금을 책정하고, 내부 정책에 따라 운전자를 '종료'시킨다. 법원은 운전자가 기업가라고 주장하는 '위장' 계약조건을 기꺼이 무시하고 대신 최저임금과 경비, 건강보험에 이르기까지 모든 것을 플랫폼 기업이 책임지도록 판결할 것이다. 법원은 또한 운전자들이 자신들의 수입을 완전히 통제하고 있다는 주장, 즉 그냥 더 오래 운전하면 더 많은 돈을 벌 수 있다는 주장에도 흔들리지 말아야 한다. 오바마 행정부 시절에 미국 노동부는 분명히 밝혔다.

> 어떤 노동자가 손해를 보거나 이익을 낼 수 있는 기회를 갖는지 여부를 고려할 때는 그 노동자의 경영 능력이 자신의 손익에 영향을 미칠 수 있는지 여부가 초점이다. 더 많은 시간을 일할 수 있는 노동자의 능력과 그 사용자로부터 받을 수 있는 일의 양은 노동자의 경영 능력과 무관하며, 근로자와 독립계약자를 구분하는 데 거의 도움이 되지 않는다. 더 많이 일을 하고 더 많은 일을 구할 수 있다면 (근로자와 독립계약자) 둘 다 더 많은 돈을 벌 수 있을 것이기 때문이다.[26)]

그 플랫폼 기업은 해당 사용자 기능(급여 결정)을 행사하는 것이 명확하기 때문에, 노동자에게 도구를 제공하고 최저임금 기준을 준수하는 것에서부터 급여세 공제, 사회보장기여금 납부에 이르기까지 부수적인 법적 의무를 책임지게 될 것이다.

사용자의 기능적 개념은 스펙트럼의 다른 쪽 끝, 즉 진정한 독립적 기업가들이 자신들의 서비스를 광고하기 위해 주문형 경제 플랫폼을 이용하는 경우에도 효과가 있다. 단골 고객 외에 새로운 고객을 찾기 위해 플랫폼으로 눈을 돌리는 동네 배관공을 상상해 보자. 작업의 난이도를 어떻게 판단하느냐에 따라 그는 자신의 임금 수준을 스스로 정할 수 있다. 그의 수입에서 일부를 플랫폼 기업이 소개 수수료로 떼어 가기는 하겠지만, 그 배관공은 기업가로서 자유롭게 활동할 수 있다. 일을 어떻게 완성할지 결정할 수 있고, 예를 들면 조수를 쓸 수도 있다. 자신의 이익과 손실을 통제할 수도 있다. 이러한 방식으로 노무 수행자들에게 일을 구할 기회만 단순히 제공하는 플랫폼 기업은 사용자 기능을 행사하는 것이 아니다. 그 경우라면 사용자 기능을 행사하는 사람은 그 배관공 자신이며, 따라서 세금과 보험 조항을 준수해야 하는 사람도 그다.

더 어려운 사례: 여러 명의 사용자들

주문형 사업 모델들이 변형되는 모습에는 끝이 없겠지만, 많은 경우는 방금 설명한 두 가지 극단 사이에서 특히 하나 이상의 사용자 기능을 소비자와 플랫폼 기업이 함께 행사하는 경우에 발생할 것이다. 사용자의 기능적 개념으로는 이러한 상황을 어떻게 다룰 수 있는가? 우리는 이미 많은 플랫폼 기업들이 자신들의 임금 설정 기능을 개별 고객과 공유하는 것을 보았다. 예를 들어 아마존 M터크에서 요청자(Requesters)는 HIT 1건에 대한 시간과 보수를 모두 표시한다. M터크는 이러한 제안을 잠재적 노무 수행자들에게 전달하고, 미리 정해져 있는 수수료를 부과하며, 정기적으로 터커들에게 지급할 수 있는 인프라를 제공한다. 그것이 M터크와 요청자 둘 다 사용자 기능을 행사하는 것으로 간주되어야 하며, 따라서 최저임금 지급을 보장할 법적 의무를 부담해야 한다는 것을 의미하는가? 원칙적으로는 그렇다.

실제로는 이러한 접근 방식은 몇 가지 어려움을 초래할 수 있다.

노동자가 어느 지역에서 일하고 있는지, 그 나라의 최저임금이 얼마인지를 개인이 어떻게 알 수 있겠는가? 그리고 저임금 노동자가 자신의 권리를 주장하려고 할 때 플랫폼 기업과 고객 모두 서로에게 책임을 떠넘기는 상황을 어떻게 피할 수 있을까? 최저임금 준수와 관련해 플랫폼 기업들은 모든 관련 정보를 손쉽게 입수할 수 있다. 즉, M터크의 요청자가 자신의 작업을 수행할 수 있는 자격조건에 맞는 터커의 출신 지역을 어떻게 이미 특정할 수 있는지 기억해 보라. 사용자의 기능적 개념 하에서 M터크는 특정한 근로시간에 대한 요금으로 그 시간에 상응하는 최저임금 이하의 값을 고객이 입력할 수 없도록 시스템을 설정할 책임이 있을 것이다.[27] 잠재적인 강제집행 문제에 대한 대답 역시 플랫폼 기업들이 그들의 계약상 주장과는 반대로 종종 사용자 기능을 행사하는 데 계속 관여하고 있다는 점을 인정하는 것에 있다. 그래서 '연대채무(Joint and several liability)'** 법리에 따라 노동자는 자신의 사용자들 중 한 명을 선택해서 채무 전액을 청구할 수 있고, 연대채무자들끼리 그들 사이의 비율로 나중에 각자 정산할 수 있도록 하면 된다.

우리는 다음 장에서 플랫폼 기업들과 이용자들 그리고 심지어 노동자 자신에게까지 사용자 책임을 부과하는 방식에 경제적으로나 정치적으로 도움이 되는 더 광범위한 유인이 있다는 점을 살펴볼 것

** 여러 사람의 채무자가 각각 독립해 채무 전부를 변제할 의무를 가지며, 그들 가운데 한 사람이 채무를 이행하면 다른 채무자의 채무도 소멸하는 다수 당사자의 채무를 말한다.

이다. 당분간은 한 명 또는 심지어 복수의 사용자들을 식별하는 기능적 접근 방식의 많은 요소들이 이미 전 세계 나라들에서 인정되었다는 점에 유의해야 한다. 예를 들어, 프랑스 법원은 여러 당사자가 주요 사용자 기능의 행사에 밀접하게 관여하게 되었을 때 '공동사용자(Co-employer)' 책임을 지웠고,[28] 유럽연합(EU) 법원도 이와 유사하게 사용자의 개념을 폭넓게 해석할 의사가 있음을 시사했다.[29] 미국에서는 공동사용자(Joint employer) 지위가 1938년 이후 공정근로기준법(FLSA)의 일부가 되었다.[30] 영국에서도 보통법(The common law)이 복수의 사용자에게 책임을 지우기 위해 유사하게 발전했다.[31]

따라서 주문형 경제에서 사용자 책임에 대한 질문은 언뜻 보이는 것보다는 훨씬 덜 까다롭다. 단순히 계약상의 주장만으로는 노무 수행자들을 근로자로 적절하게 분류하는 것을 부인하기에 결코 충분하지 않다. 심지어 전통적인 사용자 기능을 복수의 당사자들이 행사하는 경우에도 사용자에 대한 기능적 개념을 활용하면 정확하고 일관성 있게 책임을 부과할 수 있다. 진정한 기업가로서 혜택을 누릴 수 없는 주문형 노동자는 노동법의 적용 범위 안으로 포함시켜야 공평한 경쟁의 장을 회복할 수 있다. 독립계약자와 그 고객들을 단순히 중개하는 것이 아니라 서비스를 공급하는 플랫폼 기업들이 그들의 주문형 노동자들에게 임금을 지불하고 보호해야 할 의무가 있는 사용자로 인정되기 때문이다.

최저선의 권리

주문형 플랫폼 기업을 사용자로 그리고 긱 노동자를 그들의 근로자로 분류하더라도 그것만으로 이전 장에서 확인한 모든 문제들이 해결되지는 않을 것이다. 그러나 그것은 위험할 정도로 긴 근로시간에서부터 차별적인 알고리즘에 이르기까지 긱 노동자들이 직면하고 있는 가장 긴급한 문제들 중 일부를 다루기 위해 중요한 첫 번째 단계다.[32]

노동과 소득의 예측 불가능성을 예로 들어 보자. 우리는 작업 할당과 가격에서부터 수수료 구조에 이르기까지 업무와 급여의 모든 요소를 플랫폼 기업들이 지속적으로 어떻게 변경하는지 보았다. 이것은 노동자들이 미리 계획을 세우기 매우 어렵게 만든다. 많은 노동법체계는 '사용자들이 그러한 변경을 의도할 때 고용 보호 규칙과 정보 제공, 협의, 공동 결정에 관한 규칙'을 통해 계약을 변경할 수 있는 사용자들의 힘을 제한하고 노동자의 이익에 반하는 경영상의 특권을 상쇄시킨다.[33] 아니면, 아마존이 일부 M터크 노동자에게 아마존 웹 사이트 안에서만 쓸 수 있는 상품권으로 지급하는 관행을 다시 생각해 보자. 비슷한 모델은 중세 시대에도 있었다. 하지만 이른바 트럭Truck 제도***는 곧 극도로 폭력적인 것으로 인정받아 1464년에 이미 영국에서 불법이 되었다.[34]

재무적인 관점에서 본다면 근로자로 분류하는 것의 1차적인 결

*** 임금의 전부 또는 일부를 화폐가 아니라 그 기업의 생산물로 지급하는 제도

과는 최저임금과 실비정산에 대한 권리가 될 것이다.[35] 많은 플랫폼 기업들은 설령 노무 수행자를 근로자로 분류한다고 하더라도 어느 한 개인이 그들의 특정한 서비스에 얼마나 많은 시간을 실제로 할애했는지를 판단하는 것은 불가능하다고 주장하며 현지 최저임금법의 준수에 오랫동안 저항해 왔다. 예를 들어, 운전자는 승객을 찾기 위해 각각 다른 스마트폰으로 우버의 앱과 리프트의 앱을 둘 다 열거나 공항에서 승객을 태우려고 줄을 서서 대기하면서 스마트폰으로 파이버에서 마이크로 태스크를 처리할 수도 있다는 것이다.

근로시간 측정

해리스와 크루거는 긱 경제 근로시간을 측정하기 어렵다는 견해를 강력하게 지지하고 있다.[36] 실제로 '근로시간의 측정 불가능성'은 주문형 노동자에게 기존의 노동법을 적용할 수 없다는 그들의 주장에서 중심에 있다.

> 독립노동자들에게 있어서 일(Work)과 일이 아닌 것(Nonwork) 사이의 경계는 대체로 확정할 수가 없다. 온라인 긱 경제의 노동자는 중개자들의 앱을 하나 또는 그 이상 켜 놓고 그동안 주로 개인적인 일을 할 수도 있다. 이러한 시간을 근로시간으로 계산하게 되면 '일'의 합리적인 정의가 지나치게 넓어질 것이다. 일을 찾기 위해 대기하면서 노동자들이 보내는 시간은 개념적으로 특정 사용자에게 배분될 수 없다.[37]

그러나 자세히 들여다보면 이들의 주장은 금세 무너진다.

우선 '측정 불가능성'에 관해서 얘기해 보자. 우버가 2015년에 발표한 우버 운전자 노동시장에 관한 논문을 공동으로 집필한 사람이 다른 사람도 아닌 아닌 크루거 교수 본인이었다. 거기에는 근로시간과 평균 시간당 임금에 대한 통계가 상세하게 실려 있다. 노무 수행자가 여러 플랫폼을 동시에 사용할 수 있다는 생각 역시 때때로 근거가 불확실하다. 일부 플랫폼 기업들의 알고리즘이 특정한 과업을 수락하지 않는 이들이나 여러 플랫폼에서 일하는 이들에게 제재를 가할 수 있다는 것을 기억해 보라. 작업 요청을 너무 많이 거절한 경우에는 단기적으로 비활성화시킬 수 있고, 작업의 빈도나 품질이 낮으면 알고리즘이 평점을 낮출 수 있다.

일거리를 찾느라 보낸 시간은 어떤가? 해 볼 만한 인간지능과업을 찾기 위해 터커들이 아마존의 게시판을 스크롤하는 것처럼, 운전자들도 다음 운행 건수를 찾아 거리를 돌아다녀야 한다. 특정한 고객을 위해 일하는 시간만큼 많은 시간을 일거리를 기다리며 보내는 경우도 많지만 그 시간에 대해서는 보수가 지급되지 않는다. 적어도 과업 수락을 거절할 때 제재를 가한다면 이러한 시간은 최저임금을 보장하는 근로시간으로 간주해야 한다. 주문형 노동자들은 그들이 실제로 일을 하고 있을 때만 플랫폼 기업의 경제적 이익을 증진시키는 것이 아니다. 그 사업 모델을 뒷받침하는 것은 언제든 이용할 수 있도록 대규모 노동력이 대기하고 있다는 바로 그 점이다.[38]

아슬람Aslam 대 우버 사건에서 문학적 감수성이 풍부한 그 판사는 동의를 표시하면서 밀턴Milton의 시 한 구절을 인용했다.

> [100]… 운전 서비스에 대한 수요가 발생하는 대로 부를 수 있는 운전자들의 풀을 유지하는 것이 우버의 사업에서 필수적이다. 우버가 제공하려는 훌륭한 '승객 경험'은 승객에게 가능한 한 빨리 운전자를 구해 줄 수 있는 능력에 달려 있다. 수요를 확실히 만족시키려면, 언제라도 승객을 태우고 갈 일부의 운전자와 그럴 수 있는 기회를 기다리는 또 다른 일부의 운전자들이 있어야 한다. 이용 가능한 상태에 있다는 점은 운전자가 우버에게 제공하는 서비스의 필수적인 부분이다. 또 다른 유명한 문학 작품에서 한 구절을 빌린다면:
> 서서 기다리기만 하는 자도 역시 섬기고 있는 것이다.****[39]

이와 같이 노동법은 주문형 노동자들이 직면하는 많은 문제들에 대응할 수 있다. 근로자 분류는 긱 경제의 함정에 빠진 개별 노동자들에게 중요하다. 하지만 그것이 만병통치약은 아니다. 플랫폼 기업들이 그들의 노동력의 사용자로 판명된 곳에서도 노동은 여전히 매우 단편적이고 불안정한 상태로 남아 있다. 레이첼 헌터Rachel Hunter와 공동으로 집필한 이전 저작에서 내가 주장했듯이, 기본적인 노동법의 기준은 긱 노동자들이 직면하는 최악의 문제들 가운데 일부를 극복할 것이다. 그러나 더욱 장기적으로 우리는 여전히 근본적인 노동시장의 문제들을 다루어야 한다. 낮은 수입에서부터 예측 불가능한 근무에 이르기까지 일을 많이 보장받지 못하기 때문에 생기는 문제들 말이다.[40]

**** 존 밀턴John Milton(1608–1674)이 쓴 소네트 19번 <On His Blindness>의 마지막 행

저울의 균형을 다시 맞추기

✲

유연성과 불안정성의 차이점은 무엇일까? 바로 협상력의 불평등이다. 긱 노동자들은 매우 이질적인 집단이다. 의뢰인들의 사건을 들고 매일 다른 법원으로 가는 변호사에서부터 변호사 사무실을 청소하기 위해 고용된 영시간 파견 노동자에 이르기까지 유연한 노동은 다양하다. 이 스펙트럼의 맨 꼭대기 부분(그리고 자신의 공강 시간에 딱 맞는 유연한 일자리를 찾는 학생들과 같은 특정한 집단)을 제외한 모든 곳에서, 나중에 일할 수 있는 자리가 보장되지 않는 상황은 종종 높은 수준의 불안정, 그래서 훨씬 더 많은 종속으로 이어질 것이다. 노동자들은 다음 일거리를 잃게 될까 봐 걱정하면서 사용자들의 모든 (알고리즘에 의한) 변덕에 맞추게 되는 것이다. 그것은 디지털 플랫폼을 통해 고용되든 '전통적인' 영시간 계약에 따라 일하든 상관없이 점점 더 많은 노동자들이 직면하고 있는 문제다.

노동법은 저울의 균형을 재조정함으로써 이 문제를 해결한다. 그러나 모든 노동자에게 적용되는 기본적인 노동기준은 그냥 말 그대로 기본적 기준이다. 안정된 장기 고용의 세계에서 발전해 온 것이기 때문에 간헐적 노동의 문제를 해결하기에 언제나 적합한 것은 아니다.[41] 더 장기적인 관점에서 개별 노동자에게 권한을 부여하겠다는 약속을 크라우드노동이 이행하도록 하기 위해서는 단순히 노동법의 적용 범위를 회복하는 것 이상이 필요하다. 우리는 유연한 노동의 세계에서 불평등한 협상력을 다루기 위한 구체적인 기준에 대해 생각할 필요가 있다.

이것을 앞서 비판한 것과 비슷한 새롭고, 독립적인 접근 방식이 필요하다는 뜻으로 오해해서는 안 된다. 오히려 나의 제안은 기존의 기준을 발전시키는 데 초점을 맞추고 있고, 그 기준들과 함께 작동되도록 명시적으로 설계되었다. 유럽연합의 노동법은 우리에게 흥미로운 청사진을 제공한다. 수년간 유럽연합은 (예를 들면 사용자의 파산과 같은) 특정한 상황에 처해 있거나 (예를 들면 임시 파견직이나 기간제, 단시간 근로계약 같이) 새로 나타나는 고용 형태로 고용된 사람들이 직면하는 노동시장 문제에 그 집단이 겪게 되는 특정한 문제를 겨냥하는 기준들을 개발함으로써 대응해 왔기 때문이다. 그러나 그 결과물로 만들어지는 지침(Directives)은 국내법(National laws)을 대체하기 위한 것이 아니라 기존의 국내적 규범들을 보완하여 추가적인 보호를 제공하기 위한 것이었다.

이러한 정신에서 플랫폼 기반 노동의 세 가지 측면을 정책 결정자들의 관심사 맨 앞에 놓아야 한다. 주문형 근로시간의 예측 불가능성, 작업 할당과 임금 결정에 있어 알고리즘의 중심적 역할에서 비롯되는 자물쇠 효과(Lock-in effect)***** 그리고 자신들의 이익을 대변할 집단적 대표체를 구성하려는 노동자들이 겪게 되는 어려움들이 바로 그

***** 기존 제품을 사용하던 소비자가 더 좋은 신제품이 나오더라도 계속해서 기존 재화나 서비스를 이용하는 효과를 가리킨다.

것이다.

언제 일할지 선택할 수 있는 자유는 주문형 경제의 중요한 매력 중 하나다. 그러나 우리는 현실에서 플랫폼 기업들이 고객 수요 저점의 위험을 노동자들에게 직접 전가함에 따라 어떻게 유연성이 빠르게 일방적인 것으로 될 수 있는지 보아 왔다.

그 결과는 유연성이 아니라 불안정성이다. 빌 클린턴 행정부에서 노동부 장관이었고 현재는 버클리대학 교수인 로버트 라이시Robert Reich는 이것을 '부스러기를 나눠 갖는 경제(The share-the-scraps economy)' 라고 불렀다.

> 주문형 노동의 옹호자들은 그 유연성을 강조한다. 노동자들은 언제든 자신이 원하는 시간에 들어와서 자신의 일정에 따라 일하고 자신의 달력에 있는 한가한 시간을 채울 수 있다. 그러나 그들 중 얼마나 많은 사람이 근로시간이 규칙적이고 보수가 좋은 직업을 가진 사람보다 더 행복하겠는가? 중위임금(Median wage)이 30년 동안 정체되어 있고 거의 모든 경제적 이득이 최상류층에게 가는 경제에서는 약간의 추가적 소득을 벌 수 있는 기회가 대단히 매력적으로 보일 수도 있다.[42]

그러나 그것은 '큰 기회를 만들어 주지 않는다. 그것은 단지 그것조차 없었다면 거의 모든 노동자들이 얼마나 나쁜 대우를 받았을지를 보여 줄 뿐이다.'[43]

예측 불가능성 문제에 대한 한 가지 해결책으로 유럽 대륙의 여러 국가들이 채택한 방식은 사용자가 최소 근로시간을 보장하도록 법으로 규정하는 것이다. 사용자들은 매주 또는 매달의 소정 근로시간을 노동자들에게 보장(하고 임금을 지불)해야 한다. 이러한 방식의 다른 변형은 일정 기간이 지난 후에 노동자들에게 소정 근로시간을 요구할 권리를 주는 것이다. 조짐이 좋은 출발이긴 하지만 상당히 중요한 문제점이 있다. 예를 들어 약속된 근로시간의 수는 매우 적을 수 있고, 고정된 통상적 근로시간을 요구할 권리에는 수습기간의 조건이 붙는 경향이 있는데, 그것은 그 기준선을 넘기기 직전에 고용 관계를 종료함으로써 쉽게 회피할 수 있다.

긱 노동 탄력요금제

시장에 기반한 메커니즘은 사용자의 (회피 인센티브를 만들어 내는 것이 아니라) 경제적 유인을 형성하는 데 더 유망할 수 있다. 노동법상 기준은 노동자의 자유를 유지해야 하는 동시에 유연성이 정말로 선택 사항이 될 수 있도록 보장해야 한다. 이를 달성하기 위해 최저임금의 체계를 계층화함으로써 미래의 일거리를 예측할 수 없는 위험을 값으로 매겨서 임금 책정에 반영해야 한다. 그것을 '긱 노동 탄력요금제(Surge price)'라고 생각해 보자. 만약 사용자가 자신의 노동자들에게 상당한 사전 통지와 함께 일정한 근무를 보장하지 않는다면, 그는 지배적 임금률의 몇 퍼센트를 더 지불해야 할 것이다.

호주는 그러한 형태의 '임시직 추가수당(Casual loading)' 시스템을 오랫동안 시행해 오고 있다.[44] 호주 정부 공정근로옴부즈맨[Fair Work

Ombudsman(FWO)]******의 설명에 따르면 '임시직 근로자들은 동등한 전일제 또는 단시간 근로자들보다 더 높은 시간당 급여를 받을 권리가 있다.'[45] 소매업에서의 임시직 추가수당과 관련된 예시 조항에는 '임시직 근로자는 전일제 근로자에게 지급해야 하는 시간급과 이에 더해 전일자 근로자의 통상적인 시간급의 25%를 추가적으로 지급 받는다'고 명시되어 있다.[46]

호주의 문헌에는 임시직 추가수당이 왜 처음 도입되었는가에 대한 약간의 논쟁이 있다. 어떤 사람들은 '임시직 근로자들이 다양한 복리후생을 포기해야 하는 것에 대한 보상'이 핵심 목적이었다고 주장하는 반면, 다른 사람들은 "산업과 작업의 특성으로 인해 '생계부양자(breadwinner)'가 될 수 없었던 노동자를 위한 보충적 임금"을 제공하는 것[47]이라든가 '근로자의 규범적 개념이 도전받지 않도록 억제책' 역할을 하는 것[48]에 이르기까지 광범위한 동기를 제시한다. 물론 현실에서는 이러한 목적들이 종종 중첩될 것이다.

실제로 만약 적절한 수준에서 설정된다면, 유연한 노동에 대한 특별보상(Uplift)은 근로자가 더 위험한 일을 떠맡은 것에 대해 보상하는 역할과 유연한 노동을 이용할 경영상 유인이 정말로 있을 때에만 사용자들이 소정 근로시간을 보장하지 않도록 지도하는 역할 두 가지

****** 호주의 고용노동부와 같은 정부 기관으로서, 사용자와 근로자 간 분쟁을 조정하고 도급업체 등 노무 제공계약 당사자들이 호주의 노동법을 이해하고 준수하도록 각종 정보 및 조언을 제공하고, 근로 환경을 조사하며 근로기준법 등 각종 법령을 준수하도록 집행하는 기관

모두를 이상적으로 수행할 것이다.

'긱 노동 탄력요금제'는 경제 이론으로도 설명할 수 있다. 단시간 근로자는 (임금 이외에) 부가적 복지 혜택을 거의 받을 수 없기 때문에 그러한 점을 보상받을 필요가 있다. 또한 그들이 최대 수요 기간 동안 배치되는 경우에는 정규직 직원보다 시간당 생산성이 더 높다.[49] 그러므로 내가 제안하는 특별보상은 낮은 수요의 위험을 노동자들에게 떠넘길 수 있는 사용자들이 유연한 노동을 통해서 얻는 비용 절감 혜택의 일부를 반영하고 그에 상응하는 불안감을 노동자에게 보상할 것이다. 더 장기적으로 그것은 사용자들이 안정된 고용 관계로 이동하도록 동기를 부여할 텐데, 예측 가능한 핵심 수요는 정규직 노동자에 의해 더 저렴하게 충족될 수 있기 때문이다.[50]

물론 임시직 노동에 대한 차별화된 (최저)임금의 실행은 많은 기술적 과제를 제기할 것이다. 이를테면 '임시직 노동(Casual work)'을 어떻게 정의해야 하는가? 차등임금률의 종류가 빠르게 늘어나는 세상에서 노동자는 자신의 자격이 어디에 해당하는지 어떻게 알 수 있을까? 그리고 정규직 노동자들이 같은 일을 하면서도 임금을 더 적게 받는 것은 불공평하거나 심지어 차별적이지 않을까? 그러나 더 큰 노동법 체계에서는 이러한 도전들 중 어느 것도 극복하는 것이 불가능하지 않을 것이다.

예를 들자면 광범위한 범위를 보장하기 위해 매달 고정적인 근로시간을 보장받지 못하는 사람을 위한 잔여적殘餘的 범주로 임시직 노동을 설정할 수 있다. 복수의 임금률이라는 관점에서 추가수당(Loading)은 (비록 초기의 영향력은 가장 저임금 부문에서 가장 두드러질 수 있겠지만) 최저임금 일자리에만 적용되는 것이 아니라는 점을 기억하라. 아무튼 많은 나라들은 이미 복수의 (최저)임금률을 사용하고 있다. 예를 들면 연령대별로 구분하는 경우가 그렇다. 일한 시간과 기본적 임금률을 사용자가 각 급여명세서에 인쇄해서 교부하도록 법적으로 의무화하는 것도 근로자들이 자신이 임금을 제대로 지급 받았는지 쉽게 알 수 있도록 해 줄 것이다. 그리고 평등한 대우에 관해서는 소득을 단순히 노동의 현물 가격(Spot price) 이상으로 생각하는 것이 중요하다. 안정감을 느끼는 것 즉, 다음 달에도 청구서를 지불할 수 있으리라는 것을 아는 것이 종종 임금의 액수만큼이나 중요하다는 것이다. 임시직 노동자들에게는 이러한 소득 안정성이 없다. 그것은 더 높은 시간당 소득을 정당화한다. 모든 의미에서 위험은 임금률로 값이 매겨질 것이다.[51)]

동시에 임시직 노동을 위한 차등임금률을 채택하기 전에 신중히 생각해야 할 더욱 심각한 다른 우려를 강조해야겠다. 경제학자들이 꼭 상기시켜 주는 것처럼 경제적 유인이 중요하다. 즉, 사용자들이 임시직에 지나치게 의존하는 것을 단념하도록 만드는 동시에 정규직 근로자들이 임시직으로 (위장) 재분류되는 것에 유혹되지 않도록 하려면 추가수당의 임금률을 적절히 정해야 한다는 것이다.

더욱 중요한 것은 차등임금률이 노동자들의 권리를 매수하는 방법이 되어서는 안 된다는 점이다. 노동은 상품이 아니다. 노동법을 적용받을 수 있는 자격도 상품이 아니다. 부당해고에 관한 노동자들의 권리를 사용자들이 주식으로 매수할 수 있는 메커니즘을 영국 정부가 2012년에 도입하려고 시도했던 것은 냉혹한 경고를 제공한다. 판닉 경Lord Pannick이 지적한 것처럼 노동법상의 권리는 거래될 수 없다. 바로 '근로자와 사용자 사이의 불평등한 협상력은 계약의 자유가 근로자를 보호하기에 상당히 불충분하다는 것을 의미하기 때문이다.'[52] 심지어 마거릿 대처Margaret Thatcher 총리 시절 고용부 장관이었던 킹 경Lord King 역시 그러한 어떠한 상품화도 '정말 대단히 수상쩍은 일부 사용자들에 의해' 쉽게 악용될 수 있다고 동의했다.[53]

특히 호주의 경험은 임시직 추가수당이 노동자들의 권리를 '깡(Cashing out)'하는 방법이 될 수 있는 위험성을 보여 준다. 비판하는 사람들은 이러한 위험을 강조해 왔다.

> 임시직 추가수당의 개념은 기본적인 권리들이 절충될 수 있음을 인정하는 것이다. 이는 다시 임시직 노동 상품화의 개념을 강화한다. 추가수당 그 자체로는 잃어버린 것을 완전히 보상하기에 충분하지 않다. 임시직 노동자들은 경력이 쌓여도 분류 척도에서 올라갈 가능성이 낮다. 훈련이나 경력 또는 기술 개발 등에 접근할 수 있을 가능성도 낮다.[54]

만약 유연한 노동에 더 높은 임금률을 적용하는 것이 근로자와 사용자 사이의 협상력을 재조정하려는 근본적인 목표를 달성하려면 기본적 권리들을 매수하는 메커니즘이 아니라 유연성이 불러올 수 있는 불안정성을 보상하는 메커니즘으로 설계되어야 한다.

마지막으로, 계층화된 임금 지급만을 인센티브 주도의 메커니즘으로 유일하게 고려해야 하는 것은 아니다. 덜 극적이긴 하겠지만 그래도 근본적으로는 인센티브에 기반을 둔 또 다른 접근 방식을 최근의 폴란드의 최저임금법 개정에서 찾을 수 있다. 2016년 현재 거의 모든 노동은 고용 관계로 계약을 맺었는지 아니면 용역 계약을 체결했는지에 관계없이 동일한 최저임금(또는 가격)의 적용을 받는다.[55] 사용자들이 독립적인 계약을 '남용'하지 못하도록 저지하기 위해 고안된 이러한 변화는 여러 법적 범주 사이에서 경기장을 평평하게 만든다.

이런 맥락에서 임시직화(casualization)는 종종 차등적 임금 수준뿐만 아니라 세금과 사회보장제도에 의해 창출되는 재무적 인센티브에 의해 추진된다는 사실도 꼭 기억해야 한다. 난해한 공공재정 설계 문제를 여기서 파고들지는 않겠지만 내가 옥스퍼드대학 동료 교수인 아비 아담스, 주디스 프리드먼과 함께 다른 곳에서 주장했던 것처럼 근본적인 재정 인센티브들의 균형이 맞지 않는다면 노동법에만 초점을 맞춘 해결책으로는 호응을 얻지 못할 것이다.[56]

휴대 가능한 평점

현재의 노동기준이 다루지 못하는 또 다른 문제는 알고리즘에 의한 등급 평가가 노동자들을 특정한 플랫폼에 묶어 놓는 힘이다. 더 나은 일과 더 높은 급여가 평점이 높은 노동자들에게만 제한되는 한, 개인들은 자신들의 크라우드노동 포트폴리오를 다양화하기 위해 애쓸 것이고 결국 한 회사의 생태계에 묶이게 될 것이기 때문이다. 노동자가 어떤 플랫폼에서 다른 플랫폼으로 옮길 때 들고 갈 수 있는 휴대 가능한(Portable) 평점 시스템은 노동자들이 불만사항을 계속 제기하고 더 나은 조건을 위해 협상하거나 다른 플랫폼으로 이동할 수 있도록 힘을 실어 줄 것이다. 유럽연합의 법은 그러한 시스템이 어떻게 설계될 수 있는지에 관해 몇 가지 흥미로운 요점을 제공한다.

안드레이 슐라이퍼Andrei Shleifer와 로렌스 서머스Lawrence Summers는 1988년의 유명한 논문에서 적대적 인수합병이 현 경영진과 근로자들 사이의 신뢰를 깨뜨림으로써 가치를 빼앗아 간다고 주장했다. 노동자들은 경제적 이득에 대한 공정한 몫을 자신들이 받게 되리라는 암묵적 합의를 믿고 기업특수적 인적자본(Firm-specific human capital)에 장기적으로 투자하는 것인데 적대적 인수합병은 새로운 주주들이 이것을 장악할 수 있게 해 준다는 것이다.[57] 플랫폼 기업들의 평가 메커니즘은 노동자들을 유사한 위험에 노출시킨다. 즉, 플랫폼 기업의 사업 모델이 변경되거나 이용자가 비활성화되면 공들여 쌓은 평점은 하룻밤 사이에 가치가 없어질 수 있다. 기업 인수로 인해 노동자가 입을 수 있는 피해에 대한 우려에 대응하기 위해 1970년대에 유럽연합은 기업 인수를 하는 동안 노동자를 보호하기 위한 입법을 도입했다. 사업 이전이 이루어지더라도 고용조건은 변경되지 않고, 노동자들이 취득한 권리는 한 사용자로부터 다음 사용자로 이전한다는 내용이었다.[58]

시스템 설계 측면에서는 2016년 4월에 채택된 유럽연합 개인정보보호법(GDPR)*******이 여기에 도움이 되는 출발점이 될 수 있을 것이다. 이 법의 주요한 소비자 보호 요소 중 하나는 이른바 데이터 이동성(Data portability)이다. 이것은 개인이 '자신에 관한 개인 정보를 일반적으로 사용되는 구조화되고 기계적으로 판독이 가능한 형식으로 받을 수 있는 권리'를 가리키는데, 여기에는 '개인 정보를 제공받았던 개인정보 처리자로부터 방해받지 않고 그 정보를 다른 개인 정보 처리자에게로 전송할 수 있는 권리'가 포함된다.[59] 휴대 가능한 평점도 표준화된 계량적 지표를 가지고 이와 유사한 방식으로 운영될 수 있을 것이다. 노동자의 경험과 고객 친화성, 작업의 품질에 대해 설명해 주는 그 지표에는 운전이나 DIY 가구 조립 같은 과업 특정적(Task-specific) 기술을 고려하는 평가도 추가적으로 포함될 것이다. 여러 스타트업 기업들이 곧 등장해 '평점 여권(Rating passport)'과 그 비슷한 제품들을 노동자들과 플랫폼 기업들에 비슷하게 제공할 것이다.

일단 평점이 각 개별 노동자들의 개인적 재산이 되어 여러 다른 플랫폼 기업 간에 자유롭게 양도될 수 있게 되면 주문형 경제 노동은 플랫폼 기업들이 약속한 자기 결정, 독립성 그리고 자유로운 선택에 훨씬 더 가까워질 것이다. 조건이 바뀌거나 더 나은 조건을 위한 플랫폼 기업과의 협상이 결렬되면, 크라우드노동자들은 자유롭게 다른 플

******* 일반 데이터 보호 규칙General Data Protection Regulation

랫폼으로 옮겨 갈 수 있을 것이기 때문이다. 그 결과로 생기는 여러 플랫폼 사이의 이동성(Mobility)은 노동자들 자신에게만 이익이 되는 것이 아니다. 케임브리지대학의 사이먼 디킨은 근로자들의 경쟁의 자유가 혁신과 경제 발전에 강하게 연관되어 있다는 압도적인 경험적 증거를 지적했다.[60]

한 가지 더, 장점뿐만 아니라 잠재적인 단점도 고려해야 한다. 예를 들어, 만약 어떤 노동자가 새로운 플랫폼 기업에서 백지 상태로 새 출발 하려고 한다면 어떨까? 그가 이전의 평점을 포기하겠다고 결정할 수 있을까? 하는 것이다. 우리는 또한 노동자들이 부당하다고 인식하는 평점에 이의를 제기할 수 있도록 하는 메커니즘을 만들 필요가 있을 것이다. 그리고 휴대 가능한 평점이 알고리즘에 의한 차별의 문제를 고착시키지 않도록 그것을 다룰 강력한 메커니즘을 작동시킬 필요도 있을 것이다. 마지막으로, 휴대 가능한 평점은 여러 플랫폼 기업들에 대한 노동자들의 협상력을 향상시키기 때문에 다른 사업자를 자유롭게 넘나들 수 있는 기업가로서의 자유가 발생하게 되는데 이것은 결국 독립계약자 지위의 방향을 가리키게 될 수 있다는 점 역시 주의해야 한다.

단체행동

저울의 균형을 다시 맞추기 위해서 필요한 세 번째의 그리고 아마도 가장 두드러진 발전은 노동자들의 이익을 대변하는 효과적이고 집단적인 대표체다. 지금으로서는 노동조합을 조직하려는 노력은 논리적으로 어렵고 법적으로 문제가 될 수 있다. 긱 경제 노동의 단편화가 노동조합 조직자들에게 심각한 도전이기 때문이다. 그 전후로 노동자들이 모여 자신들의 불만을 토로할 정기적인 근무, 이해관계를 공유하는 노동자들의 지리적 근접성 그리고 단결된 노동자들이라는 동질감은 사라졌다.

런던의 택시 운전사들은 런던 거리에 흩어져 있는 그들의 유명한 작은 찻집들에 모일 수 있는 반면에, 승차공유 운전자들은 점점 더 드물어지는 개방된 주차장에 숨어 있어야 하며 종종 쉴 곳을 찾거나 심지어 화장실을 가기 위해 고생한다.[61]

대부분의 국가들은 노동조합 조직자들에게 그들의 활동을 위한 유급 근로시간면제(Time off)를 부여하고 사용자의 보복으로부터 그들을 보호한다. 이것은 노동자들의 관심사를 대표해 분명한 목소리를 내는 것의 가치를 사용자와 입법자들도 인정하기 때문이다. 그러나 주문형 경제 노동자들은 동료들을 조직하기 위해 자신의 시간과 자원을 이용해야 하며, 보복 당해서 자신들의 플랫폼에서 비활성화되기 쉽다.[62] 심지어 성공하더라도 주문형 노조는 반독점이나 경쟁법에 위배될 수 있다. 진정한 독립적 기업가들로 이루어진 단체는 함께 모여서 그들의 지배적인 지위를 이용해 가격을 정하고 거래조건을 협상하는 것이 일반적으로 허용되지 않기 때문이다.[63]

영국독립노동조합(IWGB)********과 같이 긱 경제 노동자들을 조직하는 일에 적극적으로 관여하는 새로운 노동조합들이 나타나면서, 각 지역의 정책들은 이미 이러한 장애물들 중 일부를 극복하기 시작했다.[64] 긱 경제 노동자들이 스마트폰과 컴퓨터에 크게 의존하고 있기 때문에 노동조합 조직화도 갈수록 더 인터넷과 통신 앱상에서 이루어지고 있다. 그 결과는 때때로 역사 속에 나오는 노동조합의 단체행동과 유사하다. 예를 들어, 딜리버루 배달원들이 우리가 3장에서 보았던 기본급 임금의 급격한 변화에 항의하려고 했을 때 그들은 페이스북이나 왓츠앱WhatsApp과 같은 SNS를 통해 동료들을 규합하고 딜리버루의 런던 본사 앞 시위를 조직했다.

정치적 운동은 또한 현지화된 법적 보호로 이어졌다. 호주에서는 뉴사우스웨일즈주 노동조합(Unions NSW)********의 합동 캠페인이 긱 경제 플랫폼 기업인 에어태스커와의 세부적인 협약으로 이어졌는데, 그 내용에는 최저임금 이상의 임금률과 독립적 분쟁 해결 메커니즘에 대한 요구가 포함됐다.[65] 2015년 12월에 미국 시애틀 시의회는 만장일치로 시애틀시의 운전자들에게 '일자리에 대한 목소리와 그들의 회사에서의 근로조건 개선을 위한 협상 기회'를 부여하는 조례를 제정했다.[66] 이에 대해 마이크 오브라이언Mike O'Brien 시의원은 다음과 같이 설명했다.

******** The Independent Workers Union of Great Britain

******** Unions New South Wales

우리는 시애틀 운전자들이 최저임금 이하의 임금을 받는다고 들었는데, 우버와 같은 회사들은 그들의 우려를 무시했다. 이 조례안은 운전자들이 생계비를 벌기 위해 일하는 과정에서 얼마나 힘이 없는지 목격한 후에야 필요에 의해 발의되었다.[67]

2016년에 프랑스 노동법(Code du Travail) 역시 이와 유사하게 긱 경제 플랫폼 기업들에 관하여 기본적인 집단적 노동권의 보호를 보장하도록 개정되었다.[68]

다른 노력들은 특정 플랫폼에서 노동자들이 직면하는 문제들에 대한 기발한 해결책으로 이어졌다. 정직하지 않게 악용하는 고객들에 대해 아마존 M터크 노동자들이 쉽게 피드백을 제공할 방법이 없다는 것을 알게 되자, 릴리 이라니와 식스 실버맨은 노동자들의 브라우저에 설치할 피드백 소프트웨어를 개발했다.

터크옵티콘TurkOpticon은 작업 설명의 정확성에서부터 결제의 신속성에 이르는 요소들에 관해 터커들이 요청자들을 평가할 수 있도록 해 줌으로써 미래의 이용자들에게 신뢰할 수 없는 고객들을 차단하라고 경고한다.[69]

전통적인 노동조합들도 첨단 기술을 포용하기 위해 훨씬 더 많은 일을 해야 한다. 예를 들어 독일의 금속노조(IG Metall)는 '공정한 크라우드워크FairCrowdWork' 개설에 밀접하게 관여해 왔다. 이 웹 사이트는 노동자들이 여러 플랫폼 기업들의 작업조건, 지급률과 기본적인 법률적 조언에 대한 접근성을 평가하고 비교할 수 있도록 해 준다.[70] 미래에는 노동조합이나 노동자들로 구성된 단체들이 자신들의 플랫폼을 설립하거나 적절한 노동법상 기준에 따라 사업 모델을 설계하는 데 동의하는 긱 경제 사업자들을 위한 국제적 인증 기준을 개발할 수도 있을 것이다.[71]

개별 정책들의 성공에도 불구하고 조직 노동의 전반적인 문제들은 여전히 심각하다. 일단 주문형 경제 노동이 고용으로 제대로 분류되면 노동자들은 자신들을 조직하고 노동조합을 결성해 자신들의 거래조건에 관해 플랫폼 기업들과 직접 교섭할 수 있을 것이다. 만약 필요하다면 단체교섭권과 단체행동권의 도움을 받아서 말이다.

권리 vs 유연성?

*

노동법을 통한 보호에 찬성하기 위해 우리가 따져 봐야 할 마지막 주장이 있다. 많은 긱 경제 노동자들이 독립적인 계약으로 얻을 수 있는 유연성을 즐기기 때문에 노동법상의 권리를 실제로 원하지 않을 수도 있다는 것이다. 이 서사는 노동법이 노동자들의 이익에 완전히 해롭다고 주장한다. 왜냐하면 노동법은 갑질하는 직장 상사에게 시달리며 오전 9시에 출근해서 오후 5시까지 일하는 근무시간으로 우리가 돌아가도록 할 것이기 때문이다.

예를 들어, 고용심판소가 런던의 우버 운전자들에게 유리한 판결을 내리자 당시 그 회사의 지역 총지배인이었던 조 버트람Jo Bertram은 이렇게 언급했다.

> 런던에서 수만 명의 사람들이 우버와 함께 운전을 하는 이유는 바로 자기 스스로 상사가 되는 자영업자가 되고 싶기 때문이다. 우버 앱을 이용하는 운전자 중 압도적으로 많은 수는 원하는 시간과 장소에서 운전할 수 있는 자유와 유연성을 유지하기를 원한다.[72)]

이러한 주장은 우버가 운전자들을 대상으로 실시한 설문조사에서도 입증되었다. 76%가 '자신의 근로시간을 선택할 수 있는 유연성이 휴일급여와 최저임금 보장보다 더 중요하다'고 답한 것이다.[73)] 영국 딜리버루의 전무이사 댄 원Dan Warne도 하원의회 질문에 이와 유사하게 답했다.

> (만약 딜리버루의 배달원이) 자영업자가 아니었다면, 우리는 그들에게 지금, 심지어 1주일에 서른 시간에서 마흔 시간을 일하더라도, 제공하는 것과 같은 정도로 유연성을 제공할 수 없었을 것이다. 만일 우리가 그들을 근로자로 만들어야 한다면, 그 유연성을 제한해야 할 것이다. 우리는 그들이 유연성을 중요하게 생각한다는 것을 알고 있다. 만약 우리가 그들을 근로자로 만들어야 한다면, 우리는 기업으로서 우리가 제공하고 싶은 일부 혜택을 제공할 수 없게 된다.[74)]

영국 왕립인력개발원(CIPD)의 최근 연구는 이러한 가정된 반론이 긱 노동자들의 규제에 대한 태도에 어떻게 영향을 미치는지를 보여준다. 응답자의 절반 이상은 '긱 경제 기업들이 즉각적인 성장에 대한 규제가 없는 것을 악용하고 있다'는 데 동의했고, 거의 3분의 2는 '정부가 긱 경제를 규제해서 거기서 일하는 모든 사람들이 기본적인 수준의 권리와 혜택을 누릴 수 있도록 해야 한다'고 생각한다.[75] 반면, '긱 경제에서 일하는 사람들은 더 큰 유연성과 독립성을 위해 고용 안정과 노동자의 이익을 희생하기로 결정한다'고 동의한 응답자는 50%에 그쳤다.[76]

비슷한 결과가 전 세계에 걸친 연구들에서도 나타났다. CIPD 보고서의 관련 내용은 다음과 같다.

> 독립성과 안정성 사이의 이런 긴장은 3,000명의 미국 노동자들을 대상으로 컨설팅 회사인 PSB가 조사한 대규모 설문(2016년 1월 발간)에서도 뚜렷이 드러났다. 이것은 미국의 긱 경제 노동자들이 전통적 기업에서 일하는 안정성과 혜택을 선호하는지(41%), 주문형 경제의 독립성/유연성을 선호하는지(43%) 여부에 대해 의견이 갈린 것을 보여 주었다.[77]

그러나 노동법이 왠지 경직되고 유연성 없는 노동으로 이어진다는 주장은 한마디로 사실이 아니다. 근무 패턴과 예측 가능한 근무시간에 대한 **경영상 유인**이 있을 수도 있다. 그러나 사용자들이 노동자들에게 완전한 노동법상 권리뿐만 아니라 탄력적 근로시간제에서부터 간주 근로시간에 이르기까지 무제한 유연성을 부여하지 못하도록 법적으로 막는 것은 전혀 없다. 노동법상의 권리들이 본질적으로 유연성과 양립할 수 없다는 어떤 주장도 신화에 불과하다. 그리고 그것도 해로운 신화다.

회복된 책임

공유경제 플랫폼 기업들은 '법적으로 회색 지대에서 종종 운영되고 있고, 이러한 서비스를 둘러싼 규제의 공백 상태가 복잡한 법적 문제를 제기해 왔다'고 바네사 카츠Vanessa Katz는 주장했다.[78] 이것은 교통이나 용도 지역 지정과 같은 일부 전통적인 규제 영역에서는 사실일지도 모른다. 하지만 노동법 문제에 관해서라면 쟁점은 우리가 생각하는 것보다 더 분명하다.

이 장 전체를 통해 살펴본 내용은 공유경제를 이해하는 데 중심적이다. 즉, 여러 플랫폼 기업들이 어떤 이름표를 사용하든 간에 긱 경제에서의 노동은 단지 노동이고, 법에 의해 그렇게 취급되어야 한다는 것이다. 자신들의 근로자를 독립적인 기업가로 잘못 분류하려는 플랫폼 기업들의 계약상 시도를 간파하고 전통적인 사용자 기능의 행사에 따라 책임을 부과할 준비가 된 순간, 주문형 경제 노동에서 비롯되는 가장 긴급한 문제들 중 많은 부분을 해결할 수 있다. 여러 플랫폼 기업의 사업 모델들에 내재하는 불평등한 협상력에 대해서는 추가적인 표적 개입이 필요할 수도 있다. 그러나 의도하지 않은 결과에 주의하면서 신중하게 걸음을 내딛고 기존의 규범에 부합하면서도 보완적인 새로운 메커니즘을 설계하는 것이 중요하다.

노동법상의 책임을 회복시키는 것은 노동자들에게 어마어마한 이익을 가져다줄 것이고, 긱 경제의 장기적인 지속 가능성을 보장하는 열쇠가 될 것이다. 소비자와 납세자 그리고 심지어 플랫폼 기업 자신들조차 모든 사람들이 규칙에 따라 경기하는 시장으로부터 궁극적으로 이익을 얻을 것이다.

이러한 더 넓은 관점을 살펴보러 가 보자.

6
경기장을 평평하게 만들기

Levelling the Playing Field

✲ ✲ ✲

지금까지 논의의 초점은 노동이었다. 우리는 긱 경제 사업 모델의 중심에 주문형 군중이 있다는 것을 보았고, 기업가정신과 혁신에 대한 서로 대립하는 서사들을 탐구했으며, 긱 노동자의 노동법상 권리들을 회복하기 위한 해결책을 찾아보았다. 마지막 장에서, 우리는 한 걸음 뒤로 물러서서 일하는 군중 너머를 본다. 소비자들과 시장에게 주문형 경제는 어떤 의미를 가지는가?

당신은 자신이 우버를 위해 운전을 하거나, 태스크래빗을 통해서 청소를 하거나, 아마존 M터크에서 '인간지능과업'을 처리하여 부수입을 얻기 위해 많은 시간을 쓸 것이라고 생각하지 않을지도 모른다. 심지어 그들의 서비스를 이용할 일도 없을 것이라고 생각할 수도 있다. 그러나 주문형 서비스의 실제 비용을 소비자와 납세자로서 우리 모두가 책임지게 될 수도 있다는 것을 암시하는 경험적 증거가 점차 늘어나고 있다. 이것이 플랫폼 기업을 금지해야 한다는 뜻은 아니다. 긱 경제는 모든 사람들의 삶을 더 윤택하게 해 줄 수 있는 큰 잠재력을 가지고 있기는 하다. 그러나 그 목표를 달성하기 위해서는 구조적 불균형을 바로잡고 공정한 경쟁의 장을 마련해야 한다. 노동법을 그 근간으로 삼아서 말이다.

지금 소비하고… 값은 나중에 지불하시겠습니까?

*

2013년 1월에 《뉴요커》의 기자 퍼트리샤 마르크스Patricia Marx는 북클럽 다음 모임을 준비하느라 무척 애를 먹었다. 그는 꽃을 사고 케이크를 굽는 것에서부터 실제로 책을 읽고 토론 주제를 준비하는 것에 이르기까지 많은 부분을 다수의 주문형 플랫폼 기업에 아웃소싱하기로 결정했다. 그들은 빠르고 훌륭한 작업을 싼 가격에 해 주겠다고 약속하며 그를 유혹했다.

그는 심지어 자신의 최종적인 잡지 기사에서 아웃소싱의 역사를 설명하기 위한 다음 문단의 작성을 의뢰하는 데 98달러를 썼다.

> 그러나 22캐럿짜리 진정한 아웃소싱은 인터넷의 출현과 함께 일어났다. 전능하고, 다재다능한 숭배집단을 공급하는 헐리우드 영웅 슈퍼맨과 히맨He-man과 마찬가지로, 평민뿐만 아니라 제왕의 어디에나 있고 모든 것을 아는 도구로서 인터넷은 물론 일반인들이 1990년대 후반부터 현재까지 완벽한 아웃소싱의 시대를 열었다.[1)]

나는 내가 저 단락을 제대로 이해하는 건지 잘 모르겠다. 그리고 바로 그것이 요점이다. 우리가 주문형 경제에서 소비자로서 하는 거래는 우리가 약속받았던 것만큼 전혀 좋지 않을 수도 있다는 것이다. 낮은 가격과 그것을 가능하게 해 주는 낮은 노동 조건에는 대가가 따른다. 그리고 약속된 것보다 덜 매혹적인 것은 즉각적인 거래뿐만이 아니다. 일이 잘못될 때 플랫폼 기업은 종종 자신들의 노동자들에게 하는 것과 전혀 다르지 않게 고객을 대하며, 개입해서 책임을 지는 것을 거부한다.

거래를 무너뜨리기

플랫폼 기업의 약속은 아주 명확하다. 시장에서보다 훨씬 싼 가격으로 훌륭한 제품과 서비스를 제공한다는 것이다. 그러나 자세히 살펴보면 각 서비스의 품질이나 소비자에게 부과되는 실제 가격에 대한 문제가 드러나면서 이 거래는 빠르게 무너진다.[2)]

퍼트리샤 마르크스가 자신의 취재를 아웃소싱한 경험은 결코 특수한 사례가 아니다. 언론 기사와 온라인 게시판은 플랫폼 기업 서비스 대부분의 품질에 대한 우려로 가득 차 있다. ('보통 감자튀김이 약간 식어 있다'와 같은) 어떤 불만사항은 그냥 버릇없는 아이들의 문제라고 무시할 수 있을지 모르겠지만,[3)] 전체적인 취지는 분명하다. 플랫폼 기업들이 제품의 모든 요소를 엄격하게 통제하는데도 불구하고 공유경제 서비스의 품질은 기대보다 훨씬 떨어질 수 있다.

예를 들어, 아마존 M터크를 이용하는 연구자들은 설문조사 응답 결과의 품질이 낮아서 갈수록 어려움을 겪고 있다. 그래서 구체적인 품질 관리 문항을 포함하는 설문지가 점점 늘어나고 있다. 예를 들면,

참여자들에게 '당신이 주의를 기울이고 있음을 보여 주기 위해 아래의 세 번째 보기를 선택하라'고 요구하는 것이다. 그 보기는 말이 안 되는 것일 수 있더라도 말이다. 카네기멜론대학 연구팀이 수행한 좀 더 복잡한 품질 연구에 따르면 조사 대상자의 거의 40%는 양심적으로 조사에 응답하지 않았다. 그 결과는 경험 많은 M터커 스팸걸spamgirl에게는 전혀 놀라운 일이 아니었다.

> 물론 1달러를 지불하면 작업이 완료되지만, 그 작업은 '봇(자동 응답 시스템)'을 이용하는 사기꾼이나 (영어가 모국어가 아니기 때문에) 작업 지시를 제대로 이해하지 못하는 사람들, 또는 자기가 하는 작업의 품질에 신경을 쓰지 않는 사람들이 수행할 것이다.[4]

우려는 제품의 품질에 대한 불평으로만 끝나지 않는다. 때때로 소비자들은 훨씬 더 심각한 문제에 직면한다. 승차공유 승객들은 자신들의 성적 지향 때문에 학대를 당했다고 보고해 왔다. 미국에서의 연구에 따르면 아프리카계 미국인처럼 들리는 이름을 가진 승객들은 운송 플랫폼 기업으로부터 차별을 겪는다. 호주에서는 장애차별위원이었던 그레임 이네스Graeme Innes가 자신의 안내견과 함께 나타나자 승차가 취소되었는데, 더구나 취소 위약금까지 부과되었다. 미국 시각장애인연합회가 시각장애인 승객과 안내견에 대한 불법적 차별을 이유로 우버를 고소했을 때 우버는 운전자들 탓으로 돌렸고 거의 25만 달러를 주고 신속하게 합의했다. 아무런 법적 책임도 인정하지 않은 채 말이다.[5]

특히 승차 서비스는 고객을 신체적 위험에 노출시킬 수도 있다. 미국 택시업계의 로비단체인 TLPA(Taxicab, Limousine & Paratransit Association)는 그 단체의 웹 사이트에 승차공유 서비스에서 발생했다는 혐의를 받고 있는 사고들의 목록을 길게 게시하고 있는데 여기에는 '사망, 폭행, 성폭행, 납치, 사기, 음주운전과 그 밖의 사고'가 포함되어 있다.[6] TLPA는 플랫폼 기업들의 (때로는 승객들에게 운임 이외에 그에 대한 비용을 따로 부과하기도 하는) 운전자 신원 조회 절차가 부적절하게 느슨하다고 거듭해서 비판해 왔다.

주문형 서비스의 실제 비용

심지어 큰 사건 없이 주문형 플랫폼 기업과의 상호작용이 끝나는 대다수 소비자나 고객 서비스 문제가 종종 발생하더라도 가성비 면에서는 괜찮다고 보는 소비자라고 하더라도 그들이 예상하고 거래한 것을 받지 못할 수 있다. 플랫폼 기업들은 합리적 가격으로 책정된 선택이라고 의도적으로 표현하지만, 그것도 사실이 아닌 것으로 드러날지 모른다는 것이다.

어떤 플랫폼 기업은 완전히 자동화된 결제 과정에서 추가되는 수수료와 가격 인상을 고객이 눈치채지 못하기를 바라며 처음에는 '예상 가격'을 낮게 표시한다. 음식배달 서비스 플랫폼 기업 포스트메이츠는 이렇게 처음 견적보다 훨씬 더 많은 배달료를 청구하는 꼼수로 여러 차례 비난을 받았다.[7] 가격은 계속해서 오를 것이다. 플랫폼 기업이 시장 점유율을 확보하기 위해 상품권이나 할인, 그 밖의 손해를 감수하는 가격 전략들을 종종 어떻게 사용하는지 1장에서 살펴보았다. 이것은 지속할 수 없는 전략이다. 그리고 플랫폼 기업이 일단 그 시장의 대부분을 장악하고 나면 불필요한 전략이다.

또 다른 흔한 전략은 우버의 탄력요금제 모델과 같은 변동요율제를 이용하는 것이다. 2014년 말에 총기를 든 괴한이 시드니 시내에서 18명의 인질을 잡고 있을 때, 이 지역에서 탈출하기 위해 우버 자동차를 이용하려던 사람들 모두는 앱에 접속하자마자 발랄한 메시지를 확인했다. '수요가 엄청나네요!' 그리고 안전을 위한 승차에는 최소 100 호주달러가 청구되었다. 그렇게 극단적인 상황까지는 아니더라도 수요가 증가하면 가격을 더 올리도록 설계된 알고리즘은 이미 광고된 수준을 훨씬 넘어서는 주문형 서비스의 비용을 더욱 증가시킬 것이다. 그리고 여러분은 심지어 그것에 대해 들어 본 적조차 없을지도 모른다. 최근에 우버는 급증하는 할증료 대신 '선불' 가격 견적을 실험하기 시작했는데, 이것은 일단 언론의 관심이 진정되고 나면 이전에 광고했던 요금 인하를 종종 조심스럽게 철회하는 것과 같은 방식이다. 더욱 걱정스럽게도 당시 우버의 경제 연구 책임자였던 키스 첸Keith Chen은 NPR 인터뷰에서 우버는 사용자들의 스마트폰 배터리 수준을 모니터할 수 있으며, 배터리 잔량이 적게 남은 사람들은 치솟는 가격을 더 기꺼이 받아들일 것이라고 밝혔다.[8)]

심지어 소비자가 주문형 플랫폼 기업과 거래하고 나서 한참 지난 후에도 가격이 오를 수 있다. 예를 들면 태스크래빗의 약관 하에서는 이런 경우가 생긴다.

> 모든 고객은 태스크래빗과 그 계열사를 초과근무 수당, 질병 수당, 휴일 또는 휴가급여, 퇴직 수당, 노동자의 보상 수당, 실업 수당에 대한 모든 청구 또는 기타 직원 수당에 대한 모든 청구뿐만 아니라 고용 종료, 고용 차별, 괴롭힘 또는 보복과 같이 노동 관련 법률에 따라 혹은 이와 관련해 발생하는 모든 청구, 책임 및 상당한 비용으로부터 면제하는 데 동의한다.[9]

달리 말하자면, '만약 우리의 태스커가 결국 근로자라는 것이 밝혀진다면, 우리는 당신에게 돌아와서 우리에게 부과된 모든 벌금뿐만 아니라 변호사 비용에서까지 당신의 몫을 회수할 것이다!' 이러한 조건들이 실제로 시행될 수 있을지는 법적으로나 후속적인 여론의 여파 측면에서 의문스럽다. 그러나 밑에 깔린 메시지는 명확하다. 주문형 서비스에는 예상보다 더 높은 대가가 따를 수 있다는 것이다.

플랫폼 기업의 책임

✲

고객이나 심지어 무고한 행인에게 뭔가가 잘못되면, 정상적인 기업이라면 직면하게 될 책임을 플랫폼 기업들은 종종 재빨리 부인한다. 아마도 지금까지 일어난 가장 비극적인 주문형 경제 사고로서 2014년 1월에 당시 4세였던 소피아 류가 샌프란시스코에서 우버 운전사의 차에 치여 죽은 일이 있었다. 불법적인 사망(Wrongful death)에 대해 그의 부모가 손해배상 청구를 제기했을 때 우버는 그 운전자가 승차공유 사이에 있(어서 우버 운행 중이 아니)었으며, 우버는 단순히 온라인 플랫폼으로서 단지 '승객들로 하여금 다양한 독립적인 운송 제공자들과 연결하고 운송 서비스를 요청할 수 있도록 해 주었'을 뿐이라고 언급했다.[10] 언론으로부터 거센 비판을 받고 나서야 우버는 결국 물러서서 공개되지 않은 금액으로 합의했다. 그러나 앞으로의 피해자들도 그만큼 보상을 받을 수 있을 것이라는 보장은 없다.

플랫폼 기업은 심지어 자신의 노무 수행자들 중 누가 사고를 일으켰는지 밝히는 것을 거부할 수도 있다. 리차드 보Richard Vaux가 런던에서 딜리버루 자전거 배달원에게 치어서 양쪽 손목이 부러졌을 때 '그 회사는 배달원들이 자영업자라는 이유로 책임을 지기를 거부했고, 보험 청구를 하는 데 필요한 해당 배달원의 인적사항을 넘겨주지 않으려고 했다.'[11] 《선데이타임스》가 코멘트를 요청하자 딜리버루는 자신들은 '안전을 보장하기 위해 엄청나게' 노력했으며 '모든 배달원은 엄선되고 훈련을 받는다. 데이터보호법 때문에 개별 배달원들의 신원을 노출하는 것이 금지되어 있다'고 주장했다.[12]

보험이 해결책이 될 수 있을까? 안전과 책임에 대한 대중의 우려가 증가함에 따라 점점 더 많은 플랫폼 기업이 개별 작업에 대한 보증 패키지를 제공하거나 노동자들에게 그들 스스로 책임보험에 가입하도록 요구하고 있다. 그러나 실제로는 이러한 보장은 일이 잘못되었을 때 거의 가치가 없을 수도 있다. 많은 보험 증권들은 상업적인 용도에는 유효하지 않고, 지역마다 규정과 요건이 매우 다양하며, 사건에 관련된 당사자가 여럿이라 책임 소재를 식별하기가 극도로 어려울 수도 있기 때문이다.[13)]

소비자들은 각 경제에서 이익을 볼 수도 있겠지만, 종국에는 약속된 것보다 훨씬 더 높은 가격을 지불하게 될 수도 있다. 라이언 칼로와 알렉스 로젠블랏은 디지털 시장 조작의 위험을 강조해 왔다. '앱의 비계飛階 아래에 있는 모든 참여자들의 활동을 자세히 관찰하는 공유경제 기업들은 복잡한 자기거래 기법에 참여할 수 있는 수단과 동기를 모두 가지고 있다.'[14)] 그들은 우버의 사업 모델 중 특히 탄력요금제와 같은 몇 가지 측면을 들어 우버가 승객과 운전자의 손해에 대한 우월한 지식을 부당하게 활용할 수 있다고 주장한다. '정보에 대한 접근권은 설계의 통제와 결합되어 사례 연구 대상[우버]과 같은 공유경제 기업들로 하여금 그들의 이용자들을 조종할 수 있게 해 준다.'[15)]

세금 문제

✲

이제 소비자와 노동자 모두에게 주문형 거래는 다소 빠르게 무너질 수 있다. 이용자들은 약속받은 것보다 훨씬 더 높은 가격을 지불하고도 더 나쁜 품질의 서비스를 받게 될 가능성이 있기 때문이다. 하지만 다른 사람들은 어떤가? 만약 당신이 앱이나 플랫폼 기업을 통해 일하거나 그 서비스를 이용한 적이 없다고 하더라도 걱정할 것이 있는가? 그렇다. 있다. 우리 모두는 다양한 방식으로 빚을 지게 될지도 모르는 상황에 놓여 있기 때문이다. 긱 경제 사업 모델은 상당한 과세 소득 손실을 초래할 뿐만 아니라, 우리는 심지어 납세자로서 그 부족분을 보충하고 수많은 방법으로 그 산업을 보조해야 할지도 모른다.

대부분의 다국적 기업들은 자신들의 소득을 저세율 국가(Low-tax jurisdiction)로 빼돌리기 위해 다양한 '절세' 계획에 관여하고 있다. 이런 점에서 긱 경제는 전혀 새롭거나 다른 것이 없다. 그러나 최소한 전통적 기업들은 그들이 어디에서 운영을 하든 기본적인 조세, 즉 판매세와 사회보장기여금은 피할 방법이 거의 없다. 긱 경제는 다르다. 많은 플랫폼 기업들의 사업 모델은 세금을 회피할 수 있는 수많은 길을 열어 준다. 그리고 더 악질이다.

현재까지 긱 경제 과세에 대한 가장 포괄적인 연구는 미국의 맥락에 초점이 맞춰져 있지만 그 중심적인 결론은 다른 국가에서의 경험과 일치하며 쉽게 뚜렷해질 수 있다. 슈이 웨이Shu-Yi Oei 교수와 다이앤 링Diane Ring 교수는 '공유(경제)에 실질적이고 원칙적인 세법이 적용되는 것은 (비록 전적으로는 아니더라도) 일반적으로 명확하며 특별히 새로운 것은 아니'라고 주장한다.[16] 이것은 이전 장에서 우리가 노동법에 관해 확인한 내용과 잘 부합되는 주장이다. 그러나 더 중요하게, 그들은 긱 경제 사업 모델 그 자체에 준수와 집행이라는 두 가지 문제가 내재되어 있다고 지적한다. 첫째는 플랫폼 기업들이 '세금 기회주의'에 가담하려는 '경향(과 뚜렷한 능력)을 보인다'는 것이다.[17] 즉, 그들은 납세 의무를 최소화할 목적으로 기존 규칙들이 가진 모호성을 이용하기 위해 자신들의 새롭다는 사업 모델에 의존한다. 두 번째는 많은 수의 개별 노동자들(또는 '개인기업가들')이 각 경제 수익을 공유하기 때문인데, 이것은 낮은 금액으로 많은 수의 사람들이 관련되면 '납세자들은 준수하기 어렵고, 세무 공무원들은 집행하기 어렵게 될 수 있다'는 뜻이다.[18]

커다란 부가가치세 문제

이러한 문제들 중 첫 번째에 대한 좋은 예는 플랫폼 기업들이 부가가치세(VAT) 또는 판매세(Sales tax) 납부 의무를 준수하는 것에서 찾을 수 있다. 부가가치세 또는 판매세는 대부분의 국가에서 재화와 용역에 부과된다. 예를 들어 영국에서 교통 서비스는 일반적으로 표준 부가가치세율을 20%로 적용한다. 일단 기업의 매출액이 정해진 기준액(2017년 4월 1일 기준 85,000파운드)을 초과하면 세무 당국에 등록하고 추가로 20%의 세금을 고객에게 부과하고 분기별 체납으로 그 돈을 재무부에 납부해야 한다.[19]

그러나 우버의 매출액이 부가가치세 기준을 훨씬 초과했음에도 불구하고 영국 우버의 승객들은 일반적으로 세금을 부과받지 않는다. 우버가 뭐라고 주장할 것인지는 뻔하다. 자신들은 (승객과 운전자를) 단지 매칭시키는 것일 뿐 여객운송 서비스를 공급하지 않는다는 것이다. 우버는 《가디언》과의 인터뷰에서 '운전자들의 수입이 부가가치세

기준치를 초과한다면 세금은 그들의 책임'이라고 말했다.[20] 다시 말해서, 그 플랫폼 기업은 노무 수행자와 고객들 사이의 중개자에 불과하며 만일 문제가 생기면 각각의 개별 노동자들을 상대로 직접 청구해야 한다.

런던의 고참 세무변호사이자 활동가인 졸리온 모엄Jolyon Maugham QC*는 이러한 설명에 이의를 제기하기 시작했다. 그는 문제가 되는 '과세대상 서비스'를 제공하는 것은 우버의 운전자가 아니라 우버이며 그러므로 우버가 부가가치세를 납부해야 한다고 주장한다. 2017년 봄에 그는 의뢰인을 방문하기 위해 우버를 타고 나서 부가가치세 영수증을 요구했지만 우버는 발급해 주지 않았다. 이 책을 쓰고 있는 지금, 모엄은 영국 고등법원에서 법적 절차에 착수했는데 이것은 지대한 영향을 가져올 수 있다.[21] 만일 영수증을 발급하라는 명령이 우버에게 내려지면 그에 따른 세금 고지서가 상당할 것이기 때문이다. 모엄의 자체 계산에 따르면 우버의 세액은 런던에서만도 2,000만 파운드에 달할 것이다. 그것도 단 1년 동안에 말이다. 규제 당국이 이전 연도들의 조세채무를 환수하려고 하거나 다른 나라들의 세무 당국이 곧 그 뒤를 따를 뚜렷한 가능성까지 더해지게 되면 그 합계액은 엄청날 것이다.[22]

---

* 왕실 자문 변호인(Queens Counsel)이란 영국 여왕에게도 법적 조언을 할 수 있는 혹은 영국 여왕이 인정하는 법정 변호사의 자격을 가리킨다.

고용세와 사회보장기여금

훨씬 더 많은 액수가 고용 관련 세금과 기여금에서 불쑥 튀어나온다. 우리는 이미 기존 규칙들이 시대에 뒤떨어졌고 그래서 자신들의 사업 모델을 적절히 포착하지 못한다고 주장하려는 플랫폼 기업들의 시도를 추적해 보았다. 세무 전문가인 웨이와 링은 동의하지 않는다. '심지어 여기에서도 세금 규칙은 불충분하지 않다. 모호한 점은 기존 체제가 공유(경제)에 적용되는가 하는 문제에 있다.'[23] 거의 모든 플랫폼 기업들이 채택하고 있는 운영 모델은 상당한 세금 손실을 초래한다. 직접적으로는 미납 세금을 통해서 그리고 간접적으로는 납세자들로부터 재원을 조달해 플랫폼 노동자들에게 지급하는 보조금을 통해서 말이다.

먼저 노무 수행자들이 자영업자라는 긱 경제의 주장으로 인해 발생하는 직접적인 세금 손실에서부터 시작해 보자. 이것은 두 가지 방식으로 과세 표준에 해를 끼친다. 첫째, 플랫폼 기업에게 급여세(Payroll tax)를 면제해 줌으로써 그리고 둘째, 개인들로부터 세금을 징수하는 가장 저렴하고 가장 효율적인 방법을 방해함으로써 말이다. 급여세의 정확한 방식은 국가별로 다르지만 기본적 원칙은 대부분의 산업화된 국가에서 유효하다. 사용자가 자신의 직원에게 급여를 지급할 때, 사용자는 부가적인 세금을 직접적으로 국가에 내야 하고, 소득세와 고용 관련 보험료의 일정 비율을 공제해야 하는 것이다. 단지 독립계약자들을 위한 중개자일 뿐이기 때문에 자신들에게는 이러한 의무 중 어느 것도 적용되어서는 안 된다고 긱 경제 플랫폼 기업들은 주장한다.

이것은 직접적인 세금 손실을 초래한다. 독립계약자를 고용함으로써 플랫폼 기업들은 다른 회사들에 부과되는 어떠한 급여세도 책임지지 않기 때문이다. 많은 국가에서 이러한 손실은 정부가 역사적으로 자영업자에 대한 사회보장기여금 요율을 낮추어 기업가정신을 장려하려 했다는 사실과 결합되어 더욱 악화된다. 그래서 긱 경제 노동은 상당히 싼 가격에 제공될 수 있다. 필립 해먼드Philip Hammond 영국 재무장관의 2017년 예산안 제안 연설에 따르면 '자영업자가 납부하는 더 낮은 국민보험료는 연간 50억 파운드가 넘게 영국 공공 재정에 부담을 줄 것으로 예측되었다'고 한다.[24)]

각국의 세무 당국들은 노무 수행자들이 독립계약자로서 영업하고 있다는 플랫폼 기업들의 주장에 점점 이의를 제기하고 있다. 프랑스의 사회보장 관리기관 URSSAF는 2012년에서 2013년에 걸친 18개월 동안 거의 500만 유로에 달하는 미납 기여금에 대한 청구를 우버에 대해 제기했다. 이 사건은 1심에서 주로 절차상의 이유로 기각되었지만 소송은 계속되고 있다.[25)] 다른 나라들도 따라 할지 모른다. 우버 운전자는 노동법의 목적을 위해서는 노동자라는 영국 고용심판소의 판결이 2016년 가을에 있었던 직후에 영국 국세청(HMRC)**이 국민보험기여금에 대한 우버의 접근 방식을 철저하게 조사해야 한다는 요구가

** Her Majesty's Revenue and Customs

높아졌기 때문이다.[26]

세무 당국은 세수 중에서 사용자가 부담해야 할 부분만을 잃는 것이 아니다. 납세 책임을 개별 계약자들에게 이양하는 것은 징수를 번거롭고 복잡하게 만든다. 미국에서 독립계약자들은 미국 국세청(IRS)*** 양식 1099를 작성해 자신들의 소득을 보고해야 한다(그래서 '1099 경제'라는 명칭이 긱 경제의 동의어로 가끔 나타나기도 한다). 기술적 세부사항은 혼란스럽지만,[27] 결론은 분명하다. 즉, 긱 경제 노동자들은 법을 준수하기 위해 고생하고 있고, 각 개인에게 걸려 있는 합계 금액이 너무 적기 때문에 집행 조치를 실행할 가치는 거의 없다는 것이다.

그 결과는 개별 노동자들에게는 상당한 비용이고 국가에게는 조세 손실이다. 아메리칸대학 조세정책센터의 캐롤라인 브루크너Caroline Bruckner가 수행한 최근 연구에 따르면 미국 국세청은 '개인사업소득 및 관련 자영업세(Self-employment taxes)의 오보고(Misreporting)' 때문에 1,940억 달러의 택스갭Tax gap****이 발생한다고 추산하고 있다.[28] 물론 이 모든 것이 주문형 경제 때문은 아니지만, 성장하고 있는 사업모델로서의 주문형 경제가 갖는 중요성을 과소평가해서도 안 된다. 그래서 엘리자베스 워런Elizabeth Warren 미국 상원의원이 '현대 경제에서의 노동자들을 위한 기본적 합의의 강화'를 위한 3대 우선순위 중 하나

*** Internal Revenue Service

**** 세법을 정확하게 적용했을 때 납부해야 할 세액과 실제 납부액과의 차이를 일컫는 것으로, 택스갭이 클수록 세금이 제대로 걷히지 않았다는 것을 의미한다.

로 긱 경제에 대한 과세를 제시해 온 것은 전혀 놀랄 일이 아니다. 그는 '전자적, 자동적, 의무적 급여세 원천징수를 긱 노동자와 1099 노동자 그리고 단시간 노동자를 비롯한 모든 사람에게 적용해야 한다'고 주장했다.[29] 기술적 관점에서 이보다 더 구현하기 쉬운 해결책은 거의 없을 것이다. 실제로 에스토니아에서는 우버가 이미 현지 세무 당국과 협력하기 시작했다.[30]

이러한 직접적인 손실 외에도 납세자들은 또한 간접적으로 긱 경제 플랫폼 기업들에게 보조금을 지급하고 있다. 전통적인 사용자들은 심지어 그들의 노동자들이 비경제 활동 상태일 때에도 그들에 대해 많은 법적 의무를 진다. 근로자에게 급여를 지급하는 것 외에도 기업들은 보통 질병 수당이나 육아휴직과 같은 많은 복지 혜택을 제공해야 한다. 긱 경제에서는 이러한 비용을 노동자들 스스로가 부담해야 하는데 그것은 종종 그들이 다시 복지국가에 의존하게 된다는 것을 의미한다. 노동자들을 한꺼번에 보험에 가입시키는 것은 한 번에 한 명씩 개인에게 제공하는 것보다 훨씬 더 효율적이고 그래서 비용이 더 적게 든다. 그래서 민간 의료보험이 사용자가 제공하는 보험보다 훨씬 비싼 것이다. 그러니 오바마 대통령의 미국 건강보험 계획에 대해 가장 목소리를 높여 지지하는 세력 중 일부가 실리콘 밸리에서 나왔다는 것도 놀랄 일이 아니다. 긱 경제 노동 플랫폼 기업인 우버, 리프트, 파이버, 핸디, 태스크래빗 등이 모두 그들의 노동자들을 가입시키기 위해 미국 정부와 협력했다.[31]

이러한 간접적인 보조금은 업무 중단 기간에만 국한되는 것이 아니다. 일부 국가에서는 심지어 누군가가 전일제로 일하고 있을 때조차도 납세자들이 사회보장제도를 통해 긱 경제 플랫폼 기업들을 보조하게 될 수 있다. 예를 들어, 영국 하원의회의 노동연금위원회가 최근 조사한 바에 따르면, 일부 우버 운전자들은 오랜 시간 일한 뒤에도 여전히 주택 지원과 같은 복지 혜택에 의지하지 않고 런던에서 살아남을 수 있을 만큼 충분한 돈을 벌 수 없었다.[32)]

경기장을 평평하게 만들기

✲

1장에서 논의한 바와 같이 많은 플랫폼 기업의 사업 모델 뒤에 숨겨진 의문스러운 경제학에다 소비자, 노동자, 납세자들에 대한 이러한 문제들까지 더하면 일부 사람들이 왜 플랫폼 기업을 금지해야 한다고 주장하는 것인지를 알기는 어렵지 않다. 하지만 그러한 유혹에 빠지는 것은 끔찍한 생각이 될 것이다. 모든 혜택과 혁신을 파괴하고, 적어도 일부 소비자와 노동자들을 더 가난하게 내버려 둘 것이기 때문이다.

일단 기술 예외주의와 러다이트주의(Luddism)의 서사를 넘어서서 바라보면 긱 경제를 금지하는 것과 그것에 무제한적인 자유를 주는 것 사이에는 놀라울 정도로 간단한 중간 방법이 있다. 규제 당국은 긱 경제의 핵심적 요소, 바로 노동에 초점을 맞추어야 한다. 그리고 그렇게 규제해야 한다. 긱 노동자를 근로자로, (대부분의) 플랫폼 기업을 사용자로 취급함으로써 목욕물만 버리고 아기는 구할 수 있다.*****

긱 경제 노동자들의 지위를 향상시키겠다는 노동법의 약속이 지난 장의 핵심이었다. 그러나 그것은 결코 거기에 그치지 않는다. 일단 긱 경제 노동자들을 근로자로, 플랫폼 기업들을 그들의 사용자로 취급하게 되면, 소비자와 세무 당국 그리고 실제로 시장 전반이 직면하고 있는 많은 문제들이 빠르게 해결된다.[33]

소비자 보호

소비자를 첫번째 예로 들어 보자. 우리는 주문형 경제가 어떻게 때로는 평균 수준 이하의 서비스를 제공하게 되는지 보았고, 어떻게 (다행히도 비교적 드물긴 하지만) 일부 상황에서 소비자와 심지어 행인들까지도 완전히 피해를 입을 수 있는지 보았다. 자전거 배달원이나 승차공유 자동차와의 충돌을 생각해 보라. 대부분의 플랫폼 기업은 이러한 상황에서 책임을 부인하는 방식으로 대응한다. 즉, 단순한 중개자이기 때문에 자신들은 할 수 있는(또는 해야 할) 일이 거의 없다고 주장할 것이다.

플랫폼 기업들이 계약을 통해 사용자 지위를 거부하는 것은 그들의 이른바 대위책임(Vicarious liability) 즉, 피용자被傭者가 저지른 불법에

***** '목욕물을 버릴 때 아기까지 버리지 마라(Don't throw the baby out with the bath water)'는 종교개혁가 마틴 루터의 말에서 온 서양속담으로 잘못된 것을 없애려다 정작 중요한 것까지 버리지 말라는 뜻이다.

대해 사용자가 피용자를 대위代位하여 책임을 지도록 하는 법적 원칙에 대한 중요한 결과를 가져온다.[34] 세부적 규칙은 국가마다 다르지만 독립계약자의 지위는 거의 언제나 책임에서 벗어날 수 있는 가장 쉬운 방법이다. 이것은 보통 다친 소비자나 행인의 청구를 의미 없게 만들 것이다. 모든 주문형 노동자가 청구액을 지불하거나 손해를 배상할 수 있을 만큼 충분히 주머니가 두둑하거나 넉넉한 보험을 가지고 있을 가능성은 낮기 때문이다. 반면에 사용자들은 그들의 근로자들이 업무 과정에서 한 행동에 책임이 있다. 만약 당신이 런던 버스에 치여서 다치게 된다면 대부분의 경우 최선의 방법은 곧바로 버스 회사를 상대로 소송을 진행하는 것이다. 일단 플랫폼 기업들이 노동법의 적용 범위 안으로 들어가게 되면 긱 경제의 고객들도 똑같은 보호를 받게 될 것이다.

소비자들에 대한 이러한 직접적인 혜택 외에도 노동법은 또한 전반적인 서비스 품질을 개선함으로써 많은 간접적인 혜택을 가져올 것이다. 근로시간과 최저임금 보호를 예로 들어 보자. 여기 한 독립계약자가 있다. 그는 도로 위에서 하루의 대부분을 이미 보냈지만 이런저런 비용을 지불하기 위해 몇 시간 더 일하기로 결정했다. 또 다른 한 운전자가 있다. 그는 자신이 최저 소득 한계선에 의해 보장된다는 것을 알고 안심하면서 법으로 정해진 휴게시간을 충분히 누렸다. 어느 쪽 운전자가 훨씬 더 정신이 초롱초롱하겠는가?

세금

플랫폼 기업들을 사용자로 인식하면 기대할 수 있는 장점은 조세의 맥락에서 더 극명할 것이다. 중개자가 직접 책임을 지도록 하면 우리가 확인한 문제들 중 거의 모든 것이 해결될 수 있기 때문이다. 첫째, 플랫폼 기업이 아니라 개별 노동자가 소비자에게 서비스를 판매하고 있다는 주장은 더 이상 지속될 수 없기 때문에 부가가치세에 관련해 주문형 경제는 다른 기업들과 차이가 없게 된다.[35] 둘째, 고용 소득 과세의 형태로 그리고 플랫폼 기업들로부터 직접 징수한 사회보장기여금을 통해 세무 당국은 고용 관련 소득의 큰 증가를 보게 될 것이다.

원천징수 방식은 또한 많은 간접적인 이익을 가져올 것이다. 우리는 각각의 개별 노동자가 자신의 소득세 신고를 책임질 때 서류 작업이 인원수만큼 늘어나고 집행이 어려워짐으로 인해 어떻게 손실이 누적되는지 보았다. 이런 이유에서 세법은 전통적으로 근로자들의 소득세 징수를 사용자에게 위임하여 해당 퍼센트만큼 간단히 원천징수하고 당국에 일괄 납부로 송금할 수 있도록 해 왔다. 고용된 노동자들의 세계에서는 긱 경제에 대한 과세가 훨씬 더 쉽고 저렴할 것이다. 주문형 경제에서 이용할 수 있는 상세한 데이터 흐름을 고려할 때, 플랫폼 기업들을 사용자로 취급하는 것은 비공식적 또는 '현금 전용' 경제의 많은 부분을 공식적인 합법적 영역으로 되돌리는 유망한 방법이 될 것이다.

마지막 혜택으로, 긱 경제 노무 수행자들에게 노동자로서의 지위를 확인하는 것은 더 나아가 긱 경제에 대한 간접적인 국가 보조금을 극적으로 감소시킬 것이다. 낮고 예측 불가능한 소득을 보충하기 위해 정부 보조금에 의존해야 하는 개인 노동자들의 수가 줄어들 것이기 때문이다. 일단 플랫폼 기업들이 사용자라면, 그들은 질병 수당, 휴일, 육아휴직과 같은 기본적 기준을 지켜야 하고 모든 노동자들에게 최저임금을 지급해야 할 의무가 있기 때문에 공적 자금에 대한 의존이 줄어들 것이다.

사업 모델을 다시 논의하자

그러나 아마도 가장 중요한 결과는 긱 경제 사업 모델 자체의 근본적인 변화일 것이다. 1장에서 우리는 긱 경제에 대한 여러 대립하는 설명들과 마주쳤다. 어떤 사람들은 플랫폼 기업들이 영리한 알고리즘과 정교한 등급 평가 시스템에 의존해 소비자의 수요와 노동자의 공급을 더 빠르게 매칭함으로써 플랫폼이 없었다면 그냥 버려졌을 사업 기회를 붙잡아 가치를 창출한다고 주장했다. 또 다른 학설은 더 비판적이었다. 대부분의 플랫폼 기업 평가 가치의 핵심에 규제 차익거래와 부정적 외부효과가 있다고 주장했다.

좀 더 심층적인 차원에서 보면 우리가 확인한 문제들 즉 노동자, 소비자, 납세자 그리고 시장에 대한 문제들은 모두 밀접하게 관련된 하나의 이슈에 의해 야기된다. 플랫폼 기업들은 강력한 서비스 제공업체나 디지털 노동 중개자가 아니라 단지 매치메이커라고 자신을 내세움으로써 자신들의 사업 위험과 비용의 상당 부분을 이해관계자들에게 떠넘길 수 있다. 규제 차익거래, 외부효과 그리고 자산의 잘못된 할당, 이 모든 것이 플랫폼 기업들에 유리하도록 경기장을 기울게 만들고, 비용을 다른 모든 사람들에게 부과한다.

노동법은 경기장을 평평하게 만들 수 있는 독특한 잠재력을 가지고 있다. 플랫폼 기업에게 그들의 운영 비용을 부담시키려면, 플랫폼 기업들도 다른 사업들처럼 규칙을 준수하도록 해야 한다. 대규모 주문형 노동력이 긱 경제 사업 모델의 중심이라는 점을 고려하면, 노동법은 핵심적인 역할을 한다. '사용자들에게 세금 징수의 의무와 경제활동 단절에 대한 보상을 부담시킴으로써 사회적, 경제적 위험을 이전시키고 재분배하는 최고의 수단'이기 때문이다.[36)]

케임브리지대학 교수 사이먼 디킨과 프랭크 윌킨슨Frank Wilkinson은 이것을 노동법의 '위험 기능'이라고 부른다. 사용자가 자신의 노동자들을 통제하는 대가로 우월한 자원을 가진 그 당사자에게 의무를 부과하기 위해 경제적 불안정의 위험과 비용은 이동된다.[37)] 달리 표현하자면, 서비스 제공의 모든 측면을 높은 수준으로 통제하는 플랫폼 기업이 사용자로서 책임을 지도록 적절히 규제되는 노동시장에서는 긱 경제 운영자들이 경제 활동의 혜택을 누릴 뿐만 아니라 '고용 관계에서 발생하는 사회적, 경제적 위험에 대한 책임을 맡'아야 할 것이다.[38)]

그렇게 본다면, 노동법의 중요성은 노동자와 그 사용자 사이의 즉각적인 관계를 규제하는 것 이상이다. 꼴레쥬 드 프랑스의 알랭 쉬

피오Alain Supiot 교수가 다음과 같이 설명하듯 말이다.

> 복지국가의 모델에서 노동은 경제적 의존과 사회적 보장 사이의 기본적 교환이 이루어지는 곳이었다. 고용된 사람은 다른 사람의 권위에 복종했지만 그 반대급부로 정상적인 사회생활을 위한 조건들이 보장되었다.[39]

디킨과 윌킨슨은 고용 관계에서 국가를 '암묵적 제3자'로 특징짓는 데까지 나간다.[40] 개별 노동자들은 경제적 위험에 대비할 수 있는 좋은 위치에 서게 되는 경우가 거의 드물다. 투자자들은 자신들의 내기를 다양하게 하고 자신들의 돈을 다른 자산에 걸쳐 나눔으로써 자신들이 위험에 노출되는 것을 쉽게 줄일 수 있다. 일자리에 대해서는 그렇게 하기가 다소 어렵다. 노동자들은 일반적으로 그들의 전체 (인적 자본) 지분을 하나의 직업에 집중하기 때문에 포트폴리오 다양화를 통해 스스로를 보호할 수 없다.[41] 노동법은 '사회보험제도를 통해 경제적 불안정의 위험을 전체 노동자에게 이전시키고, 사회보장기여금과 소득세를 이용하여 공공 복지 서비스의 공급을 지원함으로써' 그 공백을 채운다.[42]

이 점에서 어떤 사람들은 노동법이 (위험) 재분배를 위해서는 너무 복잡한 메커니즘이라고 반대할지도 모른다. 즉, 플랫폼 기업들이 자유롭게 운영되도록 한 다음, 그들의 이익에 세금을 부과해서 노동자들에게 국가 수당을 지급하는 것이 더 쉽지 않겠냐는 것이다. 이러한 시각에서라면 플랫폼 기업들은 여전히 사업 활동의 비용을 부담해야 하지만 독립계약자 분류를 계속할 수 있다. 그러나 이 접근법이 가지는 실제적인 문제점들을 무시하더라도(이전에 고질적으로 겪었던 세금 징수의 어려움을 기억해 보라) 노동법이야말로 사용자들이 그들의 사업 활동 비용을 내부화하도록 하는 가장 효율적인 방법으로 보인다.

하버드대학의 래리 서머스Larry Summers는 이 문제를 처음으로 탐구한 사람들 중 한 명이다. 그는 정부의 직접 공급(과세와 재분배)과 사용자의 의무적 복리후생을 저울질했다. 그의 결론은? 사회보장에서 부당해고법에 이르기까지 노동자 보호에 대한 책임을 사용자에게 지우는 것은 '정부 과세 이외의 방법으로 사회적 목적을 달성하는 실질적인 효율성 향상'을 가져왔다.[43] 그는 기업들에게 이러한 부담을 떠안게 하는 것은 외부효과와 싸우는 최선의 방법일 뿐만 아니라, 노동자들에게 더 많은 선택을 제공하고 '경제 활동의 왜곡을 거의 수반하지 않는 것 같다'고 언급했다.[44]

이렇게 고용에 초점을 맞춘다고 해서 특히 소비자법이나 세법과 같은 다른 분야가 주문형 경제를 규제하는 데 중요한 보조 역할을 하지 않는다고 주장하는 것은 아니다. 예를 들어, 칼로와 로젠블랏은 소비자보호법의 '정보와 권력의 비대칭성에 대한 오랜 강조'가 소비자와 노동자들이 긱 경제에서 직면하고 있는 많은 과제를 해결하는 데 적합할 수 있다고 주장하고 있다.[45] 반면 웨이와 링은 조세 집행을 위한 유망한 단기 및 장기 모델을 개발했다.[46] 더 나아가서 노동법의 역할은 투자자들이 그들이 적합하다고 생각하는 대로 투자하지 못하도록 막는 것이 아니다. 각 기업이 자신의 비용을 부담하는 공정한 경쟁은 또한 금융시장이 자산을 잘못 할당하여 진정으로 생산적이고 혁신적인 기업가들이 소외되지 않도록 한다. 그러나 근본적인 첫 단계는 플랫폼 기업이 노동을 판매하는 곳에서는 그들을 사용자로 취급해야 한다는 인식이어야 한다.

지속 가능한 플랫폼 경제를 향하여

✲

결론을 맺으며 마지막 반론을 다루어야 할 것이다. 이러한 재조정의 비용은 누가 지불할 것인가? 대답은 무엇보다도 기존 규제 차익거래에 기초해 설계되고 평가된 플랫폼 기업들 뒤에 있는 투자자와 주주들이다. 플랫폼 기업의 책임을 회복하는 것은 의심할 여지없이 단기적으로 혼란을 야기할 것이다. 플랫폼 기업들은 장비와 소모품에서 임금과 보험료에 이르기까지 그들의 활동의 모든 비용을 사용자로서 부담해야 할 것이기 때문이다. 어떤 서비스들은 가격이 상승할 것이고 일부 사업 모델은 완전히 지속 가능하지 않은 것으로 판명될지도 모른다.

기본적 노동기준을 회피하는 것이 많은 플랫폼 기업들의 사업 모델의 핵심이 되어 온 이상, 법을 준수하는 것은 그들의 수익성에 영향을 미치고, 따라서 평가 가치에도 영향이 있을 것이다. 수십억 달러를 벌 수 있는 기회의 약속에 이끌렸던 투자자들은 자신들의 주식가치가 폭락하는 것을 보게 될 수도 있다. 그렇기는 하지만, 적절한 고용 분류의 부정적인 결과는 종종 의도적으로 과장된다. '1938년 미국 공정근로기준법'에 따라 제기된 노동자 오분류 소송의 결과로 2015년에 영업을 중단했다는 미국의 플랫폼 기업 홈조이HomeJoy를 생각해 보자. 미리암 체리 교수는 당연히 의심스러워한다.

> 홈조이의 노동자들이 최저임금과 초과근로시간 보호에 대해 소송을 제기했기 때문에 홈조이가 실패했다는 주장은 인과관계라는 핵심 요소를 증명하는 데 실패했다. 노동 불안이 기업에는 확실히 좋지 않지만, 노동자들에게 최저임금을 지급하는 것이 홈조이의 파산 신청의 원인이었는지는 분명하지 않다. 사실 홈조이의 사업 모델은 그 회사의 법적 문제가 시작되기 전부터 재정적인 어려움에 처해 있었다. 그러므로 노동자들에게 최저임금을 지불하면 주문형 경제가 즉시 파산하게 된다고 이 하나의 사례만 가지고 결론 내리는 것은 과장된 것이다.[47)]

어떤 사업자들은 이러한 결론에 강하게 반대하며 자신들의 서비스가 가진 많은 긍정적인 외부효과들을 가리킬 것이다. 예를 들어 우버는 그 서비스가 음주운전으로 체포되는 사람의 수를 상당히 감소시킨다고 거듭 주장해 왔다.[48)] 그러나 이러한 주장들은 치열하게 다투어지고 있다. 즉, 놀리 브라질Noli Brazil 교수와 데이빗 커크David Kirk 교수가 우버의 음주운전 주장을 면밀히 조사했을 때 그들은 '전체적으로 측정하든, 음주운전 사망 또는 주말과 휴일 동안의 사망만을 측정하든 특정 대도시 카운티에서의 우버 서비스 출시와 그 이후의 교통사고 사망자 수 사이에는 아무런 연관성이 없다'는 것을 알게 되었다.[49)]

프랭클린 D. 루스벨트 대통령이 언급한 바와 같이 '최저생활임금보다 적은 임금을 노동자에게 지급하는 것에 의존해 존재하는 어떤 사업도 지속할 권리가 없다는 것은 분명'해 보인다.[50] 많은 감언이설이 그 반대로 주장하지만 긱 경제에 노동법을 적용하고 시행하는 것은 혁신을 방해하기 위해 부담스러운 규칙을 강제하는 문제가 아니다.

기존의 노동법이 공평하게 적용되고 일관성 있게 시행되어야만 기업들은 공정한 경기장에서 경쟁할 수 있다. 서비스에 드는 비용을 진짜 부담해야 할 경우 활동을 지속할 수 없는 플랫폼 기업이라면, 오히려 파산하는 것이 장기적으로는 다른 기업들에게 이익이 될 것이다. 더 효율적인 기업들에게 자원이 재할당되기 때문이다. 불량 사업자의 종말은 새로운 스타트업 기업을 위한 공간과 소비자의 수요를 열어 준다. 슘페터가 말했던 창조적 파괴가 이루어지는 것이다.

이전 장에서 윤곽을 그렸던 단계들을 따라서 긱 경제의 노동을 노동법의 적용 범위 안으로 다시 끌어들이면 노동자와 소비자, 납세자 그리고 심지어 시장 전반에 걸쳐 모든 사람이 이익을 볼 수 있다. 고용 분류는 불량 사업자의 규제 차익거래 기회를 차단하고, 플랫폼 기업들이 매칭과 제품의 품질을 놓고 진정한 경쟁에 돌입하도록 할 것이다. 이것이 경제적·사회적 경기장을 평평하게 만드는 핵심이다. '최종적으로 분석하면, 노동법 보호를 주장하는 것은 시장경제와 사회국가가 공존하는 것을 가능하게 하는 통합적 메커니즘을 지지하는 주장이다.'[51]

만약 긱 경제가 모두를 위해 작동하도록 만들고자 한다면 노동법이 완전히 적용되도록 보장하는 것이 매우 중요하다. 이러한 분석에서 어느 것도 플랫폼 기업들의 문을 닫아야 한다고 주장하지 않는다. 향상된 매칭과 관련 알고리즘은 우리 경제에 가치를 더하고, 일자리 기회를 창출하며, 우리 모두가 더 나은 제품과 서비스에 접근할 수 있도록 해 줄 수 있는 분명한 잠재력을 가지고 있기 때문이다. 그러나 긱 경제가 모든 사람들의 이익을 위해 운영되도록 하려면 플랫폼 기업들이 더 이상 기존 규칙 주변에서 차익을 얻을 수 없고, 자신들의 운영 비용을 부담하도록 할 필요가 있다. 노동법이야말로 모든 노동자들을 위한 공정한 조건이며 새로운 기업과 오래된 기업들 사이의 평등한 경쟁을 위한 열쇠다.

에필로그

1930년대 경제 대공황 도중에 케임브리지대학의 존 메이너드 케인즈 John Maynard Keynes는 '우리 손자 손녀들이 누리게 될 경제적 가능성'에 관해 에세이를 썼다. 남들이 스태그네이션과 침체를 볼 때 그는 번영과 발전을 예언한 것이다. 제조업과 운송업에서의 전례 없는 기술 향상이 이러한 비전의 핵심이었다. 장기적으로 그것이 가져올 생산성 향상은 모두의 생활 수준에 많은 향상을 가져올 것이다. 그러나 단기적으로는 '이러한 변화의 바로 그 빠른 속도가 우리를 해치고 우리에게 해결하기 어려운 문제를 가져온다.'[1]

> 우리는 새로운 질병에 시달리고 있다. 그 질병의 이름은 아직 낯설지만 앞으로 몇 년간 대단히 자주 듣게 될 텐데 바로 기술적 실업(technological unemployment)이다. 노동의 새로운 용도를 찾을 수 있는 속도를 초과하여 노동의 사용을 절약하는 방법을 발견했기 때문에 발생한 실업이라는 뜻이다.[2]

20세기에도 비슷한 두려움이 있었다. 예를 들어, 케네디 대통령은 자동화가 사람들을 대체하고 있던 1960년대에 완전 고용을 유지하

는 것을 주요한 국내적 도전으로 생각했다.[3)]

그러나 현실은 '세 시간 근무 또는 주당 열다섯 시간 근무'라는 비전에서 더 이상 나아갈 수 없었다.[4)] 무슨 일이 일어난 것일까? 우리는 왜 아직도 일하고 있나? 오늘날의 경제학자들은 많은 요소들 중 소득 또는 자본 효과를 지적한다. 기술은 우리를 더 생산적으로 만들고, 가격을 낮추고, 실질 소득을 올린다. 우리가 형편이 나아질수록, 더 많은 제품과 서비스에 대한 우리의 욕구는 새로 등장하는 산업에서 새로운 일자리 기회를 창출한다. 컴퓨터 엔지니어로 재교육을 받은 광부들을 생각해 보라.

그럼에도 불구하고, 지난 몇 년 동안 기술적 실업의 망령이 우리를 괴롭히기 위해 돌아왔다. 즉, 인공지능의 발흥이든 자율주행차의 출현이든, 로봇이 다시 우리의 일자리를 빼앗으러 올 것이라고 한다. 이것은 긱 경제에 있어 무엇을 의미하는가? 일자리가 완전히 없어져 버리는 진짜 문제가 오늘날 코앞에 닥쳤는데 정책 결정자들은 왜 승차 공유 운전자의 근로조건을 걱정해야 하는가? 값비싼 고용 보호를 플랫폼 기업에 떠맡기면 오히려 자동화하려는 동기가 증가하지 않을까?

그렇지 않다. 새로운 기술의 급속한 출현은 규제 당국에 수많은 어려운 질문들을 들이대겠지만 그렇다고 해서 당면한 문제들로부터 우리의 주의를 흐트러뜨려서는 안 된다. 노동의 미래에 관한 한, 시급한 과제는 로봇의 부상이 아니다. 긱 경제는 불안정 노동이라는 훨씬 더 큰 빙산의 일각에 불과하다는 것을 시급하게 깨달아야 한다.

노동의 종말?*

✲

자동화가 노동시장에 미치는 영향을 과소평가해서는 안 된다. 기술은 지속적으로 일터의 구조를 바꾸고 있기 때문이다. 그러나 동시에 자동화가 노동의 종말을 의미할 것 같지도 않다. 적어도 긱 경제에서 고생하고 있는 사람들에게는 그렇다. 실제로 점점 더 많은 복잡한 직무들을 개별적인 마이크로 과업으로 쪼개서 군중들에게 아웃소싱할 수 있기 때문에, 자동화가 플랫폼 기업의 성장을 더욱 촉진시킬지도 모른다.

로봇의 부상**

옥스퍼드대학 동료인 칼 프레이Carl Frey와 마이클 오스본Michael Osborne은 2013년에 발표한 논문에서 미국 노동시장을 살펴보면서 놀라운 예측을 했다. 머신러닝의 발달로 인해서 미국 총고용의 거의 절반이 가까운 장래에 자동화될 위험이 '높음' 수준에 있다는 것이었다.[5)] 그들의 모델에 따르면 경영, 사업, 금융에 종사하는 노동자들은 거의 걱정할 필요가 없었다. 일자리 감소는 노동시장의 맨 밑바닥에 집중될 것이다. "정보화는 주로 저숙련 저임금 직업을 대체할 것이다. … 운송 및 물류 직종에 종사하는 거의 모든 노동자와 관리직과 지원부서 노동자의 대다수 그리고 생산직 노동자가 위험에 처해 있다."[6)]

---

* '노동의 종말(The End of Work)'은 제러미 리프킨Jeremy Rifkin이 1995년에 낸 책의 제목이다.

** '로봇의 부상(The rise of the Robots)'은 마틴 포드Martin Ford가 2015년에 낸 책의 제목이다.

우리는 긱 경제의 확산이 광범위한 산업에 어떻게 영향을 끼쳤는지 보았다. 하지만 우버 운전자와 딜리버루 자전거 배달원에서부터 데이터를 입력하는 터커 그리고 당신의 아파트를 청소하러 오는 태스커에 이르기까지 대부분의 플랫폼 기반 노동이 바로 프레이와 오스본이 말한 위험 지대에 집중되어 있다는 것은 분명하다. MIT의 에릭 브린욜프슨Erik Brynjolfsson과 앤드류 맥아피Andrew McAfee는 기술 발전이 노동시장에 극명하게 양극화한 영향을 미칠 것이라는 데 동의한다.

> 특별한 기술을 갖추거나 제대로 교육을 받은 노동자에게는 더할 나위 없이 좋은 시기다. 왜냐하면 이런 사람들은 테크놀로지를 활용해서 가치를 창출하고 얻을 수 있기 때문이다. 그러나 '평범한' 기술과 능력만을 가진 노동자에게는 이보다 더 나쁜 때가 없었다. 컴퓨터와 로봇, 그 밖의 디지털 테크놀로지가 이러한 기술과 능력을 엄청난 속도로 습득하고 있기 때문이다.[7)]

이제 이러한 예측은 분명해 보인다. 머신러닝과 인공지능의 기하급수적인 성장을 감안하면 긱 경제는 단지 과도기적인 현상에 불과하며 플랫폼 기반 저숙련 노동의 대부분은 곧 알고리즘과 로봇에게 넘겨질 것이기 때문이다. 자율주행차와 세탁로봇의 등장과 함께 사업 모델은 디지털 노동 중개에서 탈피하고, 많은 노동 인구가 일자리를 잃게 될 것이다.

이전 장에서 주장한 것처럼 노동법의 기준을 일관성 있게 적용하게 되면 이러한 전환이 더 빨라지도록 추가적인 압력을 야기할 수도 있다. 즉 플랫폼 기업들에 부과되는 비용은 혁신을 촉진할 것이다. 저임금 부문에서 특히 그렇다. 신시아 에스틀런드Cynthia Estlund 교수의 말처럼 '자동화는 사람들을 고용하는 데 드는 비용을 완전히 합법적으로(정말, 공격하기가 거의 불가능하게) 회피할 수 있는 방법이다.'[8] 고용 보호의 비용은 저소득 노동자들에게 특히 가혹하게 느껴질 것이라고 그는 주장한다. '특히 노동시장의 밑바닥에서 임금, 복리후생, 근로조건의 최저선을 끌어올리는 것은 기술적으로 자동화가 가능한 일자리를 자동화할 경영상 유인을 강화한다.'[9]

이것은 노동경제학의 문제로서는 정확하다. 일자리가 자동화될 수 있다는 한도에서 말이다. 그러나 머신러닝이 어느 정도까지 플랫폼 기반의 노동을 처리할 수 있을지에 대해서는 일부 저자들이 주장하는 것보다 훨씬 더 많은 논쟁이 있다. 자세히 살펴보면 최근의 기술적 실업의 물결이 긱 경제에 어느 정도 영향을 미칠지는 전혀 알 수 없다.

자동화의 한계

자동화는 노동시장에 어마어마한 영향을 끼친다. 특히 소득 불평등을 두드러지게 한다는 측면에서도 그렇다. 그러나 그것이 많은 긱 경제 플랫폼 특유의 저숙련, 저임금 노동에 실제로 다가오고 있는 위협인가? 로봇의 부상이 긱 경제의 종말을 가져올 것이라는 주장을 의심할 만한 충분한 이유가 있다. 거의 모든 플랫폼 기반 과업의 특성을 고려할 때 자동화가 노동시장에 미치는 이질적인 영향은 긱 경제 노동자들에게는 거의 영향을 미치지 않을 것이다. 오히려 자동화의 중기적 영향은 디지털 노동 중개에 영향받기 쉬운 일자리의 수를 증가시키게 될 것 같다.

폴라니의 역설

MIT의 경제학자 데이비드 오터David Autor는 자동화와 일자리 소멸에 대한 거창한 주장에 회의적인 대표적인 학자 중 한 명이다. 어디에나 컴퓨터가 있기 때문에 컴퓨터가 대부분의 일자리를 빼앗아 갈 수 있다고 주장하고 싶은 유혹이 생긴다고 그는 주장한다. '하지만 그러한 논리의 비약에는 전혀 근거가 없다.'[10] 복잡한 금융 모델에서 숫자를 다루는 것처럼 명확한 명령들을 추출해 낼 수 있는 틀에 박힌 과업들에서라면, 현대의 알고리즘이 노동자들보다 훨씬 더 뛰어나다. 그러나 현대 노동시장의 많은 측면들은 우리가 생각하는 것보다 자동화하기가 훨씬 더 어렵다. 정말 자동화될 수 있다고 하더라도 말이다.

이것이 '폴라니의 역설'이다. '우리는 우리가 말할 수 있는 것보다 더 많이 알고 있다'는 것을 관찰한 마이클 폴라니Michael Polanyi의 이름을 딴 것이다. 이에 따르면 인간의 직관은 노동시장 전체에 걸쳐 결정적이다. 노동시장의 밑바닥에서도 마찬가지다. 오터의 설명에 따르면, 계란을 깨서 믹싱 볼에 넣는 요리사든 설득력 있는 새로운 강의를 쓰는 교수든 간에 이럴 것이다.

> 자동화하기 가장 곤란한 것으로 입증된 작업들은 유연성, 판단력 그리고 상식과 같이 우리가 암묵적으로만 이해하는 기술을 요구한다. 실제적인 차원에서

폴라니의 역설은 매일 있는 흔한 일에서부터 절묘한 것들에 이르기까지 많은 익숙한 업무들이 우리가 '그 규칙들'을 모르기 때문에 현재로서는 전산화될 수 없다는 것을 의미한다.[11)]

현재 긱 경제 노동자들이 수행하고 있는 범위의 과업들을 보면 많은 과업들에 바로 그러한 기술이 필요하다는 점을 금방 알 수 있다. 계속 변하는 얽히고설킨 케이블의 먼지를 털기 위해 책상 뒤로 손을 뻗어야 하는 청소부, 비 내리는 저녁에 런던에서 자동차 사이를 누비며 무단횡단하는 보행자들까지 피하는 자전거 배달원 혹은 수백 개의 온라인 이미지를 분류하는 크라우드노동자들을 생각해 보라. 이러한 일자리들은 저숙련 노동으로 간주될지도 모르지만 그 일자리들을 단순한 알고리즘으로 대체하는 것은 그 변화무쌍하고 예측할 수 없는 성질 때문에 거의 불가능하다.

맥아피와 브린욜프슨은 동의하지 않는다. 즉 "스스로 무언가를 이해할 수 있는 기계를 만드는 일에서 인간은 최근 훨씬 더 발전했기 때문에 '폴라니의 역설'은 과거처럼 장벽이 되지 못하"며 '기계는 심지어 인간이 그것을 가르칠 수 없을 때에도 학습할 수 있다'고 그들은 주장한다.[12)] 청소 로봇과 자율주행차, 이미지 인식 소프트웨어를 개발하기 위해 엔지니어들이 열심히 노력해 온 것은 사실이다. 하지만 수년간의 작업과 수십억 달러를 투자했는데도 불구하고 그 알고리즘들은 여전히 애를 먹고 있다. 주인의 머리카락에 엉켜 붙어서 구급대원들이 도착할 때까지 떨어지지 않는 로봇 청소기에서부터 얼음, 눈, 빛바랜

도로 표시 그리고 날리는 비닐봉지에 어리둥절하는 자율주행차에 이르기까지 말이다.[13)]

인공 인공지능

종국적으로는 긱 경제도 알고리즘의 범위를 벗어나지 않을 것이다. 그러나 작업의 통상적인 특성에 중심을 두고 자동화가 이루어지는 한, 기술은 긱 경제의 다른 분야에서 훨씬 더 빠르게 발전할 것 같다.[14)] 예를 들어 증거개시(證據開示, legal discovery)***와 실사(實査, due diligence)****를 생각해 보라. 몇 주 동안 계속 처박혀서 여러 상자의 서류를 읽는 일이 한때는 많은 보수를 받는 신참 변호사들의 전유물이었지만 이제는 언어 인식과 패턴 인식 소프트웨어에 빠르게 지배당하고 있다.[15)]

현재로서는 자동화가 긱 경제의 성장을 더 멀리 이끌 가능성이 높아 보인다. 기술은 갈수록 더 전통적인 직업들을 별개의 과업들로 나눌 수 있게 해 준다. 기업 합병 거래를 자문하는 상법 변호사를 생각해 보라. 전통적으로 그는 자리에 앉아서 일련의 계약서 초안을 작성하거나 상대방과 만나서 계약조건을 협상하고 고객에게 지속적으로 업데이트를 전달하기 전에 실사부터 시작해야 했을 것이다. 오늘날에는 이러한 작업들 중 일부는 쉽게 자동화될 것이고, 통상적이지 않은

*** 소송을 진행하기 전에 필요한 자료를 상대방에게 요구·취득하는 제도

**** 인수·매수·주식상장 등의 기업활동 과정 중 이해 관계자나 그를 도와주는 전문가들이 필수적으로 수행해야 할 일들을 체계적으로 정리한 절차와 내용

많은 나머지 요소들도 점차 크라우드에 아웃소싱할 수 있게 될 것이다.[16]

자동화로 인해 일부 일자리들이 소멸될 것이라는 점은 거의 확실하다. 그러나 우리는 그것이 긱 경제에 상당한 단기적인 결과를 가져올 것이라고 가정하는 것에는 주의해야 한다. 아마존 M터크 뒤의 목표를 기억하는가? 인공人工 인공지능을 제공하려는 것이다. 컴퓨터가 할 수 없는 것을 인간이 하도록 시킴으로써 말이다.

노동의 미래를 위해 노동법을 다시 생각해 보기

*

자동화가 어떻게 펼쳐지든 간에 중요한 것은 자율주행차와 하인 로봇의 약속이 긱 경제 그리고 더 나아가 전체 노동시장에서 양질의(Decent) 근로조건을 보장해야 하는 절박함을 약화시켜서는 안 된다는 점이다. 우리가 일하고 있는 한, 우리에게는 노동법이 필요하다. 무엇보다도 노동자들 자신의 근본적인 보호를 보장하기 위해서 말이다. 이전 장에서 본 것처럼 노동법은 또한 소비자와 시장을 보호하는 데도 중요한 역할을 하며, 공정한 경쟁의 장에서 혁신과 경쟁을 촉진한다.

기술적 실업과 마찬가지로 일자리 자체에 대한 노동법의 위협도 과장되어 있는 경우가 많다. 이 책의 중심 주장은 대부분의 긱 경제 노동이 노동법의 적용 범위 안에 포함되어야 한다는 것이다. 관련된 모든 이들의 잠재적 이익을 위해서 그렇다. 노동법의 규제는 주문형 서비스의 지속 가능한 미래를 위한 열쇠이기 때문이다. 긱 노동자들을 근로자로, 플랫폼 기업들을 사용자로 취급하는 것은 대량 실업을 부추기는 것이 아니라 생산성과 성장을 위한 틀을 만들어 줄 것이다.

그러나 긱 경제에 노동법을 일관되게 적용하는 것은 노동의 미래를 위해 노동법을 다시 생각해 보는 첫 번째 단계일 뿐이다. 기술 발전과 긱 경제의 성장은 20세기에 노동법이 발전한 배경이 되었던 근로자와 사용자 사이의 안정적이고 쌍무적인 업무 관계로부터 노동을 벗어나게 만드는 많은 요인 중 두 가지에 불과하다. 그 대신 종종 여러 사용자들을 위해 일하거나 어쩌면 진정한 기업가정신의 기간 사이에 있는 간헐적인 업무가 늘어나고 있다. 실제로 알고리즘에 의한 통제에서부터 플랫폼 기업들의 사업 모델에 이르는 긱 경제의 일부 측면들은 긱 경제 고유의 현상이긴 하지만 그 밑에 깔려 있는 많은 문제들은 결코 플랫폼 노동에 국한되지 않으며 오랫동안 집중적인 학문적 연구의 대상이 되어 왔다.

점점 더 많은 수의 근로자들이 노동시장에서 긱 노동 동료들이 직면하고 있는 도전을 함께 공유하고 있다. 이러한 노동시장으로 나아갈수록 노동자를 보호하는 새로운 모델에 대한 창의적인 접근 방식이 정말로 필요하다. 그것은 쉽지 않은 일이다. 그러나 모른 척할 여유가 없다.

감사의 글

거의 3년 전에 나는 제네바에 있는 국제노동기구(ILO)에서 연설하도록 초청받았다. 길고 화창한 날이었고 나는 수영과 퐁듀를 위해 방데빠키 Bains de Pâquis 노천탕으로 몰래 빠져나가는 것만을 학수고대하고 있었다. 그러나 발레리오 데 스테파노가 준비한 크라우드노동에 관한 세션이 내 눈길을 끌었다. 터벅터벅 걸어갔다가 나는 알고리즘에 의한 상사들, 역사 속에 나오는 선대제 모델들 그리고 크라우드소싱 노동에 매료되었다.

최근에 다자간 고용에 관한 책을 막 끝낸 후라서, 나는 이러한 새로운 상황에 대해 아는 것이 너무 적어 당황했고, 전통적인 노동법의 논의가 새로운 맥락에서 어떻게 전개될 것인지 보게 되어 흥분했다. 옥스퍼드로 돌아가는 길에 나는 《사용자의 개념(The Concept of the Employer)》(Oxford University Press, 2015)의 페이퍼백 판을 위한 크라우드노동에 대한 장을 새로 써서 편집자인 알렉스 플라크에게 보내야겠다고 결심했다. 그는 흥미진진한 역제안을 내놓았다. 긱 경제를 자세히 탐구하는 책을 따로 쓰는 것은 어떻겠냐는 것이었다.

그래서 나는 서비스로서의 인간에 대한 연구를 시작했다. 우리가 막 인쇄를 시작하려고 하는 지금 이 글을 쓰는 것은 책을 완성하는 데 값진 저작과 지원을 통해 그 과정에서 영감을 주고 많은 아이디어들을 형성하게 해 준 모든 분들(특히 재닌 버그, 미리암 체리, 발레리오 데 스테파노, 마틴 리삭 그리고 식스 실버맨)에게 내가 감사를 표할 수 있는 기회를 갖기 위해서다. 2015년 가을, 우리는 펜실베니아대학 와튼 스쿨에서 발레리오, 맷 핑킨, 재니스 벨레이스가 긱 경제를 주제로 주최한 매력적인 워크숍을 즐겼다. 그 자리에는 아비 아담스, 안토니오 알로이아이스, 신시아 에스틀런드, 스티븐 그린하우스, 사라 루이스, 윌마 립먼, 스티븐 윌본 등도 참석했다.

옥스퍼드대학 모덜른컬리지에서 나와 함께하는 법학 교수들(카타린 그레블링, 로데릭 백쇼, 로저 스미스)은 후배 학자가 바랄 수 있는 가장 힘이 되는 동료였으며, 나는 마크 프리드랜드가 수년간 사려 깊게 참여하고 지원해 준 것에 깊이 감사한다. 나는 더 넓은 노동법 공동체의 친구와 동료들에게 계속 빚을 지고 있다. 아이나트 알빈, 사피에 애쉬티아니, 리지 바메스, 캐서린 바너드, 앨런 보그, 데이비드 카브렐리, 휴 콜린스, 니콜라 콘토리우스, 앤 데이비스, 폴 데이비스, 사이먼 디킨, 루스 듀크스, 샌디 프레드먼, 주디 퍼지, 버지니아 맨투발루, 토니아 노비츠 그리고 그 밖의 모든 사람들이 참을성 있게 내 생각을 들어 준 덕분에 나는 긱 노동을 가능하게 하는 기술은 새로운 것인 반면 밑에 깔려 있는 거의 모든 관련된 문제들은 오랜 세월 동안 걸쳐 왔다는 깨달음에까지 서서히 도달할 수 있었다.

실제 집필의 대부분은 예일대학 로스쿨에서 두 번에 걸쳐 길게 집중적으로 이루어졌다. 그곳에서 나를 친절하게 환영해 준 해롤드 코와 메리-크리스티 피셔, 귀도 칼라브레시, 알 클레보릭, 로버트 포스트, 로베르타 로마노, 데이비드 슐레이셔, 앨런 슈워츠, 스티브 위즈너, 게오르갠 로저스 그리고 마리아 디노에게 감사한다. 헨리 한스만은 한 학기 동안 그의 서재를 두 번이나 나에게 빌려주었고, 잭 발킨, 레베카 크로토프, 이그나시오 코포네 그리고 B. J. 아드는 나를 초청해 예일대학 인터넷과 사회 프로젝트에서 이 작업에 관해 토론하도록 해 주었다.

연구 주제가 빠르게 움직이고 있다는 점을 고려할 때, 나는 정말로 뛰어난 연구 조력을 받을 수 있어서 매우 운이 좋았다. 특히 제니퍼 호와 레이첼 헌터는 여러 플랫폼 기업들에 대한 자료를 수집해 주었다. 길리언 휴즈와 데이비드 로우는 자세하게 공들여서 사실 관계를 확인하고 최종 원고를 검토해 주었다. 조 애덤스는 4장을 위한 역사 연구에 통찰력과 도움을 주었고, 예일대학 로스쿨에 있는 릴리안 골드만 도서관의 사서들은 19세기 자료들을 파헤쳐서 나의 역사적 탐구를 지원했으며, 나의 모덜른컬리지 동료인 시안 푸리는 그것을 친절하게 읽고 논평해 주었다. 엘리사벳 브라메슈버, 테스 하디, 마르친 우지크, 조안나 언테르슈에츠와 같은 다른 동료들은 내가 외국 자료에 접근할 수 있도록 도움을 주었다.

작업을 진행하는 동안 전 세계에 걸쳐 40회 이상의 워크숍과 강연에서 떠오르는 아이디어를 제시해 달라고 초청해 준 것에 감사한다. 지면이 모자라는 이유로 전체 목록을 모두 열거할 수는 없지만, 나는 특별히 정부 관료, 국제기구, 사용자 대표, 노동조합, 학계 그리고 우버의 아미트 싱과 가이 레빈을 포함하여 긱 경제 플랫폼 기업들이 제공해 준 토론과 산업계의 통찰력 그리고 지적에 대해 특별히 감사하고 있다.

나는 많은 수의 친구들과 동료들로부터 이 책의 초고에 대해 피드백을 받을 수 있어서 운이 좋았다. 조지와 이모겐 아담스, 아이나트 알빈, 다이아몬드 아시아그보, 리지 바메스, 에이리크 비요르지, 크레이그 베커, 데이비드 카브렐리, 폴 린튼 코위, 볼프강 도이블러, 히테쉬 도라지왈라, 루카 엔리크, 매튜 핑킨, 마이클 포드 QC, 샬롯테 가든, 제이콥 해커, 맥스 해리스, 휴버트 호란, 벤 존스, 비제이 조시, 미리암 쿨만, 빌리 레돈비르타, 얀 마르코 라이마이스터, 호세 마리아 미란다, 가이 먼들락, 울리히 뮈켄버거, 라헬 네디, 칼립소 니콜라이디스, 톰 노만, 케이트 오레건, 에이단 레이, 다이앤 링, 브리셴 로저스, 벤자민 삭스, 데이비드 슐레이처, 안드레자 슈나이더-되르, 아드리안 토돌리 시녜스, 톰 슬리, 게리 스핏코, 샌디 스틸, 바니샤 석데오, 앤디 서머스, 줄리아 토마세티, 말콤 윌리스, 스티브 윌본, 프레드 윌모트-스미스 그리고 익명을 요구한 산업계, 사법부, 정부의 몇몇 사람들이다. 데부 체임버스의 호의로 홍콩대학 법학부에 오래 머물면서 나는 오늘 당신 앞에 있는 최종본의 원고를 다시 쓸 수 있었다. 나는 교정 단계에서 할 수 있는 한 가장 최신의 업데이트를 포함시켜서 2017년 9월 현재의 법을 설명하기 위해 노력했다. 통상적인 부인 조항(usual disclaimers)이 적용된다.

옥스퍼드대학 출판부의 알렉스 플라크와 엠마 테일러는 이 프로젝트를 처음부터 격려하고 지침과 피드백을 내내 제공해 준 탁월한 편집자였다. 최종적인 제품을 만들어 내는 데 고생한 제작진 모두에게 감사하는 것이 당연하지만 특히 이 책의 맥락에서 보면 더욱 그러하다. 한나 뉴포트-왓슨은 '긱 노동자'들로 팀을 조직하여 편집과 교정, 최종 색인을 작업했다. 감사합니다. 바네사 플래이스터, 제레미 랭워시 그리고 이본 딕슨! (업워크를 통해 고용된) 키릴 리센카가 커버 디자인을 고안해 냈다.

마지막으로, 하지만 앞에 언급한 분들 못지않게, 지난 몇 년 동안 나를 지원해 준 친구들과 가족들에게 나는 큰 빚을 지고 있다. 집을 처음부터 개조하려고 하면서 노동 법률가가 알고 싶어 하(지 않)는 개인의 의존성과 종속성에 대해 모든 것을 배우게 되었다. 세바스찬 부체크, 캐서린 그레블링 그리고 엘리자베스 맥팔레인, 엠마 스미스의 친절과 지혜가 없었다면 우리는 성공하지 못했을 것이다.

모든 것의 중심에는 아비 아담스의 사랑과 지지가 있었다. 이 책에는 그와 토론하고, 그에게 자극받고, 그로 인해 개선되지 않은 페이지가 한 장도 없고 이 책을 쓰는 동안 자극이 되는 토론과 결정적인 투입이 없이 지나간 날 역시 하루도 없었다. 소울메이트이자 함께 꿈꿀 수 있는 동지를 찾은 것은 믿을 수 없을 정도로 행운이다. 나의 깊은 사랑과 감탄을 담아 이 책을 아비에게 바친다.

J.F.B.P.
옥스퍼드대학 모덜른컬리지
2018년 힐러리 학기에

옮긴이 해제

들어가며

이 책과 처음 만난 것은 2018년 가을이었다. 제목에 끌려 읽기 시작했지만 그때까지만 하더라도 영미권의 사례가 낯설기도 했고 공유경제가 말하는 기대와 약속이 제법 그럴싸하게 들렸던 터라 건성으로 페이지만 넘기다가 덮어 버렸다. 그러나 그렇게 책장에 꽂아 놓고 잊어버렸던 책을 다시 찾게 되는 데는 불과 1년도 채 걸리지 않았다. 플랫폼 노동이 빠르게 확산되면서 여러 문제들이 사회적 이슈로 떠올랐는데 플랫폼 기업과 정부, 학계와 언론이 이구동성으로 주장하는 내용이 어딘지 모르게 너무 익숙했기 때문이다. "현재에 발 딛고 과거와 싸워서 미래를 만든다"며 기존 법 제도와 사회적 가치를 거침없이 짓밟는 플랫폼 기업들을 보고 더 늦기 전에 이 책을 국내에 소개해야겠다는 생각에 서둘러 번역에 나섰다.

이 책의 원제는 'Humans as a Service — The Promise and Perils of Work in the Gig Economy'다. 'as a Service'는 IT 기술용어

로서 Software as a Service에서와 같이 번거로운 설치 과정을 거치지 않고 간편하게 사용할 수 있다는 의미로 쓰이는데, 거추장스러운 노동법의 규제를 받지 않고 사람의 노동력을 쉽게 사용할 수 있다는 뜻에서 플랫폼 노동을 Humans as a Service로 표현한 것이다. 플랫폼 기업들은 혁신적인 디지털 전환으로 인해 노동의 본질이 완전히 달라졌다고 말한다. 개인들은 각자가 원하는 방식으로 자유롭게 일할 수 있어야 하며, 더 이상 낡은 법과 경직된 제도로 시장을 옭아매서는 안 된다는 것이다.

그러나 노동은 상품이 아니다(Labour is not a commodity). 사람의 노동은 그것을 제공하는 사람과 분리될 수 없기에 상품처럼 자유롭게 거래되어서는 안 되며 특별하게 존중받아야 한다. 이것이 '국제노동기구(ILO)의 목적에 관한 필라델피아 선언(1944년)'이 맨 앞에서 천명하고 있는 기본 원칙이다. 노동의 조건을 개선하여 사회정의를 실현하기 위해 노동법은 적극적으로 개입하여 시장의 탐욕과 전횡을 통제해야 한다. 그 노동이 플랫폼을 통해 이루어진다고 하더라도 결코 예외가 될 수 없다. 플랫폼 노동 역시 상품이 아니다.

이 책은 2018년 출간 당시 미국과 유럽의 상황을 중심으로 논의를 펼치고 있다. 이 글의 목적은 2년이 지난 지금 이 책을 읽는 국내 독자들의 이해를 돕기 위한 것이다. 먼저 플랫폼 노동을 둘러싼 개념과 용어들을 간단히 정리하고, 특히 이 책에서 강조하는 노동법의 적용 범위에 관해 살펴본다. 그 뒤에 미국과 유럽에서 최근 변화한 상황을 간단히 언급하고, 우리나라에서의 논의 과정과 대표적인 사건들을 소개하고자 한다.

개념과 용어들

플랫폼 노동을 둘러싸고 많은 개념과 용어들이 끊임없이 생겨났다가 빠르게 사라지고 있다. 때로는 예전부터 존재해 온 개념들이 서로 중첩되면서 새로운 의미를 덧입게 되기도 한다. 개념의 범주를 미리 엄밀하게 정하고 그에 따라 구분하는 것이 아니라 새로운 서비스와 사업 모델이 등장할 때마다 그 구체적 현상의 특징을 포착하여 거꾸로 범주를 형성해 나가는 과정에 있다 보니 용어의 시간적 생명력이 짧고 통용되는 규범력 역시 미미하며 마케팅 수단에 불과한 경우도 많다. 플랫폼 기업들이 대외적으로 내세우는 가치 또한 특정한 사업 모델의 등장 배경과 잦은 변동, 각국에서의 규제 대응과 같은 여러 변수에 따라 끊임없이 바뀌고 있기 때문에 논리나 철학에서 일관성을 찾기가 어렵다. 예를 들자면 어제는 공동체의 회복을 내걸었지만 오늘은 생태친화적 가치를 강조하다가 내일은 갑자기 유니콘 기업 육성이나 일자리 창출, 또는 플랫폼 애국주의까지 들먹이는데 그때마다 신조어가 등장하는 식이다. 설상가상으로 한국에서는 산업 특성상 영어와 우리말 번역어들까지 어지럽게 뒤섞여 쓰이고 있다.

이러한 점들을 감안하여 용어들 간의 상관관계를 개략적으로 정리하자면, 공유경제(Sharing economy)란 IT 기술의 발달에 힘입어 기존에 활용되지 않던 유휴자원을 일정한 비용을 지불하고 사용함으로써 자산의 소유자는 추가적인 소득을, 이용자는 저렴한 이용을 누릴 수 있다는 것이다. 특히 사람의 노동이 그 대상이 될 때 안정된 일자리를 보장하지 않는다는 의미로 영미권에서는 주로 긱 경제(Gig economy)라는 용어를 사용하며, 필요할 때 노동을 일회적으로 주문해서 사용할 수 있다는 뜻에서 주문형(On-demand) 경제라는 표현도 쓰인다. 반면에 우리나라에서는 온라인 플랫폼을 통해 간헐적·일회적으로 중개된다는 점에 초점을 둔 '플랫폼 노동'이 대중적으로 좀 더 익숙하지만 구체적인 개념은 아직까지 명확하게 정리가 이루어지지 않은 상태다. 법적 지위와 규율을 둘러싼 여러 측면에서 기존의 특수형태근로종사자(특수고용직노동자)와 유사하다고 해서 최근에는 '디지털 특고'라고 부르기도 한다.

플랫폼 노동을 분류하는 방식도 다양한데 초창기에는 주문형/AMT형, 대면형/비대면형, 지역(Location) 기반형/웹(Web) 기반형 등으로 구분했다. 예를 들어 음식배달 서비스는 거래가 플랫폼을 통해서 매개되지만 특정 지역에 기반해서 고객과 직접 물리적으로 대면하는 방식으로 배달이 이루어지기 때문에 주문형이자 대면형, 지역 기반형 플랫폼 노동인 셈이다. 반면에 번역이나 디자인, 프로그래밍과 같은 외주 작업을 플랫폼을 통해 맡기고 모든 거래가 온라인상에서 완료된다면 비대면형, 웹 기반형으로 분류한다. 다만, 플랫폼 기업의 사업 모델들은 수시로 성격이 바뀌는 데다 서로 교차하는 경우가 많기 때문에 최근에는 범주가 더욱 세분화되고 있다. 플랫폼 노동 전체를 한꺼번에 설명할 수 있으면서도 동시에 실익 있는 구분의 범주는 갈수록 제시하기가 쉽지 않은 것이 사실이다.

노동법의 적용 범위

긱 경제를 둘러싼 논란은 사업 모델 자체의 합법성, 종사하는 노무 수행자들의 법적 지위, 과세 문제 등에 이르기까지 다양하다. 이 책은 그 중에서도 종사자들에게 노동법상의 지위를 보장하는 것이 여러 문제 해결의 열쇠가 된다고 주장한다. 우리나라에서도 플랫폼 노동의 '근로자성 인정' 여부가 첨예하게 논란이 되고 있다. 플랫폼 노동자가 연장·야간·휴일 수당을 청구하거나 부당해고를 다투고자 한다면 먼저 '근로기준법'이 적용되는 근로자로 인정받아야 '근로기준법'으로 보호받을 수 있다. 노동조합을 결성하여 단결하거나 사용자에게 단체교섭을 요구하고, 단체행동권을 행사하기 위해서는 '노동조합 및 노동관계조정법(노동조합법)'상 근로자여야 한다. 일하다 다쳤을 때 산재보험으로 보상받으려면 '산업재해보상보험법'상 근로자에 해당해야 한다. 사용자들은 흔히 근로계약 대신 위임이나 도급, 위탁이나 용역, 프리랜서 등의 형식으로 계약을 체결하고, 분쟁이 벌어지면 노무를 제공하는 상대방은 근로자가 아니라 자영업자일 뿐이므로 자신은 사용자로서의 책임을 질 이유가 없다고 항변한다. 이때 근로자에 해당하는지 여부는 인적 종속성과 경제적 의존성을 비롯한 다양한 기준을 가지고 판단하지만, 최근 대법원은 근로자성 인정의 범위를 넓혀서 학습지교사를 비롯한 여러 직종에 대해 (근로기준법상 근로자는 아니지만) 노동조합법상 근로자에 해당한다는 판결을 잇따라 선고하고 있다.

노동법의 적용 범위에 대한 논의가 핵심이기 때문에 이 책에서는 노동법에서 쓰는 용어를 기준으로 삼았다. 근로계약 관계의 양쪽 상대방인 employee는 (피고용인, 종업원 대신에) 근로자, employer는 (고용인 대신에) 사용자로 옮겼고, employee보다 더 넓은 의미에서의 worker는 노동자 혹은 특정한 맥락에서는 노무 수행자로, 그와 대비되는 independent contractor는 독립계약자로 번역했다. entrepreneurship은 기업가정신으로 통일했는데 여러 뉘앙스를 담고 있기 때문에 '진짜 사장', '개인사업자'로 바꿔 읽는 것이 더 쉽게 와닿는 맥락도 있다. 또한 영국과 미국에서는 개별적 근로관계법(Employment law)과 집단적 노사관계법(Labour law)을 구분해서 쓰는 경우도 많지만 자연스러운 이해의 흐름을 위해 employment law는 노동법으로 옮겼다.

미국과 유럽에서의 최근 변화

2018년 4월, 물류회사 Dynamex의 배달기사들이 자신은 독립계약자가 아니라 그 회사의 근로자라고 주장하며 초과근로 수당 등을 청구한 사건에서 미국 캘리포니아주 대법원은 이른바 ABC 테스트를 적용했다. 일하는 사람이 독립계약자라는 점을 사용자가 증명해야 하고, 만약 실패한다면 그는 사용자가 고용한 근로자에 해당한다고 판결을 내린 것이다. 이듬해 캘리포니아주 의회에서 이 판결의 내용을 법률에 반영하는 AB5(Assembly Bill No.5)가 발의되자 우버와 리프트 등 플랫폼 기업들은 거칠게 반발했다. 들끓는 찬반 여론 속에 AB5는 결국 의회를 통과하여 2020년부터 시행되고 있다. 캘리포니아주 정부는 6월에 우버와 리프트가 운전자들을 독립계약자로 잘못 분류하지 못하도록 가처분을 신청했고, 주 법원은 8월에 이를 받아들였다.

한편 유럽에서도 다양한 방식으로 플랫폼 노동자를 보호하려는 움직임이 잇따르고 있다. 특히 프랑스는 2016년에 이미 '노동과 사회적 대화의 현대화 그리고 직업적 경로의 보장에 관한 법'을 제정하여 플랫폼 노동자의 권리를 최초로 법제화한 바 있다. 뿐만 아니라 최근 파리 산업재판소는 딜리버루 배달원이 딜리버루 프랑스와 고용계약을 체결한 것으로 간주해야 한다고 판결을 내렸고, 최고법원인 파기원 역시 우버와 운전자 간 계약이 고용계약이라고 판결했다. 또 유럽연합은 2019년 '투명하고 예측 가능한 근로조건에 관한 지침'을 제정하여 보호대상 주체를 종전의 근로자(Employees)에서 노무제공자(Workers)로 확대했다. 회원국들은 2022년 8월 1일까지 이 지침을 준수하기 위해 필요한 조치를 취해야 한다. 더 나아가 플랫폼 노동자들은 입법과 판결을 기다리는 것에 그치지 않고 노동조합을 조직하여 단체교섭을 통해 자신들의 권리를 스스로 쟁취해 나가고 있다. 대표적으로 2019년 2월에 영국 최대 택배업체 중 하나인 헤르메스는 산업별 노동조합인 GMB와 단체협약을 체결해 택배기사 1만 5,000명에게 (그들이 선택하면) 최저임금과 휴일근무 수당을 보장해 주기로 했다. 유럽 전역에서 새로운 실험들이 이어지고 있다. 마르그레테 베스타게르 유럽연합(EU) 경쟁 담당 집행위원은 "플랫폼 노동자들이 노동조합을 설립하거나 적정임금을 교섭하지 못하도록 금지하는 경쟁법은 없다"며 플랫폼 기업이 노동자들을 자영업자로 오분류하더라도 그들과 맺는 단체협약이 담합이 되는 것은 아니라고 강조했다.

우리나라의 상황

1. 전반적 평가

우리나라에서는 주로 '성장'과 '산업'의 논리가 우선이었다. 공유경제와 혁신성장, AI와 4차 산업혁명을 위해 지원해 달라는 플랫폼 기업들의 적극적인 공론 형성에 정부가 호응했고 학계와 언론 역시 한목소리로 입을 모았다. 플랫폼 기업들의 이해관계를 대변하는 코리아스타트업포럼이 만들어졌고(2016년 9월), 대통령 직속 4차산업혁명위원회가 출범했으며(2017년 10월), 이재웅 당시 쏘카 대표는 기획재정부 산하 혁신성장본부 민간공동본부장을 맡았다(2018년 8월). 처음부터 기울어진 운동장 위에서 경기가 시작되었다.

여러 정부 부처와 각종 기구에서 엇비슷한 논의가 우후죽순 진행되었다. 하지만 혁신 성장을 위한 산업 생태계 활성화와 이를 위한 규제 완화에 주된 초점이 맞춰졌기 때문에 종사자에 대한 보호가 차지하는 비중은 매우 미미했고, 때로는 한술 더 떠 오히려 노동자들의 삶을 파괴하는 내용조차 혁신으로 미화되고 포장되었다. 게다가 논의 주체의 대표성과 진행 과정의 일방성에 대해서도 심각하게 문제가 제기되었다. 다양한 공적 논의 과정에서 업계 이익단체의 과대대표성에 대한 비판이 거셌고, 우호적 성향의 전문가 그룹에 편중된 인적 구성도 논의의 사회적 공신력을 떨어뜨렸다.

기존의 산업적 기반과 질서를 토대로 시장의 재편이 이루어지는 과정에서 플랫폼 기업들은 전통적인 시장 구조나 거래 관행, 법적 규제 등과 마찰을 빚기도 하고 절충하면서 사업 모델이 변질되기도 하는데, 이러한 갈등은 플랫폼 노동의 본질을 은폐하는 여론몰이의 소재로 흔히 악용되었다. 미래를 새롭게 선도해 나가려는 혁신적 시도에 낡은 법과 제도로 '불법' 낙인을 찍어 전 세계적인 추세를 역행할 것이냐고 언론은 끊임없이 다그쳤고, 불합리하게 왜곡된 시장 구조를 파괴적으로 혁신하려는 스타트업 기업에 국민들이 힘을 실어 달라고 진영 논리를 유포하면서 플랫폼 기업들은 스스로를 사회 혁신의 아이콘처럼 포장했다. 시장을 산업화해야 한다거나 음성적 거래 관행을 양성화할 필요가 있다는 주장은 플랫폼 기업들의 갑질과 횡포를 숨기고 정당화하는 세련된 논리로 아직까지도 작동하고 있다.

학계는 소극적이었다. 많은 연구가 유행처럼 쏟아지고 있지만, 주로 외국 사례 소개나 실태 조사에만 치우치다 보니 상호 참조를 거듭하며 피상적 일반론만 되풀이되고 있다. 더 나쁜 것은 이미 결론이 정해진 채로 진행되는 주문형 연구다. 플랫폼 노동은 새롭게 등장하고 있는 고용 형태이므로 기존 노동법으로는 규율할 수 없다고 일찌감치 선험적으로 전제하고 나서 '근로자가 아니라' 회색 지대(Grey zone)로 보호하자거나 최소한의 사회보험 적용 방안부터 우선 찾아보자는 발주자 맞춤형 정책 연구가 기승을 부리고 있다. 비생산적인 논의가 계속 이어지면서 피로감이 쌓이자 20년 가까이 별 성과 없이 끌어온 특수형태근로종사자에 관한 갈등을 이름만 바꿔서 여전히 재탕하고 있다는 회의적 비판까지 일고 있는 상황이다.

노동운동과 시민사회운동 역시 플랫폼 노동에 대한 뚜렷한 입장을 내놓지 못한 채 실천적 개입에서 무기력한 모습을 보여 왔다. 심지어 진보 성향의 일부 단체들은 플랫폼 기업의 주장을 무비판적으로 추종하기에 바빴고, 노동계 내부에서도 부화뇌동하는 모습에 대한 비판이 있었다. 미조직 상태의 대다수 플랫폼 노동을 기존 노동조합 질서가 적절히 대변하지 못하는 가운데, 기울어진 운동장은 갈수록 심화되고 있다.

2. 대표적 논란

(1) '우버', '카풀', 그리고 '타다'

'여객자동차 운수사업법(여객자동차법)'은 허가받지 않고 유상으로 여객을 운송하는 행위를 금지하고 있다. 대중교통의 공공성을 유지하기 위해 서비스 공급자의 수를 제한하는 한편, 승객의 편의와 안전을 도모하기 위한 취지에서다.

공유경제 열풍이 한창이던 2013년 8월에 우버는 한국에서 자가용 승차공유 서비스(우버X)를 시작했다. 여러 사회적 논란 끝에 국회는 2015년 '여객자동차법'을 개정했고(이른바 '우버금지법'), 우버는 잠정 철수했다. 법 개정 당시에 택시 서비스를 보완하기 위해 출·퇴근시간대 카풀과 11인승 이상 승합차 등의 렌터카 임차인에 대한 운전자 알선을 예외적으로 허용했는데, 이 2개의 불씨가 몰고 온 사회적 파장은 엄청났다.

먼저 불을 당긴 것은 카풀이었다. '출·퇴근시간대'라는 규정의 빈틈을 이용하여 사실상 24시간 승차공유를 중개하는 여러 카풀 앱이 출시되자 2018년 택시업계의 반발이 거세졌고 급기야 궁지에 몰린 택시기사들의 분신자살로까지 이어졌다. 사회적 대타협을 거쳐 출·퇴근시간대를 두 시간씩으로 제한하는 법 개정이 이루어졌다(이른바 '카풀제한법').

한편 타다는 2018년 10월에 서비스를 개시했다. 쏘카가 11인승 카니발 차량을 렌터카로 제공하고 그 자회사 VCNC가 승객과 드라이버를 앱으로 연결하여 여객운송 서비스를 제공한 것이다. 택시와 차별화한 서비스를 무기로 소비자들의 우호적 여론을 형성하면서 타다는 무서운 속도로 성장했다. 카풀을 둘러싼 갈등이 수습되자 택시업계의 반발이 타다를 향해 옮겨 갔지만, 타다 역시 쉴 새 없이 적극적 여론몰

이로 응수했다. 2019년 10월에 검찰은 타다 서비스 운영사인 쏘카와 VCNC, 그 대표인 이재웅과 박재욱을 여객자동차법 위반으로 기소했다. 2020년 2월 1심 법원은 무죄 판결을 선고했고 현재 항소심이 진행 중이다. 이와 별개로 국회는 타다가 사업 모델의 근거로 내세웠던 여객자동차법 시행령의 당초 입법 취지를 반영하여 법률을 개정했고(이른바 '타다금지법'), 이에 타다는 서비스 중단을 선언했다.

하루아침에 일자리를 잃게 된 타다 드라이버들은 노동조합('타다 드라이버 유니온')을 결성했다. 이들은 이재웅, 박재욱 대표를 '파견근로자 보호 등에 관한 법률' 및 '근로기준법' 위반 혐의로 검찰에 고발하고 근로자 지위 확인소송과 미지급 임금 청구소송을 법원에 제기했다. 한편 파견용역업체와 프리랜서 계약을 맺고 타다를 운전하다가 일방적 계약 해지를 당한 드라이버가 낸 부당해고 구제신청을 서울지방노동위원회는 각하했으나, 2020년 5월 중앙노동위원회는 근로기준법상 근로자로 봐야 한다고 초심을 취소했다.

(2) 음식배달

우리나라의 음식배달 산업은 다른 나라와 비교할 때 여러 면에서 독특한 구조로 이루어져 있다. 우선 고객과 음식점을 연결하는 주문 중개앱(대표적으로는 배달의 민족, 요기요 등)과 음식점과 배달대행업체 사이의 배달 중개앱(생각대로, 부릉, 바로고 등)이 분리되어 있다. 주문 중개앱이 등장하기 전에 전화로 음식을 주문하던 시절부터 이미 동네마다 배달대행 시장이 형성되어 온 역사적 측면이 반영된 것이다. 또 다른 특징은 '관제' 시스템의 존재다. 출·퇴근 근태 관리에서부터 강제 배차에 이르기까지 배달 노동의 전 과정이 '센터'를 통해 관리·통제되기 때문에 첨단 알고리즘과 전근대적 노동 착취의 비동시대적 요소가 동시에 혼재하고 있다. 배달노동자들의 고용 형태도 다양하다. 배달대행업체에 직접 고용된 근로자와 프리랜서 형태의 특수형태근로종사자뿐만 아니라 최근에는 (배민 커넥트와 같은) 크라우드소싱 방식의 배달노동자도 빠르게 늘어나고 있다. 배달노동자들을 대변하기 위해 2019년 5월 '라이더유니온'이 결성되었고, 같은 해 11월 서울특별시로부터 노동조합 설립신고 필증을 교부받아 현재 다양한 활동을 활발하게 벌이고 있다.

이륜차로 배달을 하는 점, 음식의 특성상 식기 전에 배달을 완료해야 하는 점, 배달 건당 수수료가 낮기 때문에 안정적인 소득을 위해서는 제한된 시간 동안 가능한 한 여러 건의 배달을 해야 하고 그러다 보면 교통 법규를 제대로 준수하기가 쉽지 않은 점 등으로 인해 배달 과정에서 사고가 많이 일어난다. 2018년 4월에 대법원은 배달노동자를 산재보험법상 특수형태근로종사자로 인정하는 판결을 내렸다. 더 나아가 라이더유니온은 특수형태근로종사자에게 산재보험료의 2분의 1을 부담시키는 '고용보험 및 산업재해보상보험의 보험료징수 등에 관한 법률' 조항이 위헌이라고 다투는 공익소송을 사단법인 노동법연구소 해밀과 함께 진행하고 있다.

3. 사회적 대화

이제까지 이루어진 공적 논의들을 반성적으로 성찰하는 가운데 2020년에 새로운 시도가 펼쳐지고 있다. 4월에 출범한 '플랫폼 노동 대안 마련을 위한 사회적 대화 포럼'은 전국서비스산업노동조합연맹과 라이더유니온, 코리아스타트업포럼이 참여하여 정부 주도가 아닌 노사가 자발적으로 논의하는 대화를 실험하고 있다. 대통령 직속 경제사회노동위원회도 5월부터 배달업종 분과위원회를 시작으로 플랫폼 노동에 대한 사회적 대화에 본격적으로 착수했다. 플랫폼 노동에 기반한 산업 생태계가 공정과 혁신의 가치를 조화롭게 반영하여 구축되어야 할 필요성을 전제로 플랫폼 기업에 대한 규제체계의 원칙과 방향을 사회적으로 논의하고 특히 오토바이 유상운송 보험료와 산업안전 및 산재보험 제도를 개선하는 계기가 마련될 전망이다.

질문 다시 해 보기

'혁신'을 앞세운 플랫폼 기업들의 무법적 행태가 고스란히 드러나고 사회적 규제 필요성에 대해 광범위한 공감대가 형성되었지만 아직도 비슷한 논란이 일 때마다 "혁신인가, 아닌가?" 하는 허망한 논쟁만 되풀이되고 있다. 과연 우리 사회가 그동안 쌓아 올린 가치와 질서를 양보하고 구성원들 사이의 오랜 신뢰와 합의를 허물면서까지 받아들여야 할 만큼 그 혁신이 가치 있는 것인가? 만일 부득이하게 위험과 희생을 감내해야만 한다면 누가 얼마만큼 부담하는 것이 정의로운가? 가

죽을 벗기는(革新) 고통을 거쳐 거둔 성과는 누구에게 돌아가야 하는가? 정말 진지하게 토론해야 할 이러한 질문들 대신에 엉뚱하게도 진짜 혁신이 도대체 뭐냐는 소모적인 선문답으로 담론이 공회전하고 있는 것이다. 그러는 사이에 책임은 모조리 사회에 떠넘기고 이윤만 취하겠다는 플랫폼 기업들의 전형적인 궤변만 넘쳐 나고 있다. 물론 혁신의 감언이설에 취해 깨어나지 않는 정부와 학계, 언론의 잘못이 더 크다.

저자는 기술 혁신이 가져다주는 장점을 살리면서도 그것이 사회 전체에 가치 있게 이바지하도록 이끌 수 있는 해결책을 명쾌하게 제시하고 있다. 바로 플랫폼 노동에 노동법을 적용하는 것이다. 노동법은 일하는 사람들이 플랫폼 기업의 이윤을 위해 희생되지 않도록 보호해 줄 뿐만 아니라 더 나아가 혁신의 비용을 플랫폼 기업에 공정하게 부담시키고, 그 성과를 우리 사회 구성원 모두가 누릴 수 있게 해 줄 것이다. 지금 우리가 이 책을 읽어야 하는 이유다.

주

들어가며

✲

1) Tom Standage, The Mechanical Turk: The True Story of the Chess-playing Machine that Fooled the World (Allen Lane 2002). For entertaining reviews, see Simon Singh, 'Turk's gambit', The Guardian (20 April 2002), http://www.theguardian.com/books/2002/apr/20/scienceandnature.highereducation, 보존된 주소는 https://perma.cc/T9XK-W7N4; Dick Teresi, 'Turkish gambit', The New York Times (2 June 2002), http://www.nytimes.com/2002/06/02/books/turkish-gambit.html. 기계 투르크인이 실제로 움직이는 모습을 보고 싶다면, 여기서 모형을 볼 수 있다.: 'Meet the Mechanical Turk, an 18th century chess machine', BBC News (22 March 2013), http://www.bbc.co.uk/news/av/magazine-21882456/meet-the-mechanical-turk-an-18th-century-chess-machine
2) Ursula Huws, 'New forms of platform employment or crowd work', in Werner Wobbe, Elva Bova, and Catalin Dragomirescu-Gaina (eds), The Digital Economy and the Single Market (FEPS 2016), 73, 는 얼마나 폭넓고 다양한 긱 경제 서비스가 있는지 보여 준다.:

   고급 시장에서는 법률 서비스를 제공하는 Axiom, 의료 서비스를 제공하는 Hal, Medicast, 고위 임원을 제공하는 Business Talent Group, 경영 컨설팅을 제공하는 Eden McCallum과 같은 회사를 찾을 수 있다. 수준을 더 내리면 청소, 심부름, 기본적인 집 유지 보수 작업 등 간단한 서비스를 제공하는 Handy, Taskrabbit, Helpling, Hassle 등의 회사를 찾을 수 있다. 그 중간에서 교사, 요리사, 나무 치료전문가(Tree surgeons), 미용사, 번역가, 영화 편집자를 포함한 광범위한 직업 범주를 발견할 수 있다.
3) Steven Hill, Raw Deal: How the 'Uber Economy' and Runaway Capitalism Are Screwing American Workers (St Martin's Press 2015).
4) Rachel Botsman and Roo Rogers, What's Mine Is Yours: The Rise of Collaborative Consumption (레이철 보츠먼, 루 로저스, 《위 제너레이션》, 이은진 옮김, 모멘텀, 2011) (Collins 2011).
5) Arun Sundararajan, The Sharing Economy: The End of Employment and the Rise of Crowd-Based Capitalism (아룬 순다라라잔, 《공유경제》, 이은주 옮김, 교보문고, 2018) (MIT Press 2016), 19.
6) Sangeet Paul Choudary, Geoffrey G. Parker, and Marshall W. Van Alstyne, Platform Revolution: How Networked Markets Are Transforming the Economy and How to Make Them Work for You (마셜 밴 앨스타인, 상지트 폴 초더리, 제프리 파커, 《플랫폼 레볼루션》, 이현경 옮김, 부키, 2017) (Norton & Co. 2016), 5.
7) Tom Slee, What's Yours Is Mine (O/R Books 2015), 10: 우리의 상호작용에 새로운 개방성과 개인적 신뢰를 가져오는 것이 아니라 서비스 노동자들이 고자질 당할까 봐 두려워하며 살아야 하는 새로운 형태의 감시를 만들어내고 있다. 회사의 CEO들은 그들의 이용자 커뮤니티에 대해 자애롭게 이야기하지만 현실은 중앙집중식 통제가 더 강화된 통렬함을 보여 준다.
8) Steven Hill, *Raw Deal* (St Martin's Press 2015), 13.
9) Lilly Irani, 'The cultural work of microwork' (2013) 17(5) New Media & Society 720, 720. As far as I can tell, at 11:37 in http://techtv.mit.edu/videos/16180-opening-keynote-and-keynote-interview-with-jeff-bezos, 보존된 주소는 https://perma.cc/D39A-MSPD, 베이조스는 사실 서비스로서의 '인간humans'이 아니라 '사람들people'을 말하고, 그다음 슬라이드에서 코드가 어떻게 '인간을 핵심에 놓'을 수put the human in the loop 있는지 보여준다. 하지만 그 밑바탕에 깔린 요점은 똑같고, '서비스로서의 인간humans as a service'은 갇혀 있다.
10) Moshe Marvit, 'How crowdworkers became the ghosts in the digital machine', The Nation (5 February 2014), http://www.thenation.com/article/how-crowdworkers-became-ghosts-digital-machine/, 보존된 주소는 https://perma.cc/544Q-BL4S
11) Treaty of Versailles (1919), Art. 427 (establishing the predecessor institution to today's ILO). 이 약속은 1944년 필라델피아 선언에서 강력하게 재확인되었다.
12) Lilly Irani, 'The cultural work of microwork' (2013) 17(5) New Media & Society 720, 729.
13) 위와 같은 자료, 732.
14) 위와 같은 자료, 738.
15) Jeff Howe, Crowdsourcing: How the Power of the Crowd Is Driving the Future of Business (제프 하우, 《크라우드소싱》, 박슬라 옮김, 리더스북, 2012) (Random House 2009), 15.
16) Frank Pasquale, 'Two narratives of platform capitalism' (2016) 35(1) Yale Law & Policy Review 309, 312.

1. 주문형 노동

✲

1) Jeff Howe, 'The rise of crowdsourcing', Wired (1 June 2006), http://www.wired.com/2006/06/crowds/
2) 위와 같은 자료 . 또한 Jeff Howe, Crowdsourcing: How the Power of the Crowd Is Driving the Future of Business (Random House 2009)을 참조하라. 크라우드소싱은 결코 노동시장에만 국한된 것이 아니다. 소비자, 정부, 기업들은 광범위한 분야에서 인터넷으로 눈을 돌렸다. 시민들에게 외계행성을 식별하기 위한 탐구에 도움을 요청하는 미국 항공우주국(NASA)으로부터(http://www.zooniverse.org/projects/marckuchner/backyard-worlds-planet-9), 플랫폼을 통해 새로운 사업 아이디어를 위한 자본을 조달하는 킥스타터Kickstarter와 같은 스타트업 기업들에 이르기까지

(http://www.kickstarter.com, 보존된 주소는 https://perma.cc/9DNZ-ACZ9).

3) Orly Lobel, 'The law of the platform' (2016) 101(1) Minnesota Law Review 87, 91.

4) European Commission, 'Introduction to Deliveroo' (European Commission 2016), http://ec.europa.eu/information_society/newsroom/image/document/2016-6/deliveroo_13855.pdf, 보존된 주소는 https://perma.cc/6J2T-8XK9; Foodora, 'About us', http://www.foodora.com/about/, 보존된 주소는 https://perma.cc/4QS9-LB6W

5) David Durward, Ivo Blohm, and Jan Marco Leimeister, 'Principal forms of crowdsourcing and crowd work', in Werner Wobbe, Elva Bova, and Catalin Dragomirescu-Gaina (eds), *The Digital Economy and the Single Market* (FEPS 2016), 46-7, 48.

6) Michael Heiling and Sylvia Kuba, 'Die Ökonomie der Plattform', in Doris Lutz and Martin Risak (eds), *Arbeit in der Gig-Economy: Rechtsfragen neuer Arbeitsformen in Crowd and Cloud* (OGB Verlag 2017), 28, 33-4.

7) 오늘날 플랫폼 경제에 대한 분류에서 캘리포니아에 본사를 두고 전 세계에 방과 주택을 제공하는 에어비앤비airbnb와 같은 플랫폼을 빼놓을 수는 없을 것이다(http://www.airbnb.co.uk). 얼핏 보면, 우리가 관심을 갖고 있는 주문형 경제 플랫폼과도 많은 공통점을 가지고 있다. 정교한 등급 평가 알고리즘을 통해 소비자와 서비스를 매칭시키고 완전히 자동화된 결제와 피드백 시스템을 제공하기 때문이다. 그들 또한 국내 시장에 미치는 영향에 대한 양극화된 비슷한 논쟁의 대상이 될 뿐 아니라 규제 당국과 세간의 이목을 끄는 분쟁을 겪고 있다.
그럼에도 불구하고 에어비앤비는 이후의 논의에서 제외될 것이다. 에어비앤비의 사업 모델은 노동이 아니라 자산에 대한 단기적 이용을 판매하는 것을 전제로 하고 있다. 물론 집이나 아파트를 임대하는 것은 시트를 바꾸는 일부터 화장실 청소까지 상당한 양의 노동력을 필요로 하지만, 소비자에게 제공되는 제품은 주문형 노동이라기보다는 자산을 이용하는 것이다.
많은 주문형 노동 플랫폼이 노동자들로 하여금 자신의 도구를 제공하도록 규정하고 있다는 사실(승차공유 운전자의 자동차나 크라우드노동자의 컴퓨터에 대해 생각해 보라) 때문에 구분이 약간 흐려진다. 그러나 실제로는 기초자산에 대한 진정한 소유권이 일반적으로 필요한 것은 아니다. 예를 들어, '우버 영업용Uber-ready' 자동차를 렌트해 주는 수많은 제3자 공급업체들third-party provider이 전 세계 도시에서 생겨났고(예를 들면 http://easyuberhire.com, 보존된 주소는 https://perma.cc/Q6QW-FM3N), 우버는 '신규 및 기존 파트너 드라이버가 차량을 임대 또는 구매할 수 있도록 설계된' 전용 우버 장터Uber Marketplace를 제공한다(https://drive.uber.com/ukmarketplace/location/london/, 보존된 주소는 https://perma.cc/ABB5-DKYN).

8) 때때로 보트와 헬리콥터 같은 더 이국적인 운송 수단도 제공된다.: Justia Trademarks, 'Everyone's private driver: trademark details', https://trademarks.justia.com/858/16/everyone-s-private-85816634.html

9) TaskRabbit Support, 'Is TaskRabbit in my city?', https://support.taskrabbit.com/hc/en-us/articles/204411090-Is-TaskRabbit-in-my-city-

10) TaskRabbit Support, 'The TaskRabbit trust & support fee', https://support.taskrabbit.co.uk/hc/en-gb/articles/204943200-The-TaskRabbit-Trust-Safety-Fee

11) TaskRabbit Support, 'Ratings and reviews on the TaskRabbit platform', https://support.taskrabbit.co.uk/hc/en-gb/articles/204668060-Ratings-and-Reviews-on-the-TaskRabbit-Platform-

12) 프리랜서 유니온Freelancers Union의 설립자이자 전무인 사라 호로비츠Sara Horowitz는 2014년 미국 프리랜서 수치에 대한 업워크 보도자료에 대해 언급했다.: Upwork, '53 million Americans now freelance, new study finds', http://www.upwork.com/press/2014/09/03/53-million-americans-now-freelance-new-study-finds-2/, 보존된 주소는 https://perma.cc/P3Q4-WJH4

13) Frank Kalman, 'Yes, the gig economy is great—but it isn't the future of work', Talent Economy (18 November 2016), https://medium.com/talent-economy/yes-the-gig-economy-is-great-but-it-isnt-the-future-of-work-a5629f2b9e2d, 보존된 주소는 https://perma.cc/Q8MD-4A8C

14) 위와 같은 자료.

15) 이 글을 쓰는 시점에서 가장 낙관적인 전망으로는 McKinsey Global Institute (MGI), *Independent Work: Choice, Necessity, and the Gig Economy* (McKinsey & Co. 2016), 36; Brhmie Balaram, Josie Warden, and Fabian Wallace-Stephens, *Good Gigs: A Fairer Future for the UK's Gig Economy* (RSA 2017), 18 참조.

16) MGI, *Independent Work: Choice, Necessity, and the Gig Economy* (McKinsey & Co. 2016), 36는 Lawrence Katz and Alan Krueger, 'The rise and nature of alternative work arrangements in the United States, 1995-2015' (2016) NBER Working Paper No. 22667를 인용하고 있다.; Patrick Gillespie, 'The rapidly growing gig economy is still super small', *CNN Money* (6 May 2016), http://money.cnn.com/2016/05/06/news/economy/gig-economy-princeton-krueger-tiny/, 보존된 주소는 https://perma.cc/6ZT9-8EX7

17) Caroline O'Donovan, 'Sen. Mark Warner to San Francisco techies: "the politicians are coming" ', *BuzzFeed News* (25 September 2015), http://www.buzzfeed.com/carolineodonovan/the-politicians-are-coming-sen-mark-warner-has-a-warning-for?utm_term=.cwyPplxvA#.gxkqvKxOj 통계학자들이 애를 먹고 있는 것은 긱 경제의 규모뿐만이 아니다. 주요 노동자의 특성을 결정하려는 시도도 비슷한 문제들에 시달린다. 성별을 중요한 예로 생각해 보자. 남성과 여성의 노동력 참여는 매우 측정하기 어려운 것으로 나타났는데, 특히 노동 인구 통계를 기록하고 표시하는 데 있어서 다양한 플랫폼에 걸친 엄청난 차이를 감안한 것이다. 한

편 맥킨지는 '독립적 노동에는 남녀평등이 있지만 남성은 자유계약자(FA)가 될 가능성이 높고 여성은 보충소득자가 될 가능성이 높다'고 주장한다.(MGI, Independent Work: Choice, Necessity, and the Gig Economy (McKinsey & Co. 2016), 43), 반면에 영국의 싱크탱크인 RSA는 주된 소득을 벌기 위해 평일에 일하는weekly 긱 노동자의 74%가 남성이라고 결론짓고 있다. 운전 플랫폼 우버의 경우에는 수치가 95%까지 올라간다(Brhmie Balaram, Josie Warden, and Fabian Wallace-Stephens, Good Gigs: A Fairer Future for the UK's Gig Economy (RSA 2017), 29).

18) MGI, *Independent Work: Choice, Necessity, and the Gig Economy* (McKinsey & Co. 2016), 30; Diana Farrell and Fiona Greig, *Paychecks, Paydays, and the Online Platform Economy: Big Data on Income Volatility* (JPMorgan Chase Institute 2016); Chartered Institute of Personnel and Development (CIPD), *To Gig or Not to Gig? Stories from the Modern Economy* (CIPD 2017), 4.

19) Brhmie Balaram, Josie Warden, and Fabian Wallace-Stephens, *Good Gigs: A Fairer Future for the UK's Gig Economy* (RSA 2017), 13.

20) MGI, *Independent Work: Choice, Necessity, and the Gig Economy* (McKinsey & Co. 2016), 3. 규제 당국들이 주목하기 시작하고 있다. 2016년 4월, 영국 통계청Office for National Statistics (ONS)은 공유경제 측정에 관한 상세한 타당성 조사를 발표하여 여러 가지 잠재적 옵션과 데이터 출처를 제시하고, 광범위한 문제를 제시하였다.: Michael Hardie, *The Feasibility of Measuring the Sharing Economy* (ONS 2016), http://www.ons.gov.uk/economy/economicoutputandproductivity/output/articles/thefeasibilityofmeasuringthesharingeconomy/2016-04-05 구체적인 측정 결과가 적절한 시기에 소개될지는 아직 두고 봐야 한다.

21) Mark Graham, Vili Lehdonvirta, Alex Wood, Helena Barnard, Isis Hjorth, and David P. Simon, *The Risks and Rewards of Online Gig Work at the Global Margins* (Oxford Internet Institute 2017), 1, http://www.oii.ox.ac.uk/publications/gigwork.pdf, 보존된 주소는 https://perma.cc/EZJ4-3AAD

22) 위와 같은 자료, 2.

23) Brhmie Balaram, Josie Warden, and Fabian Wallace-Stephens, *Good Gigs: A Fairer Future for the UK's Gig Economy* (RSA 2017), 13.

24) Micha Kaufman, 'The gig economy: the force that could save the American worker?', Wired (날짜는 나와 있지 않음), http://www.wired.com/insights/2013/09/the-gig-economy-the-force-that-could-save-the-american-worker/

25) 이후의 데이터는 여기에서 인용한 것이다. MGI, *Independent Work: Choice, Necessity, and the Gig Economy* (McKinsey & Co. 2016), 67. 포함된 출처는 다음과 같다.: CB Insights, 'The on-demand report'; 'Intuit forecast: 7.6 million people in on-demand economy by 2020', *Intuit* (13 August 2015), http://investors.intuit.com/Press-Releases/Press-Release-Details/2015/Intuit-Forecast-76-Million-People-in-On-Demand-Economy-by-2020/default.aspx, 보존된 주소는 https://perma.cc/CZ5H-92FT에서 18% 성장률을 인용했다. ; 47배 성장할 것이라는 데이터는 Diana Farrell and Fiona Greig, *Paychecks, Paydays, and the Online Platform Economy*: Big Data on Income Volatility (JPMorgan Chase Institute 2016)에서 인용했다.

26) MGI, *Independent Work: Choice, Necessity, and the Gig Economy* (McKinsey & Co. 2016), 76-7. 또 다른 요인은 최근 세계 경제 위기가 가져온 여파인데 이로 인해 각국의 노동시장이 재편되었다. 각국이 불황과 높은 실업률 또는 불완전 고용으로 고전함에 따라 점점 더 많은 개인들이 일자리를 찾아 플랫폼 기업들로 눈을 돌릴 것이다. 불황으로 얼룩지고 높은 실업률로 특히 청년 노동자들이 어려움을 겪고 있는 스페인과 EU-15 평균을 비교해 본 결과, MGI는 거의 42%의 스페인 노동자들이 경제적 필요 때문에 독립적 노동을 선택했다는 것을 발견했다. 이는 15개 EU 회원국들의 평균이 32%인 것과는 대조적이다. 위와 같은 자료, 60 참조.

27) Jonathan Shieber, 'Handy hits $1 million a week in bookings as cleaning economy consolidates', *TechCrunch* (14 October 2014), https://techcrunch.com/2014/10/14/handy-hits-1-million-a-week-in-bookings-as-cleaning-economy-consolidates/, 보존된 주소는 https://perma.cc/N5SV-ARAM

28) Kaitlin, 'Ringing in 2017 with Uber', *Uber Newsroom* (2 January 2017), https://newsroom.uber.com/nye2016/, 보존된 주소는 https://perma.cc/CU9E-YGYS; https://uberestimator.com/cities, 보존된 주소는 https://perma.cc/H4BR-K7YR 금융 소프트웨어 회사인 인튜이트Intuit가 의뢰한 연구는 연간 18% 이상의 성장률을 제시했고, JP모건 체이스 은행은 2012년부터 2015년 사이에 주문형 경제 참여자가 47배 이상 성장했다고 밝혔다. 세계은행은 온라인 아웃소싱 시장 규모만 2016년 44억 달러에서 2020년까지 '총 서비스 수익 150억 달러에서 250억 달러로' 증가할 것으로 추산하고 있다.: Siou Chew Kuek, Cecilia M. Paradi-Guilford, Toks Fayomi, Saori Imaizumi, and Panos Ipeirotis, *The Global Opportunity in Online Outsourcing* (World Bank Group 2015), 3. 시장의 많은 부분이 미개척 상태로 남아 있다. 2015년 현재 미국 소비자 중 75%가 여전히 '공유경제'라는 용어를 모르고 있다.: MGI, *Independent Work: Choice, Necessity, and the Gig Economy* (McKinsey & Co. 2016), 68는 2015년 11월~12월에 실시된 전국적인 조사에 근거한 Aaron Smith, Shared, Collaborative, and on Demand: The New Digital Economy (Pew Research Centre 2016)를 인용하고 있다. 맥킨지는 이와 유사하게 여러 가지 이유로 '성장할 수 있는 여지가 상당하다'고 주장한다. 더 많은 노동자들이 독립적 노동을 찾아 나서려고 할 수 있는데, 특히 이전에 실업이나 불완전 고용 상태에 있던 노동자들을 활성화할 수 있는 주문형 경제의 잠재력을 고려할 때 그렇다는 것이다.: 위와 같은 자료, 69, 73. RSA는 '긱 경제의 노동 인구가 상당히 더 많아질 수 있다'는 것에 동의한다. '수백 만 명의 예비 긱 노동자들이 있

기 때문이다.': Brhmie Balaram, Josie Warden, and Fabian Wallace-Stephens, *Good Gigs: A Fairer Future for the UK's Gig Economy* (RSA 2017), 33. 회계법인 프라이스워터하우스쿠퍼스(PwC)가 의뢰한 또 다른 연구에 따르면, 미국 성인 인구 중 44%가 공유경제에 친숙하다. PwC, The Sharing Economy (Consumer Intelligence Series 2015), 5.

29) Jim Edwards, 'Uber's leaked finances show the company might—just might—be able to turn a profit', *Business Insider UK* (27 February 2017), http://uk.businessinsider.com/uber-leaked-finances-accounts-revenues-profits-2017-2, 보존된 주소는 https://perma.cc/V57C-8F57. IT 및 금융 기자들은 종종 우버에 대한 가치 평가가 GM이나 포드와 같은 거대하고 오랫동안 확립된 브랜드를 얼마나 빠르게 추월해 왔는지를 보여 주기 위해 자동차 제조업체의 가치평가 맥락에서 이 숫자를 제시한다.:Liyan Chen, 'At $68 billion valuation, Uber will be bigger than GM, Ford, and Honda', Forbes (4 December 2015), http://www.forbes.com/sites/liyanchen/2015/12/04/at-68-billion-valuation-uber-will-be-bigger-than-gm-ford-and-honda/, 보존된 주소는 https://perma.cc/7P9K-SQYB 모든 사람이 이 숫자들을 축하할 일이라고 보는 것은 아니다.: 예를 들면 Sunil Rajaraman, 'The on-demand economy is a bubble—and it's about to burst', *Quartz* (28 April 2017) 참조, https://qz.com/967474/the-on-demand-economy-is-a-bubble-and-its-about-to-burst/

30) 개관을 위해서는 Christopher Pissarides, 'Equilibrium in the labor market with search frictions' (2011) 101(4) American Economic Review 1092 참조.

31) Ronald Coase, 'The nature of the firm' (1937) 4(16) Economica 386.

32) Julia Tomassetti, 'Does Uber redefine the firm? The postindustrial corporation and advanced information technology' (2016) 34(1) Hofstra Labor and Employment Law Journal 1, 17.

33) 위와 같은 자료, pt IV.

34) 위와 같은 자료, 34.

35) Victor Fleischer, 'Regulatory arbitrage' (2010) 89(2) Texas Law Review 227, 230. 현상 자체는 일반적으로 받아들여지긴 하지만 모든 평론가들이 그 용어에 합의한 것은 아니다. 예를 들어, 웨이와 링은 플랫폼 기업들이 자신을 단순한 중개자로 분류하고 '독립계약자 분류를 적극적으로 채택'하는 결정을 규제 차익거래가 아니라 '세금 기회주의'의 한 사례로 특징 짓는다. 동시에, 이러한 범주들 간의 중첩이 중요할 수 있다는 점도 인정한다. '어떤 경우에는 거래를 (더 큰 규제상의 이익을 확보하기 위해 일부 거래 비용을 발생시키는 방식으로 의도적으로 구조화한) 차익거래로 보아야 하는지, 아니면 (새로운 공유 모델의 고유한 특징으로 인해 이용 가능한 법률의 기존 격차를 이용하는) 기회주의로 보아야 하는지 의심스러울 수 있다'는 것이다.: Shu-Yi Oei and Diane Ring, 'Can sharing be taxed?' (2016) 93(4) Washington University Law Review 1027, 1042, 1051. 다른 저자들은 보다 더 문제가 많은 '규제 기업가정신regulatory entrepreneurship'이라는 용어를 제안하는데, 여기서는 법적 분쟁이 사업 모델의 핵심이 된다.: Elizabeth Pollman and Jordan M. Barry, 'Regulatory entrepreneurship' (2017) 90(3) Southern California Law Review 383.

36) Victor Fleischer, 'Regulatory arbitrage' (2010) 89(2) Texas Law Review 227, 230.

37) 긱 경제 규모 플랫폼 모델의 실제 비용에 대한 의문은 여기서 끝이 아니다. 독립계약자 분류는 많은 사업 비용을 개별 노동자에게 전가할 뿐만 아니라 또한 비용을 증가시킨다. 시카고대학의 대니얼 헤멜은 이렇게 '풀을 만들지 않는 것unpooling'의 비용을 강조했다. 노동법은 (건강과 노령, 장애와 생산성에 이르는) 위험을 대규모 근로자 집단에 묶기 때문에 보험료가 저렴해지는 반면에, 위험이 개별 근로자들에게로 이양되면 개인 보험의 가격은 불가피하게 상승한다. Daniel Hemel, 'Pooling and unpooling in the Uber economy' (2017) University of Chicago Legal Forum.

38) Julie Verhage, 'Here's what Morgan Stanley is telling its wealthiest clients about Uber', Bloomberg (14 January 2016), http://www.bloomberg.com/news/articles/2016-01-14/here-s-what-morgan-stanley-is-telling-its-wealthiest-clients-about-uber. 현재 플랫폼 기업이 회피하고 있는 비용의 목록은 인상적이다.:
무엇보다도, 그러한 결정은 우버의 플랫폼을 이용하는 특정 운전자에게 일정 비용을 정산받을 수 있는 권리를 부여하고, 운전자들의 잠재적 노동조합 결성으로 이어지며, 우버에게 세금 원천징수 및 신고 의무를 부과하고, 우버의 플랫폼을 이용하는 운전자에게 임금 및 근로시간법의 혜택을 부여하고, 적용 가능한 유급휴가 요건, 의료 보험, 근로자 보상 보험, ERISA 및 유사한 연금 기금 의무와 제한 사항을 우버에 부과할 수 있다.

39) Hubert Horan, 'Will the growth of Uber increase economic welfare?' (2017) 44(1) Transportation Law Journal 1, 8.

40) Eric Newcomer, 'Uber, lifting financial veil, says sales growth outpaces losses', *Bloomberg* (14 April 2017), http://www.bloomberg.com/news/articles/2017-04-14/embattled-uber-reports-strong-sales-growth-as-losses-continue, 보존된 주소는 https://perma.cc/XH63-9ENU; Joshua Brustein, 'TaskRabbit's stalled revolution', *Bloomberg* (22 December 2016), http://www.bloomberg.com/news/articles/2016-12-22/taskrabbit-s-stalled-revolution, 보존된 주소는 https://perma.cc/7ZNJ-T84F

41) Yves Smith, 'Can Uber ever deliver? Part One—Understanding Uber's bleak operating economics', *Naked Capitalism* (30 November 2016), http://www.nakedcapitalism.com/2016/11/can-uber-ever-deliver-part-one-understanding-ubers-bleak-operating-economics.html, 보존된 주소는 https://perma.cc/RN7K-9SSZ. 호란의 세부적인 수치는 이제 출판된 자료에서 찾아볼 수 있다. : Hubert Horan, 'Will the growth of Uber increase

economic welfare?' (2017) 44(1) Transportation Law Journal 1 참조. 다른 보고서들은 손실을 줄이고 지속적인 강한 성장을 강조한다. 2017년 8월 댄 프리맥은 '우버의 글로벌 승차 공유 사업부문이 지난 분기에 마진 호조를 보였는데 이는 1분기와는 확 바뀐 것'이라고 보도했다. : Dan Primack, 'Exclusive: inside Uber's financials', Axios (23 August 2017), https://www.axios.com/exclusive-uber-financials-2475912645.html, 보존된 주소는 https://perma.cc/7EN9-XUXK

42) Izabella Kaminska, 'Mythbusting Uber's valuation', *Financial Times* (13 September 2016), https://ftalphaville.ft.com/2016/09/13/2173631/mythbusting-ubers-valuation/, 보존된 주소는 https://perma.cc/6EHK-FGUU

43) Joseph Farrell and Paul Klemperer, 'Coordination and lock-in: competition with switching costs and network effects', in Mark Armstrong and Robert Porter (eds), *Handbook of Industrial Organization* (Elsevier 2007), 1967, 1974.

44) Yves Smith, 'Can Uber deliver? Part Four—Understanding that unregulated monopoly was always Uber's central objective', *Naked Capitalism* (5 December 2016), http://www.nakedcapitalism.com/2016/12/can-uber-ever-deliver-part-four-understanding-that-unregulated-monopoly-was-always-ubers-central-objective.html, 보존된 주소는 https://perma.cc/N98A-VLG5. 많은 평론가들이 독점에 대한 우려를 제기해 왔다. —예를 들어 Frank Pasquale, 'Two narratives of platform capitalism' (2016) 35 Yale Law & Policy Review 309, 316 (그리고 거기서 인용된 출처들) 참조. 선발자의 이익과 행운first-mover advantages and luck이 고착될 수 있다는 우려 때문이다. 그러나 모든 사람이 동의하지는 않는다. 예를 들어 Jared Meyer, 'Uber is not (and will never be) a monopoly', *Forbes* (15 February 2016 참조, http://www.forbes.com/sites/jaredmeyer/2016/02/15/uber-guardian-not-monopoly-ridesharing/#2f4e6c377932, 보존된 주소는 https://perma.cc/3DL6-638C

45) Micha Kaufman, 'The gig economy: the force that could save the American worker?', *Wired* (undated), http://www.wired.com/insights/2013/09/the-gig-economy-the-force-that-could-save-the-american-worker/, 보존된 주소는 https://perma.cc/5SSU-RX7Q

46) Brhmie Balaram, Josie Warden, and Fabian Wallace-Stephens, *Good Gigs: A Fairer Future for the UK's Gig Economy* (RSA 2017), 26.

47) Uber, 'Driver stories', http://www.uber.com/driver-stories/, 보존된 주소는 https://perma.cc/WF2Z-WLKU

48) Uber, 'Driver stories: Yoseph', http://www.uber.com/driver-stories/yoseph/, 보존된 주소는 https://perma.cc/M8WH-DG5E

49) Uber, 'Driver stories: Christine', http://www.uber.com/driver-stories/christine-aston/, 보존된 주소는 https://perma.cc/NE95-QQ5Z

50) Uber, 'Driver stories: Loren', http://www.uber.com/driver-stories/loren/, 보존된 주소는 https://perma.cc/4DE4-F7PL

51) PwC, *The Sharing Economy* (Consumer Intelligence Series 2015), 20.

52) TaskRabbit, 'Task of the week: Venice Beach party help' (14 September 2015), https://blog.taskrabbit.com/2015/09/14/914-task-of-the-week-all-the-kids-party-on-venice-beach/, 보존된 주소는 https://perma.cc/Q3DR-Z335

53) Brhmie Balaram, Josie Warden, and Fabian Wallace-Stephens, *Good Gigs: A Fairer Future for the UK's Gig Economy* (RSA 2017), 45.

54) Jessica L. Peck, 'New York City drunk driving after Uber' (2017) Cuny Graduate Centre PhD Program in Economics Working Paper No. 13.

55) Elliot Martin, Susan Shaheen, and Jeffrey Lidicker, 'The impact of carsharing on household vehicle holdings: results from a North American shared-use vehicle survey' (1 March 2010), http://tsrc.berkeley.edu/vehicleholdings, Brhmie Balaram, Josie Warden, and Fabian Wallace-Stephens, *Good Gigs: A Fairer Future for the UK's Gig Economy* (RSA 2017), 51에서 재인용.

56) Frank Field and Andrew Forsey, *Sweated Labour: Uber and the 'Gig Economy'* (HMSO 9 December 2016), 3.

57) 위와 같은 자료, 5.

58) Rebecca Smith and Sarah Leberstein, *Rights on Demand: Ensuring Workplace Standards and Worker Security in the On-Demand Economy* (NELP 2015), 6, citing review at Glassdoor (25 July 2013), http://www.glassdoor.com/Reviews/Employee-Review-CrowdSource-RVW2859226.htm, 보존된 주소는 https://perma.cc/Z9GG-C9EJ

59) Rebecca Smith and Sarah Leberstein, *Rights on Demand: Ensuring Workplace Standards and Worker Security in the On-Demand Economy* (NELP 2015), 6.

60) CIPD, *To Gig or not to Gig? Stories from the Modern Economy* (CIPD 2017), 16.

61) Anjana Ahuja, 'Why "gig health" matters', *Financial Times* (25 May 2017), http://www.ft.com/content/bdc90c22-408f-11e7-82b6-896b95f30f58

62) Ursula Huws, *The Making of a Cybertariat: Virtual Work in a Real World* (Merlin Press 2003); Nick Dyer-Witheford, *Cyber-proletariat: Global Labour in the Digital Vortex* (Pluto Press 2015).

63) Ursula Huws, *The Making of a Cybertariat: Virtual Work in a Real World* (Merlin Press 2003).

64) Brhmie Balaram, Josie Warden, and Fabian Wallace-Stephens, *Good Gigs: A Fairer Future for the UK's Gig Economy* (RSA 2017), 41.

65) Ariel Ezrachi and Maurice Stucke, *Virtual Competition: The Promise and Perils of the Algorithm-Driven Economy* (Harvard University Press 2016); 또 Utpal Dholakia, 'Everyone hates Uber's surge pricing', *Harvard*

Business Review (21 December 2015) 참조, https://hbr.org/2015/12/everyone-hates-ubers-surge-pricing-heres-how-to-fix-it

66) 'There's an app for that', *The Economist* (30 December 2014), http://www.economist.com/news/briefing/21637355-freelance-workers-available-moments-notice-will-reshape-nature-companies-and, 보존된 주소는 https://perma.cc/DS63-TKKG, Brhmie Balaram, Josie Warden, and Fabian Wallace-Stephens, *Good Gigs: A Fairer Future for the UK's Gig Economy* (RSA 2017), 50에서 재인용.

67) Brhmie Balaram, *Fair Share: Reclaiming Power in the Sharing Economy* (RSA 2016), 6.

68) Ursula Huws, 'New forms of platform employment or crowd work', in Werner Wobbe, Elva Bova, and Catalin Dragomirescu-Gaina (eds), *The Digital Economy and the Single Market* (FEPS 2016), 73.

69) Siou Chew Kuek et al., *The Global Opportunity in Online Outsourcing* (World Bank Group 2015), 3.

70) MGI, *Independent Work: Choice, Necessity, and the Gig Economy* (McKinsey & Co. 2016), 8. 이 연구는 '독립 노동' 전반을 다루도록 설계되었는데, 주문형 경제 노동자들이 그 가운데 상당한 비중을 차지하고 있고 비율은 증가하고 있다. 노동자의 선택에 대한 결과는 영국 맥락에서 후속 연구와 부합한다.: 예를 들면 노동자의 동기부여에 대해서는, Brhmie Balaram, Josie Warden, and Fabian Wallace-Stephens, *Good Gigs: A Fairer Future for the UK's Gig Economy* (RSA 2017), 22 참조.

71) MGI, *Independent Work: Choice, Necessity, and the Gig Economy* (McKinsey & Co. 2016), 7.

72) 위와 같은 자료, 43:
가구소득 2만 5,000달러 미만 소득자의 절반가량(48%)이 독립 노동에 참가하고 있으며, 이 중 37%가 필요에 따라 자영업에 종사하고 있다. 이는 가구소득 7만 5,000달러 이상 소득자 참여율보다 훨씬 높은 것이다. 이 고소득층 중에서는 3명 중 1명(35%)이 독립 노동에 참가하고 있는데, 이들 중 필요에 따라 그것을 하는 사람은 4분의 1도 안 되고, 다수는 선택에 의해 참가한다.

73) 위와 같은 자료, 53.

74) Cristiano Codagnone and Bertin Martens, 'Scoping the sharing economy: origins, definitions, impact and regulatory issues', Institute for Prospective Technological Studies Digital Economy Working Paper No. 2016/01, 15.

2. 감언이설

*

1) George Orwell, Politics and the English Language (Penguin 2013), 137.

2) Arun Sundararajan, *The Sharing Economy: The End of Employment and the Rise of Crowd-Based Capitalism* (MIT Press 2016), 138.

3) George Stigler, 'The theory of economic regulation' (1971) 2(1) The Bell Journal of Economics and Management Science 3.

4) Ernesto Dal Bó, 'Regulatory capture: a review' (2006) 22(2) Oxford Review of Economic Policy 203, 203-4; George Stigler, 'The theory of economic regulation' (1971) 2(2) The Bell Journal of Economics and Management Science 3.

5) Tom Slee, *What's Yours Is Mine: Against the Sharing Economy* (O/R Books 2015), 27. 최종 편집 시점에 웹 사이트는 문을 닫은 것 같다.

6) Anya Kamenetz, 'Is Peers the sharing economy's future or just a great Silicon Valley PR stunt?', *Fast Company* (9 December 2013), http://www.fastcompany.com/3022974/tech-forecast/is-peers-the-sharing-economys-future-or-just-a-great-silicon-valley-pr-stunt

7) Andrew Leonard, 'The sharing economy gets greedy', Salon (1 August 2013), http://www.salon.com/2013/07/31/the_sharing_economy_gets_greedy/, 보존된 주소는 https://perma.cc/M9E6-EVF5. 이후의 세부사항은 Andrew Leonard, 'Who owns the sharing economy?', *Salon* (2 August 2013) 참조, http://www.salon.com/2013/08/02/who_owns_the_sharing_economy/, 보존된 주소는 https://perma.cc/AL8X-VZXT

8) Sarah Kessler, 'Peers says its new focus is helping sharing economy workers', *Fast Company* (12 November 2014), http://www.fastcompany.com/3038310/peers-says-its-new-focus-is-helping-sharing-economy-workers, 보존된 주소는 https://perma.cc/D5WR-WXXW

9) Tech:NYC, 'What we are', http://www.technyc.org/what-we-are/, 보존된 주소는 https://perma.cc/Z9ND-3ETH

10) Sharing Economy UK, 'About us', http://www.sharingeconomyuk.com, 보존된 주소는 https://perma.cc/3ENY-TLF3

11) Oxford World's Classics, *The Bible: Authorized King James Version* (Oxford University Press 2008), 1 Samuel 17, 33-5, 40, 42-3, 48-9.

12) Alex Tsotsis, 'TaskRabbit turns grunt work into a game', *Wired* (15 July 2011), http://www.wired.com/2011/07/mf_taskrabbit/

13) Matthew Feeney, 'Level the playing field—by deregulating', *Cato Unbound* (10 February 2015), http://www.cato-unbound.org/2015/02/10/matthew-feeney/level-playing-field-deregulating, 보존된 주소는 https://perma.cc/A4J5-ZY88

14) Tim Bradshaw, 'Lunch with the FT: Travis Kalanick', *Financial Times* (9 May 2014), https://next.ft.com/content/9b83cbe8-d5da-11e3-83b2-00144feabdc0, 보존된 주소는 https://perma.cc/98TB-JGZ2

15) Rob Davies, 'Uber loses court case to block English-language written test in London', The Guardian (3 March 2017), http://www.theguardian.com/technology/2017/mar/03/uber-loses-court-case-english-language-test-london, 보존된 주소는 https://perma.cc/W232-G6ZK; Benjamin Parker, 'Bill de Blasio's progressive war on Uber', *The Wall Street Journal* (3 August 2016), http://www.wsj.com.ca.skku.edu:8080/articles/bill-de-blasios-progressive-war-on-uber-1470265626; Humphrey Malalo and Drazen Jorgic, 'Uber driver attacked in Kenya, his taxi torched: police', *Reuters* (22 February 2016), http://uk.reuters.com/article/us-kenya-security-idUKKCN0VV19X, 보존된 주소는 https://perma.cc/4VC7-2Q55; 'Uber managers arrested in France over "illicit" taxi service', *BBC News* (29 June 2015), http://www.bbc.co.uk/news/world-europe-33313145, 보존된 주소는 https://perma.cc/6UZR-6MMJ; 독일의 우버POP 서비스 금지 조치는 2016년에 항소법원에 의해 유지되었다.: Frank Siebelt, 'German court upholds ban of unlicensed Uber taxi service', *Reuters* (9 June 2016), http://www.reuters.com/article/us-uber-germany-ban-idUSKCN0YV1JH, 보존된 주소는 https://perma.cc/YH6G-4FWK; Jon Henley, 'Uber to shut down Denmark operation over new taxi laws', *The Guardian* (28 March 2017), http://www.theguardian.com/technology/2017/mar/28/uber-to-shut-down-denmark-operation-over-new-taxi-laws, 보존된 주소는 https://perma.cc/WY9U-VPLF (우버는 2018년 3월에 항소를 취하했다. https://www.reuters.com/article/us-uber-court-germany/uber-abandons-effort-to-have-uberpop-reinstated-in-germany-idUSKCN1GE1WS -역자 주)

16) Arun Sundararajan, *The Sharing Economy: The End of Employment and the Rise of Crowd-based Capitalism* (MIT Press 2016), 146.

17) Simon Deakin, 'On Uber & Luddism', Centre for Business Research: Cambridge Judge Business School Blog (28 October 2015), http://www.blogs.jbs.cam.ac.uk/cbr/wp-content/uploads/2015/10/uberruling-deakin-article.pdf, 보존된 주소는 https://perma.cc/7CEQ-WE3C

18) Arun Sundararajan, *The Sharing Economy: The End of Employment and the Rise of Crowd-based Capitalism* (MIT Press 2016), 146-7. Adam Thierer and Sofia Ranchordàs의 저작을 존경을 담아 인용한 부분.

19) Arun Sundararajan, *The Sharing Economy: The End of Employment and the Rise of Crowd-based Capitalism* (MIT Press 2016), 138.

20) Molly Cohen and Arun Sundararajan, 'Self-regulation and innovation in the peer-to-peer sharing economy' (2015) 82(1) Chicago University Law Review Dialogue 116, 116-17. 저자들은 고맙게도 '디지털, 제3자 플랫폼 기업의 이익이 사회의 더 넓은 이익과 항상 완벽하게 일치하지는 않기 때문에, 정부의 일부 개입이나 감독도 여전히 유용할 것 같다'고 인정한다.: 위와 같은 자료

21) 위와 같은 자료, 130-1. 에어비앤비(부동산임대사업)의 사례에 대한 작업에서 그들은 주장한다. :
정보 비대칭과 관련된 규제 책임은 에어비앤비와 같은 플랫폼 기업들에 위임해야 한다(그들의 이익은 정보의 글로벌한 통합 및 역선택(Adverse selection)과 도덕적 해이의 완화와 자연스럽게 일치한다). 그리고 지역 외부효과의 규제에는 [지역 주택조합이] 중요한 역할을 하도록 해야 한다. 숙박객 소음과 건물 내에 외부인이 들어오는 외부효과는 전형적으로 지역적이고 주로 [그 조합의] 회원 자격에 영향을 미치기 때문이다.

22) Sharing Economy UK, 'Code of conduct', http://www.sharingeconomyuk.com/code-of-conduct, 보존된 주소는 https://perma.cc/WD6C-TBLK

23) 이러한 가정은 규제가 기존 운영자의 지위를 공고히 하는 것 이외의 목적에 기여하는 경우에는 분명한 한계가 있다. 예를 들어 운전자 수 한도를 제한하는 것은 안정적인 수요 수준을 보장하는 것이다. 다른 요건들은 소비자 보호에 중요한 역할을 한다. 추가적으로는 Organisation for Economic Co-operation and Development (OECD), 'Taxi services: competition and regulation' (2007) Competition Policy Roundtables, http://www.oecd.org/regreform/sectors/41472612.pdf, 보존된 주소는 https://perma.cc/VUA4-XJ4D 참조.

24) Orly Lobel, 'The law of the platform' (2016) 101(6) Minnesota Law Review 118, 120.

25) '보통'이라고 쓴 것은 (언제나 그랬듯이!) 주문형 노동시장의 이질적인 특성이 때때로 반대의 사례를 제시하기 때문이다. 예를 들어, 의료상 민감한 제품을 전달하기 위해 운송업자가 특별 교육을 받아야 하고/하거나 특정 장비에 의존해야 하는 경우, 구체적인 근무자 명단 그리고/또는 면허가 있어야 한다고 법원은 지적해 왔다.: 예를 들면 the UK employment tribunal decision in *Dewhurst v Citysprint UK Ltd*, Case No. ET/2202512/2016 참조.

26) Brhmie Balaram, 'RSA calls for new approach to regulating the sharing economy', *RSA* (13 January 2016), http://www.thersa.org/about-us/media/2016/rsa-calls-for-new-approach-to-regulating-the-sharing-economy, 보존된 주소는 https://perma.cc/NC5L-2ZH7: '하지만 이것은 공유경제에서 다윗과 골리앗의 이야기가 아니다. … 이 회사들은 계속 확장하기 위해 그들의 이용자들이 창출한 가치에 의존하는 네트워크화된 독점기업들이다.'

27) Ellen Huet, 'Lyft buys carpooling startup Hitch to grow Lyft line', *Forbes* (22 September 2014), http://www.forbes.com/sites/ellenhuet/2014/09/22/lyft-buys-carpooling-startup-hitch-to-grow-lyft-line/#5bb922452b59, 보존된 주소는 https://perma.cc/5H9D-Q44U; Lora Kolodny, 'Zimride acquires Cherry but won't offer car-washing service', *The Wall Street Journal* (26 March 2013), http://blogs.wsj.com.ca.skku.edu:8080/venturecapital/2013/03/26/zimride-acquires-cherry-but-wont-offer-car-washing-service/

28) Leslie Hook and Charles Clover, 'Uber abandons car-

hailing app battle with China rival Didi Chuxing', *Financial Times* (1 August 2016), http://www.ft.com/content/80125fd4-57a9-11e6-9f70-badea1b336d4, 보존된 주소는 https://perma.cc/23YY-XG9J. 오히려 아이러니하게도 디디는 이미 미국의 리프트와 인도의 올라 등 우버의 주요 경쟁상대의 지분을 소유하고 있다.: Leslie Hook, 'Uber makes a U-turn in China as subsidy war ends in Didi deal', *Financial Times* (1 August 2016), http://www.ft.com/content/7f6e251a-5801-11e6-9f70-badea1b336d4, 보존된 주소는 https://perma.cc/2MYF-JJ3X; Ma Fangjing and Charles Clover, 'Uber shares soar after Didi deal', *Financial Times* (2 August 2016), http://www.ft.com/content/54217d94-5892-11e6-8d05-4eaa66292c32, 보존된 주소는 https://perma.cc/E4LJ-86NX

29) Clayton Christensen, Michael Raynor, and Rory McDonald, 'What is disruptive innovation?', *Harvard Business Review* (December 2015), https://hbr.org/2015/12/what-is-disruptive-innovation

30) 위와 같은 자료.

31) Paul Bradley Carr, 'Travis shrugged: the creepy, dangerous ideology behind Silicon Valley's cult of disruption', *Pando* (24 October 2012), https://pando.com/2012/10/24/travis-shrugged/, 보존된 주소는 https://perma.cc/7FRR-EZ2B. 브래들리 카는 계속 말한다.:
또는 '진화되었다'는 표현이 잘못된 단어일 수도 있다. 그 밑에 깔려 있는 이데올로기, 즉 정부의 모든 개입이 나쁘고, 자유시장만이 대중이 필요로 하는 유일한 보호라는 그리고 그 과정에서 약한 사람들이 짓밟힌다면, 음, 엿 먹으라는 그런 이념은 수십 년 동안 존재했던 것을 점점 더 떠올리게 한다. 사실 자신의 내면에 있는 쓰레기를 감싸 줄 핑계를 찾는 버릇없는 신탁 기금 애송이들의 레이더에 애인 랜드Ayn Rand가 쓴 '근원The Fountainhead'이 처음으로 포착된 이래 거의 70년 동안 말이다.

32) Frank Pasquale and Siva Vaidhyanathan, 'Uber and the lawlessness of "sharing economy" corporates', *The Guardian* (28 July 2015), http://www.theguardian.com/technology/2015/jul/28/uber-lawlessness-sharing-economy-corporates-airbnb-google, 보존된 주소는 https://perma.cc/2ETJ-V3GX

33) House of Commons Business, Innovation and Skills Committee, *Employment Practices at Sports Direct: 3rd Report of Session 2016/17* (HC 2016-17, 219), 3.

34) 'Swalwell, Issa announce the Sharing Economy Caucus', Eric Swalwell press release (12 May 2015), https://swalwell.house.gov/media-center/press-releases/swalwell-issa-announce-sharing-economy-caucus, 보존된 주소는 https://perma.cc/7SN7-M4XG. 승차 플랫폼 기업 리프트는 '워싱턴 D.C.에서 그러한 논의가 계속된다는 사실에 들떴다.' : 'Lyft joins Sharing Economy Caucus', *Lyft Blog* (13 May 2015), https://blog.lyft.com/posts/2015/5/13/lyft-joins-sharing-economy-caucus, 보존된 주소는 https://perma.cc/875C-N376. 그것은 특히 더 유리한 세금 처리를 보장함으로써 규제를 제한하는 데 초점을 맞추었다. 다른 사업자들도 마찬가지로 '신고 시즌이 다가오면 세무서 직원에게 찔린다고 느끼는 참여자들'을 도와줄 변화를 요구했다.: John Kartch, 'Meet the congressional Sharing Economy Caucus', *Forbes* (15 May 2015), http://www.forbes.com/sites/johnkartch/2015/05/15/issa-swalwell-launch-congressional-sharing-economy-caucus/2/, 보존된 주소는 https://perma.cc/2J5Y-EX6D

35) Swalwell, Issa announce the Sharing Economy Caucus', Eric Swalwell press release (12 May 2015), https://swalwell.house.gov/media-center/press-releases/swalwell-issa-announce-sharing-economy-caucus, 보존된 주소는 https://perma.cc/7SN7-M4XG

36) 플랫폼 기업들이 독립적인 기업가정신이 아니라 가끔 일자리에 대해 언급할지도 모르는 유일한 상황은 정치적 로비를 할 때뿐이다. 2015년 말 당시 우버의 정책 및 전략 담당 수석 부사장 데이비드 플러페는 '모든 도시에 경제적 기회를 열어 주는 정부 및 조직과의 파트너십'을 통해 '호주에 2만 개의 새로운 일자리를 창출하는 것에 헌신하겠다'고 약속했다.: 'Uber plans to create 200,000 new jobs in Australia in 2015', *Uber Blog* (11 February 2015), https://newsroom.uber.com/australia/uber-plans-to-create-20000-new-jobs-in-australia-in-2015/, 보존된 주소는 https://perma.cc/EJV7-4ZD8

37) Brhmie Balaram, *Fair Share: Reclaiming Power in the Sharing Economy* (RSA 2016), 9-10.

38) Lyft, 'Home page', http://www.lyft.com, 보존된 주소는 https://perma.cc/897C-8HFL

39) Favor, 'Frequently asked questions', https://favordelivery.com/faq/, 보존된 주소는 https://perma.cc/642G-SC7D

40) Natasha Singer, 'In the sharing economy, workers find both freedom and uncertainty', *The New York Times* (16 August 2014), http://www.nytimes.com/2014/08/17/technology/in-the-sharing-economy-workers-find-both-freedom-and-uncertainty.html

41) Share the World's Resources, 'Sharing locally and nationally', http://www.sharing.org/what-is-economic-sharing/sharing-locally-nationally, 보존된 주소는 https://perma.cc/WSR8-3Z3B

42) Natasha Singer, 'Twisting words to make "sharing" apps seem selfless', *The New York Times* (8 August 2015), http://www.nytimes.com/2015/08/09/technology/twisting-words-to-make-sharing-apps-seem-selfless.html?_r=0

43) Sarah O'Connor, 'The gig economy is neither "sharing" nor "collaborative" ', *Financial Times* (14 June 2016), http://www.ft.com/content/8273edfe-2c9f-11e6-a18d-a96ab29e3c95 유럽 집행위원회the European Commission의 최근 보고서가 언급하는 것처럼:
대중의 논쟁은 물론 심지어 더 학문적인 문헌의 일부분까지도 매우 양극화되어 있다. 한편에서는 공유경제를 화폐화된 시장

기반의 교환에 대한 사회적이고 생태친화적으로 지속 가능한 대안으로 홍보하는 열정적인 규범적 주장이 있고, 반대편에는 상업적 공유경제 플랫폼 기업들을 위한 똑같이 열정적인 사업 주도형 홍보 캠페인이 있다.

(Cristiano Codagnone and Bertin Martens, 'Scoping the sharing economy: origins, definitions, and regulatory issues' (2016) JRC Technological Reports Digital Economy Working Paper No. 2016/01, 23)

44) Bla Bla Car, 'Frequently asked questions', http://www.blablacar.co.uk/faq/question/how-do-i-set-my-price, 보존된 주소는 https://perma.cc/9WA9-RTUF

45) Blancride, 'BlancRiders', https://blancride.com/blancriders, 보존된 주소는 https://perma.cc/AX3C-EDXE

46) Tom Slee, *What's Yours Is Mine: Against the Sharing Economy* (O/R Books 2015), 10.

47) Sarah Butler, 'Deliveroo accused of "creating vocabulary" to avoid calling couriers employees', *The Guardian* (5 April 2017), http://www.theguardian.com/business/2017/apr/05/deliveroo-couriers-employees-managers, 보존된 주소는 https://perma.cc/XW66-CAE5; Sarah O'Connor, 'Deliveroo pedals the new language of the gig economy', *Financial Times* (5 April 2017), http://www.ft.com/content/9ad4f936-1a26-11e7-bcac-6d03d067f81f

48) TaskRabbit, 'Featured tasks', http://www.taskrabbit.com/m/featured, 보존된 주소는 https://perma.cc/RZY2-BGCP (강조를 추가함).

49) TaskRabbit, 'Terms of service', http://www.taskrabbit.com/terms, 보존된 주소는 https://perma.cc/S6ZM-VXUS. 태스크래빗 영국 (http://www.taskrabbit.co.uk/terms, 보존된 주소는 https://perma.cc/XTH7-Q8V4) 역시 기능적으로 동등한 법적 구조를 확립하려고 시도하고 있다. 5장에서 이 용어들을 법적으로 분석한다.

50) Julia Tomassetti, 'Does Uber redefine the firm? The postindustrial corporation and advanced information technology' (2016) 34(1) Hofstra Labor and Employment Law Journal 239, 293:

우버와 리프트는 승차 서비스 생산에 있어 그들의 대리 행위를 알고리즘, 프로그래밍 및 기술에 의한 관리로 승화시킨다. '플랫폼'의 은유법은 우버와 리프트를 주체에서 공간으로 변형시킨다. 그것은 능동적인 행위자 즉, 운전자와 승객이 머물 수 있는 수동적인 공간을 떠올리게 한다. 예를 들어, 리프트는 운전자들의 '낮은 평점은 리프트가 아니라 승객이 주는 것'이라고 주장한다. '우버는 우버가 아니라 승객들이 운전자의 노동을 통제했다고 주장했다. 그 회사들은 공평무사한 기계를 복화(腹話)시킨다.'

우리는 또한 더 지역적인 용어도 마주치게 된다. 미국에서의 '1099 경제' 논의를 예로 들 수 있는데, 독립 노동자들—그리고 물고기 값을 현금으로(!) 받는 사람들—이 자신의 소득을 신고하기 위해 이용하는 세금 신고 양식에서 이름을 딴 것이다.

51) Izabella Kaminska, 'Employers rely on euphemisms to hide gig economy realities', *Financial Times* (6 April 2017), http://www.ft.com/content/a5709f84-1ab3-11e7-bcac-6d03d067f81f

52) *Aslam and Farrar v Uber*, Case No. ET/2202550/2015, 28 October 2015 (London Employment Tribunal), [87]. 우버는 판결에 항소하고 있다. (2018년 12월 19일에 영국 상소법원 The Court of Appeal은 이들이 우버에 소속된 노동자라고 판결했다. -역자 주)

53) 위와 같은 자료.

54) 'There's an app for that', *The Economist* (30 December 2014), http://www.economist.com/news/briefing/21637355-freelance-workers-available-moments-notice-will-reshape-nature-companies-and, 보존된 주소는 https://perma.cc/DS63-TKKG

55) James Silver, 'The sharing economy: a whole new way of living', *The Guardian* (4 August 2013), http://www.theguardian.com/technology/2013/aug/04/internet-technology-fon-taskrabbit-blablacar, 보존된 주소는 https://perma.cc/8KL4-AQJW

56) Natasha Singer, 'In the sharing economy, workers find both freedom and uncertainty', *The New York Times* (16 August 2014), http://www.nytimes.com/2014/08/17/technology/in-the-sharing-economy-workers-find-both-freedom-and-uncertainty.html

57) 위와 같은 자료.

58) EY, *Global Generations: A Global Study on Work Life Challenges across Generations* (EY 2015), http://www.ey.com/Publication/vwLUAssets/EY-global-generations-a-global-study-on-work-life-challenges-across-generations/$FILE/EY-global-generations-a-global-study-on-work-life-challenges-across-generations.pdf, 보존된 주소는 https://perma.cc/W2NH-2G3T; PricewaterhouseCoopers (PwC), *Workforce of the Future: The Competing Forces Shaping 2030* (PWC 2017), http://www.pwc.com/gx/en/managing-tomorrows-people/future-of-work/assets/reshaping-the-workplace.pdf, 보존된 주소는 https://perma.cc/9JU3-NXFK

59) Debbie Wosskow, *Unlocking the Sharing Economy: An Independent Review* (BIS 2014), 5.

60) RStreet, 'Map of ridesharing laws', http://www.rstreet.org/tnc-map/, 보존된 주소는 https://perma.cc/4QCU-9SNN

61) Heather Somerville and Dan Levine, 'Exclusive: US states pass laws backing Uber's view of drivers as contractors', *Reuters* (10 December 2015), http://www.reuters.com/article/us-uber-statelaws-idUSKBN0TT2MZ20151210, 보존된 주소는 https://perma.cc/PB5L-NM8Y; 또 Douglas MacMillan, 'Uber laws: a primer on ridesharing regulations', *The Wall Street Journal* (29 January 2015), http://blogs.wsj.com.ca.skku.edu:8080/digits/2015/01/29/uber-laws-a-

primer-on-ridesharing-regulations/ 참조.

62) Ohio 131st General Assembly, Substitute House Bill No. 237, §1, 10-11.

63 Indiana 119th General Assembly, House Enrolled Act No. 1278, §4(1).

64) Texas House Bill No. 1733, §1 (http://www.legis.state.tx.us/tlodocs/84R/billtext/html/HB01733F.htm, 보존된 주소는 https://perma.cc/DV3P-YZGH).

65 North Carolina, General Assembly Session 2015, Session Law 2015-237, Senate Bill 541, §1, 5.

66) European Commission, *Communication from the Commission to the European Parliament, the Council, the European Economic and Social Committee and the Committee of the Regions: A European Agenda for the Collaborative Economy* (COM (2016) 356 final), 6, 11-13. 유럽연합사법재판소(CJEU)의 법률고문관Advocate General은 동의하지 않는다.: Case C-434/15 *Asóciacion Profesional Elite Taxi v Uber Systems Spain SL* (Opinion of AG Szpunar, 11 May 2017). 나의 초기의 분석은 Jeremias Prassl, 'Uber: the future of work …or just another taxi company?', *Oxford Business Law Blog* (16 May 2017)에서 찾을 수 있다. , http://www.law.ox.ac.uk/business-law-blog/blog/2017/05/uber-future-work…-or-just-another-taxi-company, 보존된 주소는 https://perma.cc/NER8-3CY7

67) Seth Harris and Alan Krueger, 'A proposal for modernizing labor laws for twenty-first century work: the "independent worker" ' (2015) Hamilton Project Discussion Paper No. 2015-10.

68) *Cotter et al. v Lyft Inc.*, Case No. 13-cv-04065-VC (ND Cal., March 16, 2017), 19, US District Judge Vince Chhabria denying a cross-motion for summary judgment.

69) Seth Harris and Alan Krueger, 'A proposal for modernizing labor laws for twenty-first century work: the "independent worker" ' (2015) Hamilton Project Discussion Paper No. 2015-10, 17. 이 점에 있어서는 그들만 그렇게 생각하는 것이 아니다.: Arun Sundararajan, *The Sharing Economy: The End of Employment and the Rise of Crowd-based Capitalism* (MIT Press 2016), 182 역시 유사하게 '소송에 대한 부담감 때문에 노동자들은 실질적으로 플랫폼 기업들이 제공하는 혜택을 받지 못할 수도 있다'고 사실로 받아들인다.

70) Molly Cohen and Arun Sundararajan, 'Self-regulation and innovation in the peer-to-peer sharing economy' (2015) 82(1) Chicago University Law Review Dialogue 116, 117.

3. 군중 속에서 길을 잃다

✲

1) Spera, *Freedom Economy Report 2016* (Lehi 2016), 6.

2) James Silver, 'The sharing economy: a whole new way of living', *The Guardian* (4 August 2013), http://www.theguardian.com/technology/2013/aug/04/Internet-technology-fon-taskrabbit-blablacar, 보존된 주소는 https://perma.cc/8KL4-AQJW

3) The original release could be found at https://newsroom.uber.com/an-uber-impact-20000-jobs-created-on-the-uber-platform-every-month-2/. 이 웹 사이트는 더 이상 온라인에 없지만, 보도자료는 여전히 여기서 볼 수 있다. http://www.businesswire.com/news/home/20140527005594/en/Uber-Impact-20000-Jobs-Created-Uber-Platform, 보존된 주소는 https://perma.cc/46LG-YJ74

4) Brhmie Balaram, *Fair Share: Reclaiming Power in the Sharing Economy* (RSA 2016), 42.

5) Direct contact between consumers and workers may occur, of course, but the fact that you order your food from a waiter does not make that waiter an independent entrepreneur.

6) Frederick W. Taylor, *The Principles of Scientific Management* (프레드릭 테일러, 《프레드릭 테일러 과학적 관리법》, 방영호 옮김, 21세기북스, 2010) (Harper & Brothers 1919).

7) TaskRabbit, 'Summer tasks', http://www.taskrabbit.co.uk/m/summer-tasks, 보존된 주소는 https://perma.cc/49G5-3TPP; 'Digital Taylorism', *The Economist* (10 September 2015), http://www.economist.com/news/business/21664190-modern-version-scientific-management-threatens-dehumanise-workplace-digital, 보존된 주소는 https://perma.cc/97U5-FGBF

8) TaskRabbit, 'Terms of service', Introduction and clause 1, http://www.taskrabbit.co.uk/terms, 보존된 주소는 https://perma.cc/WX39-9PJE

9) Uber, 'US terms of use', clause 2, http://www.uber.com/legal/terms/us/, 보존된 주소는 https://perma.cc/4QCV-CB3R. 2017년 봄 업데이트에 이어, 관련 설명은 이제 clause 3에서 찾을 수 있다.:

이 서비스는 모바일 어플리케이션과 관련 서비스(각각 '어플리케이션')로 구성되며, 이용자는 우버 또는 우버 계열사의 일부 ('제3자 공급자')와 합의하여 해당 서비스와 상품의 제3자 공급자들과 함께 운송, 물류 및/또는 배송 서비스를 계획하고 일정을 정하고/또는 특정 상품을 구매할 수 있다.

10) George Akerlof, 'The market for "lemons": qualitative uncertainty and the market mechanism' (1970) 84(3) Quarterly Journal of Economics 488.

11) Tom Slee, *What's Yours Is Mine: Against the Sharing Economy* (O/R Books 2015).

12) 위와 같은 자료, 100-1.

13) 위와 같은 자료. 이는 우버 내부 문서에 의해 확인되는데, 2014년에는 평점이 별 (5개 중) 4.6개 미만이라는 사유로 운전자의 3% 미만이 '비활성화될 위험'에 있는 것으로 나타났다. : James Cook, 'Uber's internal charts show how its driver-rating system actually works', *Business Insider UK* (11 February 2015), http://uk.businessinsider.com/leaked-charts-show-how-ubers-driver-rating-system-

works-2015-2, 보존된 주소는 https://perma.cc/5UPM-SWFN. 이는 성과가 낮은 범위를 시장에서 배제시킴으로써 높은 기준의 노동자 풀을 유지하려는 등급 시스템의 압력에 의한 결과라고 주장할 수도 있다. 그러나 슬리가 설명한 바와 같이, 이것은 그런 사례가 아니다. '공유경제 평판 시스템과 같이 [대부분의 데이터 포인트가 가장 높은 곳에 있는] J-곡선 등급 분포는 사람들이 서로 등급을 매길 때마다 나타난다.' (Tom Slee, *What's Yours Is Mine: Against the Sharing Economy* (O/R Books 2015), 101).

14) 알고리즘에 의한 통제 메커니즘의 작동은 옥스퍼드대학과 뉴욕대학의 정치 철학자 스티븐 루크스가 확인한 '가장 효과적이고 음흉한 힘의 사용'과 밀접하게 일치한다. 그는 상황에 대한 통제는 '사회적 힘과 제도적 관행의 작동을 통하든 개인들의 결정을 통하든' 수많은 방법으로 행사될 수 있다고 주장한다.:

    날카롭게 말하자면, A는 B에게 그가 하고 싶지 않은 일을 하도록 함으로써 B에게 권력을 행사할 수도 있지만, 그는 또한 그의 바로 그 욕망에 영향을 미치거나 그것을 형성하거나 결정함으로써 그에게 권력을 행사하기도 한다. 사실, 다른 사람들로 하여금 그들이 가지기를 당신이 원하는 욕구를 갖게 하는 것, 즉 그들의 생각과 욕망을 통제함으로써 그들의 준수를 확보하는 것이 권력의 최고의 행사가 아닌가?

    (Steven Lukes, *Power: A Radical View* (Palgrave 2005), 27)

15) Alex Rosenblat and Luke Stark, 'Algorithmic labor and information asymmetries: a case study of Uber's drivers' (2016) 10 International Journal of Communication 3758, 3775.

16) 위와 같은 자료.

17) 위와 같은 자료, 3772 (인용 생략됨).

18) *Douglas O'Connor v Uber Technologies Inc.*, 82 F.Supp.3d 1133, 1151-2 (ND Cal. 2015).

19) 위와 같은 자료, Michel Foucault, *Discipline and Punish: The Birth of the Prison* (미셸 푸코, 《감시와 처벌》, 오생근 옮김, 나남, 2016) (ed. Alan Sheridan, Vintage Books 1979), 201를 인용하였다.

20) 'Adventures of a first-time TaskRabbit', *LonePlacebo* (22 July 2014), http://loneplacebo.com/adventures-of-a-first-time-taskrabbit/, 보존된 주소는 https://perma.cc/MNG7-QZWR; Tenielle, 'A safe ride from A to B', *Uber Newsroom* (16 July 2015), https://newsroom.uber.com/australia/ubersafeau/, 보존된 주소는 https://perma.cc/CM9X-HXYS. 요구되는 정보에는 세부 금융정보와 사회보장번호가 포함될 수 있는데 광범위한 심사를 보장하고 노동자가 비활성화된 경우 이중 등록을 피하기 위해서이다. 일부 플랫폼 기업들은 이용자나 노동자들에게 신원조회를 위한 특별 수수료를 부과한다. 우버의 현재 심사 정책에 대한 설명에 대해서는 https://newsroom.uber.com/details-on-safety/ 참조.

    접근은 또한 사유가 혹시 있더라도 거의 제시되지 않는 외관상 자의적인 결정 때문에 거부될 수 있다. 나의 학생 중 한 명이 아마존 M터크에 접속하려고 했을 때, 그는 재빨리 거부당했는데, '우리의 계정 검토 기준은 전적으로 회사 권한이며, 우리는 등록 완료에 대한 초대가 거부된 이유를 밝힐 수 없다. 만약 우리의 초대 기준이 변경된다면, 당신은 미래에 등록을 완료하도록 초대받을 수도 있다'는 답변을 들었다. 몇 주 후 그러나 그가 어떤 추가적인 조치를 하지 않았는데도 그는 신기하게 승인되었다.

21) Alex Rosenblat and Luke Stark, 'Algorithmic labor and information asymmetries: a case study of Uber's drivers' (2016) 10 International Journal of Communication 3758, 3761, 3762, 3766.

22) Doug H, 'Fired from Uber: why drivers get deactivated, and how to get reactivated', *Ride Sharing Driver* (21 April 2016), http://www.ridesharingdriver.com/fired-uber-drivers-get-deactivated-and-reactivated/, 보존된 주소는 https://perma.cc/3MQL-4TWD; Kari Paul, 'The new system Uber is implementing at airports has some drivers worried', *Motherboard* (13 April 2015), http://motherboard.vice.com/read/the-new-system-uber-is-implementing-at-airports-has-some-drivers-worried, 보존된 주소는 https://perma.cc/CV8P-EM7U; '10 minute timeout', Uber People (1 March 2016), http://uberpeople.net/threads/10-minute-timeout.64032/, 보존된 주소는 https://perma.cc/AS3C-94EP. 비록 낮은 수락률에 대한 일시적인 비활성화temporary deactivation가 여전히 명시적으로 언급되고 있긴 하지만, 미국에서는 최근 합의의 일환으로 운전자들이 이제 약간 더 명확함을 누리고 있다. : Uber, 'Uber community guidelines', http://www.uber.com/legal/deactivation-policy/us/, 보존된 주소는 https://perma.cc/8MR4-GFDL. 다른 도시에서는 일시적 비활성화가 단순한 로그아웃으로 대체되었다.

23) Alex Rosenblat and Luke Stark, 'Algorithmic labor and information asymmetries: a case study of Uber's drivers' (2016) 10 International Journal of Communication 3758, 3768.

24) Upwork, 'How it works', http://www.upwork.com/i/howitworks/client/; Upwork, 'A freelancer's guide to Upwork', 8, 16, https://content-static.upwork.com/blog/uploads/sites/3/2016/06/22094641/Freelancer-Guide.pdf, 보존된 주소는 https://perma.cc/5A4Y-PFE9

25) Uber, 'My driver took a poor route', https://help.uber.com/h/0487f360-dc56-4904-b5c9-9d3f04810fa9, 보존된 주소는 https://perma.cc/6QLJ-XC9C; James Cook, 'Uber's internal charts show how its driver-rating system actually works', *Business Insider UK* (11 February 2015), http://uk.businessinsider.com/leaked-charts-show-how-ubers-driver-rating-system-works-2015-2; Uber, 'Uber + Pandora', https://www.uber.com/drive/music/; Ryan Lawler, 'Lyft sheds some of its quirks as it seeks new users', *TechCrunch* (30 November 2014), https://techcrunch.com/2014/11/30/lyft-quirks/, 보존된 주소는 https://perma.cc/2QYB-4VZX

26) 'How TaskRabbit works: insights into business & revenue model', *Juggernaut* (10 August 2015), http://

nextjuggernaut.com/blog/how-task-rabbit-works-insights-into-business-revenue-model/, 보존된 주소는 https://perma.cc/74ZE-KR4Z

27) Amazon MTurk, 'Amazon Mechanical Turk participation agreement', clause 3(b), http://www.mturk.com/mturk/conditionsofuse, 보존된 주소는 https://perma.cc/6XKA-6QFL

28) Upwork, 'How it works', http://www.upwork.com/i/howitworks/client/, 보존된 주소는 https://perma.cc/9GM9-MLHF; Andrew Beinstein and Ted Sumers, 'How Uber Engineering increases safe driving with telematics', *Uber Engineering* (29 June 2016), https://eng.uber.com/telematics/, 보존된 주소는 https://perma.cc/E82S-37NQ

29) TaskRabbit, 'Frequently asked questions', https://support.taskrabbit.com/hc/en-us/articles/204409560-Can-I-leave-a-review-for-my-Client-, 보존된 주소는 https://perma.cc/K6DR-BV86

30) Andrew Callaway, 'Apploitation in a city of instaserfs: how the "sharing economy" has turned San Francisco into a dystopia for the working class', *The Magazine* (1 January 2016), http://www.policyalternatives.ca/publications/monitor/apploitation-city-instaserfs, 보존된 주소는 https://perma.cc/AP9Z-TZ5J

31) Alyson Shontell, 'My nightmare experience as a TaskRabbit drone', *Business Insider* (7 December 2011), http://www.businessinsider.com/confessions-of-a-task-rabbit-2011-12?IR=T, 보존된 주소는 https://perma.cc/7EYK-86QR

32) 위와 같은 자료.

33) Crowdflower, 'Crowdsourced content moderation', https://success.crowdflower.com/hc/en-us/article_attachments/201062449/CrowdFlower_Skout_Case_Study.pdf, 보존된 주소는 https://perma.cc/4MY4-AAFX

34) Adrian Chen, 'The labourers who keep dick pics and beheadings out of your Facebook feed', *Wired* (23 October 2014), http://www.wired.com/2014/10/content-moderation/, 보존된 주소는 https://perma.cc/4CJG-UDMT

35) Andrew Callaway, 'Apploitation in a city of instaserfs: how the "sharing economy" has turned San Francisco into a dystopia for the working class', *The Magazine* (1 January 2016), http://www.policyalternatives.ca/publications/monitor/apploitation-city-instaserfs, 보존된 주소는 https://perma.cc/AP9Z-TZ5J

36) Bill Gurley, 'A deeper look at Uber's dynamic pricing model', *Above the Crowd* (11 March 2014), http://abovethecrowd.com/2014/03/11/a-deeper-look-at-ubers-dynamic-pricing-model/, 보존된 주소는 https://perma.cc/9JRL-F96W. 최근에는 특정 지역들에서 이른바 경로 기반 가격 책정route-based pricing 방식이 도입되어 언론의 상당한 주목을 받고 있다.: Eric Newcomer, 'Uber starts charging what you're willing to pay', *Bloomberg* (19 May 2017)

37) 'The "X" rejection and feedback on HITs', *Turk Requesters* (30 January 2015), http://turkrequesters.blogspot.co.uk/2015/01/the-x-rejection-and-feedback-on-hits.html, 보존된 주소는 https://perma.cc/A2BK-XT6L; Amazon MTurk, 'Amazon Mechanical Turk participation agreement', clause 3(f), http://www.mturk.com/mturk/conditionsofuse, 보존된 주소는 https://perma.cc/6XKA-6QFL; see also Julian Dobson, 'Mechanical Turk: Amazon's new underclass', *Huffington Post* (21 April 2013), http://www.huffingtonpost.com/julian-dobson/mechanical-turk-amazons-underclass_b_2687431.html, 보존된 주소는 https://perma.cc/9GGZ-5PL5 ('There's no appeal if you think you've been exploited or scammed').

38) Amazon MTurk, 'Worker web site FAQs', http://www.mturk.com/mturk/help?helpPage=worker#how_paid, 보존된 주소는 https://perma.cc/U9TL-MC6K

39) Steven Hill, *Raw Deal* (St Martin's Press 2015), 11.

40) Mariano Mamertino of economics consultancy Indeed, Recruitment and Employment Confederation (REC), *Gig Economy: The Uberisation of Work* (REC 2016), 52에서 재인용.

41) Elance-Odesk, *Annual Impact Report* (Elance-Odesk 2014), 23, https://blog-static.odesk.com/content/Elance-oDeskAnnualImpactReport2014.pdf, 보존된 주소는 https://perma.cc/48BE-G7U7; Lilly Irani and M. Six Silberman, 'Turkopticon: interrupting worker invisibility in Amazon Mechanical Turk' (2013) CHI 2013, Changing Perspectives, Paris, France; 'Is digital expert knowledge facing a race to the bottom?', *a-connect* (날짜는 나와 있지 않음), http://www.a-connect.com/acknowledge/is-digital-expert-knowledge-facing-a-race-to-the-bottom/, 보존된 주소는 https://perma.cc/8ZJ3-P3X4. 이것은 세계은행이 의뢰한 연구와도 부합하는데, 이랜스Elance-오데스크oDesk(현재의 업워크)나 프리랜서닷컴Freelancer.com의 전형적인 온라인 프리랜서는 주당 20~40시간 일하고 월 200~750달러를 벌 수 있을 것으로 추산하고 있지만, '고도로 숙련된 소수의 노동자들만이 … 월 3,000달러까지 벌 수 있다'는 것이다.: Siou Chew Kuek, Cecilia Paradi-Guilford, Toks Fayomi, Soari Imaizumi, and Panos Ipeirotis, 'The Global Opportunity in Online Outsourcing' (World Bank 2015), 42, http://www.ipeirotis.com/wp-content/uploads/2015/05/The-World-Bank-The-Global-Opportunity-in-Online-Outsourcing.pdf, 보존된 주소는 https://perma.cc/2AGP-TME6

42) Amazon MTurk, 'Amazon Mechanical Turk pricing', https://requester.mturk.com/pricing, 보존된 주소는 https://perma.cc/58T4-BUE7; Panagiotis Ipeirotis, 'Analyzing the Amazon Mechanical Turk marketplace' (2010) 17(2) XRDS 16, http://dl.acm.org.ca.skku.edu:8080/citation.cfm?id=1869094, 보존된 주소는 https://perma.cc/8C4M-74M8

43) 위와 같은 자료, 19; Paul Hitlin, *Research in the Crowdsourcing Age: A Case Study* (Pew Research Center 2016), 8, http://assets.pewresearch.org/wp-content/uploads/sites/14/2016/07/PI_2016.07.11_Mechanical-Turk_FINAL.pdf

44) Barrie Clement, 'Burger King pays £106,000 to staff forced to "clock off" ', *The Independent* (19 December 1995), http://www.independent.co.uk/news/burger-king-pays-pounds-106000-to-staff-forced-to-clock-off-1526458.html, 보존된 주소는 https://perma.cc/XV3B-2WA5. 이러한 방식은 1998년에 제정된 영국 최저임금법에 저촉되어 더 이상 가능하지 않을 것이다.

45) Jonathan Hall and Alan Krueger, 'An analysis of the labor market for Uber's Driver-Partners in the United States' (2016) NBER Working Paper No. 22843, 18.

46) 위와 같은 자료, 23. 만약 당신이 세금을 내고, 국민보험을 납부하고, 회계사들에게 지불하고, 개인 건강보험 등을 협상해야 한다면, 이러한 부수적인 비용 또한 훨씬 더 높다.

47) Johana Bhuiyan, 'What Uber drivers really make (according to their pay stubs)', *BuzzFeed News* (19 November 2014), http://www.buzzfeed.com/johanabhuiyan/what-uber-drivers-really-make-according-to-their-pay-stubs?utm_term=.wwB0BDk1w#.rcMr8qAnb, 보존된 주소는 https://perma.cc/4JSB-M9FD

48) 'New Uber Drivers pay down by £1 per hour', *GMB Newsroom* (24 November 2015). http://www.gmb.org.uk/newsroom/new-uber-drivers-pay-down-by-one-pound, 보존된 주소는 https://perma.cc/55MD-RV3U

49) Jonathan Hall and Alan Krueger, 'An analysis of the labor market for Uber's Driver-Partners in the United States' (2016) NBER Working Paper No. 22843, 11.

50) M. Six Silberman, *Human-Centered Computing and the Future of Work: Lessons from the Mechanical Turk and Turkopticon, 2008-2015* (PhD dissertation, University of California Irvine 2015), 3, http://wtf.tw/text/lessons_from_amt_and_turkopticon_summary.pdf, 보존된 주소는 https://perma.cc/2WN3-D7F5

51) TaskRabbit, *The TaskRabbit Handbook* (on file with author), 9; Task Rabbit, 'Community guidelines', https://support.taskrabbit.com/hc/en-us/articles/204409440-TaskRabbit-Community-Guidelines, 보존된 주소는 https://perma.cc/VX4Q-77CT; Josh Dzieza, 'The rating game: how Uber and its peers turned us into horrible bosses', *The Verge* (28 October 2015), http://www.theverge.com/2015/10/28/9625968/rating-system-on-demand-economy-uber-olive-garden, 보존된 주소는 https://perma.cc/CVU4-GEV7; Benjamin Sachs, 'Uber and Lyft: customer reviews and the right to control', *On Labor* (20 May 2015), http://onlabor.org/2015/05/20/uber-and-lyft-customer-reviews-and-the-right-to-control/, 보존된 주소는 https://perma.cc/9TNM-Y95X

52) Josh Dzieza, 'The rating game: how Uber and its peers turned us into horrible bosses', *The Verge* (28 October 2015), http://www.theverge.com/2015/10/28/9625968/rating-system-on-demand-economy-uber-olive-garden, 보존된 주소는 https://perma.cc/CVU4-GEV7

53) TaskRabbit, 'The TaskRabbit elite', http://www.taskrabbit.co.uk/taskrabbit-elite, 보존된 주소는 https://perma.cc/P2FE-GLM2; Panos Ipeirotis, 'Mechanical Turk changing the defaults: the game has changed', *Behind the Enemy Lines* (5 December 2012), http://www.behind-the-enemy-lines.com/2012/12/mechanical-turk-changing-defaults-game.html, 보존된 주소는 https://perma.cc/8G73-PYWF

54) Alex Rosenblat and Luke Stark, 'Algorithmic labor and information asymmetries: a case study of Uber's drivers' (2016) 10 International Journal of Communication 3758, 3763.

55) Daniel Tomlinson of the UK's Resolution Foundation, REC, *Gig Economy: The Uberisation of Work* (REC 2016), 53에서 재인용.

56) Greg Harman, 'The sharing economy is not as open as you might think', *The Guardian* (12 November 2014), http://www.theguardian.com/sustainable-business/2014/nov/12/algorithms-race-discrimination-uber-lyft-airbnb-peer, 보존된 주소는 https://perma.cc/DZ8S-D8SL

57) Doug H, 'Fired from Uber: why drivers get deactivated, and how to get reactivated', *Ride Sharing Driver* (21 April 2016), http://www.ridesharingdriver.com/fired-uber-drivers-get-deactivated-and-reactivated/, 보존된 주소는 https://perma.cc/3MQL-4TWD

58) Amazon MTurk, 'Amazon Mechanical Turk participation agreement', clause 11, http://www.mturk.com/mturk/conditionsofuse, 보존된 주소는 https://perma.cc/6XKA-6QFL; Dynamo, 'MTurk suspensions', http://www.wearedynamo.org/suspensions, 보존된 주소는 https://perma.cc/SH8S-VAHW

59) John Arlidge, 'We want it all now—but at what price?', *Sunday Times Magazine* (10 July 2016), 13.

60) Mariano Mamertino of economics consultancy Indeed, REC, *Gig Economy: The Uberisation of Work* (REC 2016), 52에서 재인용.

61) Caroline O'Donovan, 'Changes to Amazon's Mechanical Turk platform could cost workers', *BuzzFeed News* (23 June 2015), http://www.buzzfeed.com/carolineodonovan/changes-to-amazons-mechanical-turk-platform-could-cost-worke?utm_term=.cvjLONY4q0#.ruxM6v1r5a, 보존된 주소는 https://perma.cc/6HHS-BELG

62) Upwork, 'Freelancer service fees', https://support.upwork.com/hc/en-us/articles/211062538-Freelancer-Service-Fees, 보존된 주소는 https://perma.cc/63CH-LA7F

63) Uber, 'Need help?', https://help.uber.com/h/8ba64dc9-a85b-4923-8277-c0e813395d79, 보존된 주소는 https://

perma.cc/A29G-AKDD

64) Noam Scheiber, 'Uber drivers and others in the gig economy take a stand', *The New York Times* (2 February 2016), http://www.nytimes.com/2016/02/03/business/uber-drivers-and-others-in-the-gig-economy-take-a-stand.html?partner=rssnyt&emc=rss&_r=3, 보존된 주소는 https://perma.cc/3VC9-HRG8

65) 위와 같은 자료.

66) Casey Newton, 'TaskRabbit is blowing up its business and becoming the Uber for everything', *The Verge* (17 June 2014), http://www.theverge.com/2014/6/17/5816254/taskrabbit-blows-up-its-auction-house-to-offer-services-on-demand, 보존된 주소는 https://perma.cc/5E5V-Q8KE; Harrison Weber, 'TaskRabbit users revolt as the company shuts down its bidding system', *Venture Beat* (10 July 2014), http://venturebeat.com/2014/07/10/taskrabbit-users-revolt-as-the-company-shuts-down-its-bidding-system/, 보존된 주소는 https://perma.cc/5E7M-NMZW

67) Sean Farrell and Hilary Osborne, 'Deliveroo boss says sorry for pay dispute', *The Guardian* (15 August 2016), http://www.theguardian.com/business/2016/aug/15/deliveroo-boss-says-sorry-for-pay-dispute, 보존된 주소는 https://perma.cc/5PYH-NCGP

68) Alex Rosenblat and Luke Stark, 'Algorithmic labor and information asymmetries: a case study of Uber's drivers' (2016) 10 International Journal of Communication 3758, 3764.

69) Alison Griswold, 'This is the script Uber is using to make anti-union phone calls to drivers in Seattle', *Quartz* (22 February 2016), http://qz.com/621977/this-is-the-script-uber-is-using-to-make-anti-union-phone-calls-to-drivers-in-seattle/, 보존된 주소는 https://perma.cc/ENZ8-8FHW

70) Steven Greenhouse, 'On demand, and demanding their rights', *The American Prospect Magazine* (28 June 2016), http://prospect.org/article/demand-and-demanding-their-rights, 보존된 주소는 https://perma.cc/CMB2-W8QT

71) TaskRabbit, *The TaskRabbit Handbook* (on file with author), 15.

72) TaskRabbit, https://support.taskrabbit.com/hc/en-us/articles/207814456, 보존된 주소는 https://perma.cc/WS63-FUQN

73) Work and Pensions Committee, *Written Evidence: Self-employment and the Gig Economy* (HC 847 2016-17), extract from Deliveroo contract, http://www.parliament.uk/documents/commons-committees/work-and-pensions/Written_Evidence/Extract-from-Deliveroo-contract.pdf, 보존된 주소는 https://perma.cc/Q3UF-QNXZ; Hilary Osborne, 'Deliveroo workers' contracts ban access to employment tribunals', *The Guardian* (25 July 2016), http://www.theguardian.com/law/2016/jul/25/deliveroo-workers-contracts-ban-access-to-employment-tribunals?CMP=share_btn_tw, 보존된 주소는 https://perma.cc/9TTH-989J; Shona Ghosh, 'Deliveroo will drop a clause in its contracts that banned couriers from employment tribunals', *Business Insider* (22 February 2017), 보존된 주소는 https://perma.cc/R998-SAGS

74) Katherine Stone, 'Uber and arbitration: a lethal combination', *Economic Policy Institute* (24 May 2016), http://www.epi.org/blog/uber-and-arbitration-a-lethal-combination/. 우버의 새로운 계약조건은 노동자들에게 다음과 같이 요구한다.: 본 약관에서 발생하거나 이와 관련하여 발생하는 어떠한 분쟁, 청구 또는 논쟁이나 위반, 종료, 집행, 해석 또는 그것의 타당성 또는 서비스의 이용(통칭 '분쟁')은 귀하와 우버 사이의 구속력 있는 중재에 의해 해결된다는 데 동의한다.
그들은 또한 '배심원들에 의한 재판을 받을 권리나 어떠한 유명한 집단소송이나 대표당사자절차representative proceeding에도 원고나 집단으로 참여할 권리'를 포기해야 한다.: Uber, 'US terms of use', clause 2 ('Arbitration Agreement'), http://www.uber.com/legal/terms/us/, 보존된 주소는 https://perma.cc/4QCV-CB3R. 우버의 변호사들은 이 용어를 '방탄bullet proof' 그리고 '최첨단, 그 이상state of the art, plus more'이라고 묘사했다.: Joel Rosenblat, 'How gig economy is using private arbitration to win on labor classification', *Insurance Journal* (6 June 2016), http://www.insurancejournal.com/news/national/2016/06/06/410983.htm, 보존된 주소는 https://perma.cc/94CR-3ZW7

75) Upwork, 'Freelancer service fees', https://support.upwork.com/hc/en-us/articles/211062538-Freelancer-Service-Fees, 보존된 주소는 https://perma.cc/424S-BBUC

76) 경제학자들은 이것을 '전환 비용cost of switching'이라고 부르며 그로 인한 비효율성을 입증했다.: Paul Klemperer, 'Competition when consumers have switching costs' (1995) 62(4) Review of Economic Studies 515.

77) Jonathan Hall and Alan Krueger, 'An analysis of the labor market for Uber's Driver-Partners in the United States' (2016) NBER Working Paper No. 22843, 16.

78) Eric Newcomer and Olivia Zaleski, 'Inside Uber's auto-lease machine, where almost anyone can get a car', *Bloomberg* (31 May 2016), http://www.bloomberg.com/news/articles/2016-05-31/inside-uber-s-auto-lease-machine-where-almost-anyone-can-get-a-car

79) 'Why is the vehicle leasing program for Uber drivers so expensive?', *Quora* (undated), https://www.quora.com/Why-is-the-vehicle-leasing-program-for-Uber-drivers-so-expensive; Leslie Hook, 'Uber hitches a ride with car finance schemes', *Financial Times* (11 August

2016), http://www.ft.com/content/921289f6-5dd1-11e6-bb77-a121aa8abd95, 보존된 주소는 https://perma.cc/ULZ7-QGMZ

80) Jia Tolentino, 'The gig economy celebrates working yourself to death', *The New Yorker* (22 March 2017), http://www.newyorker.com/culture/jia-tolentino/the-gig-economy-celebrates-working-yourself-to-death

4. 혁신의 역설

✲

1) Hans C. Andersen, *Keiserens nye klæder* (tr. Jean Hersholt), http://www.andersen.sdu.dk/vaerk/hersholt/TheEmperorsNewClothes_e.html
2) Matthew Hancock, 'Foreword by Minister of State for Business, Enterprise and Energy', in Debbie Wosskow, *Unlocking the Sharing Economy: An Independent Review* (BIS 2014), 5.
3) Steve Case, *The Third Wave: An Entrepreneur's Vision of the Future* (Simon & Schuster 2016).
4) Erin Barry, 'Uber, Lyft effect on economy show work "innovation": case', *CNBC* (17 April 2016), http://www.cnbc.com/2016/04/15/uber-lyft-effect-on-economy-show-work-innovation-case.html, 보존된 주소는 https://perma.cc/LDF5-5Y4E
5) Arun Sundararajan, *The Sharing Economy: The End of Employment and the Rise of Crowd-Based Capitalism* (MIT Press 2016), 69.
6) 위와 같은 자료, 70.
7) 위와 같은 자료, 72.
8) 위와 같은 자료, 73.
9) 위와 같은 자료, 77.
10) 위와 같은 자료, 172.
11) 위와 같은 자료, 173.
12) 선대제(Putting out)는 영어를 사용하는 독자들에게 특히 특이한 명칭으로 보일지도 모르겠다. 그것은 아마도 독일어 *Verlagssytem*('putting-out system')의 번역일 것이다.
13) Duncan Bythell, *The Sweated Trades: Outwork in Nineteenth-Century Britain* (St Martin's Press 1978).
14) Matthew Finkin, 'Beclouded work, beclouded workers in historical perspective' (2016) 37(3) Comparative Labor Law & Policy Journal 603, citing Prabin Baishya, 'The putting out system in Ancient India' (1997) 25 Social Scientist 51.
15) Matthew Finkin, 'Beclouded work, beclouded workers in historical perspective' (2016) 37(3) Comparative Labor Law & Policy Journal 603; Susan Kitchell, 'Tonya, the Japanese wholesalers: why their domination position' (1995) 15(1) Journal of Macromarketing 21; J Lautner, *Altbabylonische Personenmiete und Erntarbeiterverträge* (1936) 164 참조.
16) Select Committee on Homework, *Reports of the Select Committee on Homework* (HC 290-IV, 1907-8), xxv. 유사점들은 역사에만 국한된 것이 아니다. 예를 들어, 20세기의 아웃소싱과 세계적인 공급망을 생각해 보라.
17) Arun Sundararajan, *The Sharing Economy: The End of Employment and the Rise of Crowd-Based Capitalism* (MIT Press 2016), 159-75.
18) 예를 들어, 의류 제조에 대한 이 어지러운 설명을 생각해 보자.:
중개인은 옷을 고치고 그것을 재단사나 '메이커'에게 넘겨서 장착을 위한 바느질을 한다; 옷은 '기계공machiner'에게 넘어서 주요 봉합선을 기계로 돌리고, 다시 수선공fixer이 어깨 솔기와 칼라와 소매를 고치고, 다시 바느질을 하기 위해 재단사에게 돌려보내고, 마지막으로 안감과 단추 바느질 그리고 단추구멍에 떨어진 사람에게로 전달한다. 그러면 옷은 '압착기presser'로 나갈 준비가 된 것이고, 중개인 '수선공'의 최종 점검을 마친 후, 완성된 물건은 가게로 돌려 보내진다.
(Barbara Drake, 'The West End tailoring trade', in Sidney Webb and Arnold Freeman (eds), *Seasonal Trades* (Constable 1912), 78-9)
19) Select Committee of the House of Lords on the Sweating System, *Reports of the Select Committee on the Sweating System* (HL 361-XX, 1887-88), Q 1772 (Mr Lewis Lyons).
20) James Schmiechen, *Sweated Industries and Sweated Labor* (Croom Helm 1984), 56-7.
21) 도판(圖板)에 실린 삽화들을 참조하라, 위와 같은 자료.
22) Henry Mayhew, *The Morning Chronicle Survey of Labour and the Poor, Vol. 2* (Routledge 2016), 95, 143-5.
23) Anne-Sylvaine Chassany, 'Uber: a route out of the French banlieues', *Financial Times* (3 March 2016), https://www.ft.com/content/bf3d0444-e129-11e5-9217-6ae3733a2cd1, 보존된 주소는 https://perma.cc/78JC-EP7Z
24) Hannah Curran, 'How a mom found professional success while staying at home with a newborn', *Fiverr* (21 February 2017), http://blog.fiverr.com/how-a-dallas-mom-found-professional-success-while-nursing-a-newborn-baby/, 보존된 주소는 https://perma.cc/J2SK-4N3H
25) 위와 같은 자료.
26) Henry Mayhew, *The Morning Chronicle Survey of Labour and the Poor, Vol. 2* (Routledge 2016), 71.
27) 위와 같은 자료, 72.
28) 위와 같은 자료, 73.
29) Arun Sundararajan, *The Sharing Economy: The End of Employment and the Rise of Crowd-Based Capitalism* (MIT Press 2016), 159-75.
30) Duncan Bythell, *The Sweated Trades: Outwork in Nineteenth-century Britain* (St Martin's Press 1978), 18-19.
31) Vernon Jensen, *Hiring of Dock Workers and Employment Practices in the Ports of New York, Liverpool, London, Rotterdam, and Marseilles* (Harvard University Press 1964), 21–2.
32) 예를 들면 리버풀 항에서는 '파란 눈'을 선호했던 이야기를 참조

하라.: 위와 같은 자료, 163.

33) 위와 같은 자료, 164.

34) Duncan Bythell, *The Sweated Trades: Outwork in Nineteenth-Century Britain* (St Martin's Press 1978), 78.

35) James Schmiechen, *Sweated Industries and Sweated Labor* (Croom Helm 1984), 56.

36) Juliet Stuart Poyntz, 'Introduction', in Sidney Webb and Arnold Freeman (eds), *Seasonal Trades* (Constable 1912), 60-1, citing Mr Cyril Jackson and Rev. J. C. Pringle, *Report of the Royal Commission on the Poor Laws and Relief of Distress on the Effects of Employment or Assistance Given to the 'Unemployed' Since 1886 as a Means of Relieving Distress outside the Poor Law* (Appendix, Vol. XIX, Cd 4795, 1909), 31.

37) 위와 같은 자료, 60.

38) Sidney Webb and Beatrice Webb, *Industrial Democracy, Vol. II* (비어트리스 웹·시드니 웹, 《산업민주주의 2》, 박홍규 옮김, 아카넷, 2018) (Longmans 1897), 435.

39) '노동자들이 실제로 받은 임금은 … 그들의 노동의 가격과 다르다 … 그런 차이는 공제 … 그리고 "중개상"이 만들어 낸 다른 비용들에 의해 발생한다.': Select Committee on the Stoppage of Wages (Hosiery), *Report from the Select Committee on Stoppage of Wages (Hosiery)* (HC 421-XIV, 1854-5), iii. 의회의 임금공제특별위원회Select Committee on the Stoppage of Wages 또한 프레임의 수를 실제 필요한 작업량으로 제한하지 않고 프레임 임대료를 부과하기 위해 가능한 한 많은 노동자들을 고용하려고 하는 명백한 관행이 널리 퍼져 있고 이로 인해 모든 노동자들이 단지 단시간 노동만 할당받게 되는 것을 확인하였다.: 위와 같은 자료, iii-iv. 또한 Commissioner Muggridge, *Reports of the Royal Commission on the Condition of the Framework Knitters* (vol. XV, HC 609, 1845), 83 참조.

40) Vernon Jensen, *Hiring of Dock Workers and Employment Practices in the Ports of New York, Liverpool, London, Rotterdam, and Marseilles* (Harvard University Press 1964), 25; Henry Mayhew, *The Morning Chronicle Survey of Labour and the Poor, Vol. 2* (Routledge 2016), 102-3, 117. 이것은 표준 임금율을 낮추기 위해 고안된 반경쟁적 조치로서 현물로in truck 지급하는 관행과 관련이 있었다. 언급된 '삭감'은 종종 임금 대신 특정 '복리후생'을 제공함으로써 간접적으로 이루어졌다.

41) James Schmiechen, *Sweated Industries and Sweated Labor* (Croom Helm 1984), 103.

42) Roger Lloyd-Jones and Mervyn Lewis, *Manchester and the Age of the Factory* (Croom Helm 1988), 75.

43) Barbara Drake, 'The West End tailoring trade', in Sidney Webb and Arnold Freeman (eds), *Seasonal Trades* (Constable 1912), 81.

44) Select Committee on Homework, *Reports of the Select Committee on Homework* (HC 290-IV, 1907-8), iii. 또 Sidney Webb and Beatrice Webb, *Industrial Democracy, Vol. II* (Longmans 1897), 758 참조.

45) James Schmiechen, *Sweated Industries and Sweated Labor* (Croom Helm 1984), 59.

46) Friedrich Engels, The Condition of the Working Classes (1845), as cited by Duncan Bythell, *The Sweated Trades: Outwork in Nineteenth-Century Britain* (St Martin's Press 1978), 10—그러나 그 당시에 이것이 동일 임금에 찬성하는 주장은 아니었다는 것을 기억하라. 그 밑에 깔려 있는 불평등에 대한 도전이 진정한 관심을 얻는 데는 1세기 이상이 걸렸다.

47) Duncan Bythell, *The Sweated Trades: Outwork in Nineteenth-Century Britain* (St Martin's Press 1978), 163.

48) 위와 같은 자료, 165는 이러한 노력이 어떻게 때때로 노동자들을 설득하는 데 성공했는지를 보여 준다. 다시 말하지만, 이것은 오늘날의 주문형 노동과 분명한 유사점이다.

49) Erin Hatton, 'The rise of the permanent temp economy', *The New York Times* (26 January 2013), https://opinionator.blogs.nytimes.com/2013/01/26/the-rise-of-the-permanent-temp-economy/. 캘러닉은 나중에 사과했다. : 'Travis Kalanick's Uber-apology', *The Economist* (3 March 2017), https://www.economist.com/news/business-and-finance/21717810-many-woes-ubers-boss-travis-kalanicks-uber-apology

50) Duncan Bythell, *The Sweated Trades: Outwork in Nineteenth-Century Britain* (St Martin's Press 1978), 168 및 거기서 언급된 출처들.

51) James Schmiechen, *Sweated Industries and Sweated Labor* (Croom Helm 1984), 102-3, 189.

52) W. B. Crump, *The Leeds Wollen Industry 1780-1820* (The Thoresby Society 1931), 25, Duncan Bythell, *The Sweated Trades: Outwork in Nineteenth-Century Britain* (St Martin's Press 1978), 178에서 재인용.

53) Izabella Kaminska, 'The sharing economy will go medieval on you', *Financial Times* (21 May 2015), https://ftalphaville.ft.com/2015/05/21/2130111/the-sharing-economy-will-go-medieval-on-you/, 보존된 주소는 https://perma.cc/GL9K-L7WZ

54) International Labour Office (ILO), *Non-Standard Employment around the World: Understanding Challenges, Shaping Prospects* (ILO 2016), 2.

55) David Weil, *The Fissured Workplace: Why Work Became so Bad for so Many and What Can Be Done to Improve it* (데이비드 와일, 《균열 일터》, 송연수 옮김, 황소자리, 2015) (Harvard University Press 2014); David Weil, 'How to Make employment fair in an age of contracting and temp work', *Harvard Business Review* (24 March 2017), https://hbr.org/2017/03/making-employment-a-fair-deal-in-the-age-of-contracting-subcontracting-and-temp-work, 보존된 주소는 https://perma.cc/H4VG-QP59

56) 위와 같은 자료.

57) Valerio De Stefano, 'The rise of the "just-in-time workforce":

on-demand work, crowdwork, and labor protection in the "gig economy"' (2016) 37(3) Comparative Labor Law & Policy Journal 471.

58) Ursula Holtgrewe, 'Working in the low-paid service sector: what is to be learned from the analogue world?', in Werner Wobbe, Elva Bova, and Catalin Dragomirescu-Gaina (eds), *The Digital Economy and the Single Market* (FEPS 2016), 100 는 이와 관련하여 둘 다 사실이라고 주장한다.:
일부 형태의 노동을 '제대로된 직업이 아니'라거나 사랑이나 '푼돈' 혹은 둘 다를 위한 어떤 것이라고 평가절하하는 것 그리고 노동시장에 대한 접근을 노동자들의 불확실하고 어쩌면 무제한적인 선불투자에 의존하게 만드는 고용가능성이라는 관념.

59) Matthew Finkin, 'Beclouded work, beclouded workers in historical perspective' (2016) 37(3) Comparative Labor Law & Policy Journal 603, 608.

60) James Schmiechen, *Sweated Industries and Sweated Labor* (Croom Helm 1984), 187.

61) Jill Rubery and Frank Wilkinson, 'Outwork and segmented labour markets', in Frank Wilkinson (ed.), *The Dynamics of Labour Market Segmentation* (Academic Press 1981), 115.

62) Recruitment and Employment Confederation (REC), *Gig Economy: The Uberisation of Work* (REC 2016), 48에서 재인용.

63) Vernon Jensen, *Hiring of Dock Workers and Employment Practices in the Ports of New York, Liverpool, London, Rotterdam, and Marseilles* (Harvard University Press 1964), 122-3에서 재인용.

64) Jacob Hacker, *The Great Risk Shift: The Assault on American Jobs, Families, Health Care, and Retirement—and How You Can Fight Back* (Oxford University Press 2006).

65) 위와 같은 자료. 또 Daniel Hemel, 'Pooling and unpooling in the Uber economy' (2017) University of Chicago Legal Forum 참조.

66) Jennifer Smith, ' "I'm ashamed": Uber CEO Travis Kalanick issues grovelling memo to staff admitting he needs to "grow up" after video surfaces of him yelling at one of his own drivers', *Daily Mail* (28 February 2017), http://www.dailymail.co.uk/news/article-4269350/Uber-CEO-Travis-Kalanick-lashes-driver-video.html, 보존된 주소는 https://perma.cc/5F8F-WWCD

67) Christine Lagarde, 'Reinvigorating productivity growth', *IMF* (3 April 2017), http://www.imf.org.ca.skku.edu:8080/en/news/articles/2017/04/03/sp040317-reinvigorating-productivity-growth, 보존된 주소는 https://perma.cc/84CC-9TCH

68) 'Are we adapting instead of innovating?', *Flip Chart Fairy Tales* (3 May 2012), https://flipchartfairytales.wordpress.com/2012/05/03/are-we-adapting-instead-of-innovating/, 보존된 주소는 https://perma.cc/XQR2-7QPB

69) Martin Sandbu, 'The problem is not too many robots, but too few', *Financial Times* (4 April 2017), http://www.ft.com/content/bcb600d4-1870-11e7-a53d-df09f373be87, 보존된 주소는 https://perma.cc/QCX5-4K6N

70) 예를 들어, Paul Krugman, 'Robot geometry (very wonkish)', *Financial Times* (20 March 2017), https://krugman.blogs.nytimes.com/2017/03/20/robot-geometry-very-wonkish, 보존된 주소는 https://perma.cc/KGF7-YKRS; Robert Gordon, *The Rise and Fall of American Growth* (로버트 J. 고든, 《미국의 성장은 끝났는가》, 이경남 옮김, 생각의 힘, 2017) (Princeton University Press 2016) 참조.

71) 우버는 이러한 혐의들을 부인한다. : Mike Isaac, 'How Uber deceives the authorities worldwide', *The New York Times* (3 March 2017), http://www.nytimes.com/2017/03/03/technology/uber-greyball-programme-evade-authorities.html?_r=1, 보존된 주소는 https://perma.cc/G48X-RUV7; Julia Carrie Wong, 'Greyball: how Uber used secret software to dodge the law', *The Guardian* (4 March 2017), http://www.theguardian.com/technology/2017/mar/03/uber-secret-programme-greyball-resignation-ed-baker; Amir Efrati, 'Uber's top secret "Hell" program exploited Lyft's vulnerability', *The Information* (12 April 2017), http://www.theinformation.com/ubers-top-secret-hell-programme-exploited-lyfts-vulnerability, 보존된 주소는 https://perma.cc/7TQX-UJ4M; Julia Carrie Wong, 'Uber's secret Hell program violated drivers' privacy, class-action suit claims', *The Guardian* (25 April 2017), http://www.theguardian.com/technology/2017/apr/24/uber-hell-programme-driver-privacy-lyft-spying, 보존된 주소는 https://perma.cc/35ZK-DVKC

72) 이 점을 구체화시킨 토론에 대해 잭 발킨Jack Balkin 교수, 예일대학 로스쿨 인터넷과 사회 프로젝트(ISP)의 아이디어 세미나 참가자 그리고 ISP의 법과 혁신과정에 참여한 학생들에게 감사한다. 늘 그렇듯이 많은 역사적 선례가 있다. 프레임 임대 시스템은 플랫폼 사업자들에게 이익이 되는 잉여 노동자를 확보하기 위해 설계된 '자물쇠lock-in' 관행의 초기 사례 중 하나였다. 영국 의회 위원회가 1855년에 지적한 바와 같이:
그에 의해 적절히 뒷받침될 수 있는 것보다 훨씬 더 많은 사람들이 대를 이어 제조에 전념하며 붙잡혀 있고, 더 많은 사람들이 제조에 종사하고 있으며, 반면에 불필요한 일손을 거둬들임으로써 점진적으로 개선해나가려는 작업은 방해되고 좌절된다. (Select Committee on the Stoppage of Wages (Hosiery), *Report from the Select Committee on Stoppage of Wages (Hosiery)* (HC 421-XIV, 1854-5), iv)

73) Ryan Avent, 'The productivity paradox', *Medium* (16 March 2017), https://medium.com/@ryanavent_93844/the-productivity-paradox-aaf05e5e4aad, 보존된 주소는 https://perma.cc/TFE8-7X8N

74) Select Committee on the Stoppage of Wages (Hosiery), *Report from the Select Committee on Stoppage of Wages*

(Hosiery) (HC 421-XIV, 1854-5), iv. 던컨 바이텔은 동의한다.: 외주 노동력이 풍부하고 그 가격이 점점 더 낮아지는 한, 제조업자들은 대체 생산 수단으로 눈을 돌릴 유인이 거의 없었다 … 그 당시 사람들은 사람의 노동력이 매우 싸기 때문에 새로 발명된 노동력 절약 기계의 채택을 실제로 지연시킨다고 종종 믿었다. (Duncan Bythell, The Sweated Trades: Outwork in Nineteenth-Century Britain (St Martin's Press 1978), 177) 제시된 사례는 1830년대와 1840년대에 섬유산업에서 역직기(力織機)가 개발된 것이다. 제조업자들은 낮은 노동비로 인해 투자가 불필요하다고 의회 위원회에 보고하였다. 1970년대 캘리포니아의 농업 혁신과 같은 최근의 사례도 있다. : Eduardo Porter, 'Revisiting a minimum-wage axiom', The *New York Times* (4 February 2007), http://www.nytimes.com/2007/02/04/business/yourmoney/04view.html, 보존된 주소는 https://perma.cc/5JG4-F22A. 또한 Julia Tomassetti, 'Does Uber redefine the firm? The postindustrial corporation and advanced information technology' (2016) 34(1) Hofstra Labor and Employment Law Journal 1, 36-7 는 '후기산업주의 기업에서는 생산과 마케팅의 수완 좋고 혁신적인 관리를 통해 이윤을 극대화하는 규범이 쇠퇴했다'고 주장한다. 또한 James Flannery, *The Glass House Boys of Pittsburgh: Law, Technology, and Child Labour* (University of Pittsburgh Press 2009) 참조.

75) David Z. Morris, 'Uber sharply lags competition in self-driving progress', *Fortune* (18 March 2017), http://fortune.com/2017/03/18/uber-self-driving-car-progress/, 보존된 주소는 https://perma.cc/6GAT-LRQA. 그 회사는 또한 핵심 기반 기술에 대한 소유권을 다투는 소송의 대상이 되었다.: Mike Isaac and Daisuke Wakabayashi, 'A lawsuit against Uber highlights the rush to conquer driverless cars', *The New York Times* (24 February 2017), http://www.nytimes.com/2017/02/24/technology/anthony-levandowski-waymo-uber-google-lawsuit.html, 보존된 주소는 https://perma.cc/YW9E-B3SU

76) Izabella Kaminska, 'Do the economics of self-driving taxis actually make sense?', *Financial Times* (20 October 2015), https://ftalphaville.ft.com/2015/10/20/2142450/do-the-economics-of-self-driving-taxis-actually-make-sense/, 보존된 주소는 https://perma.cc/P65L-SCLD

77) Duncan Bythell, *The Sweated Trades: Outwork in Nineteenth-Century Britain* (St Martin's Press 1978), 176.

78) 위와 같은 자료.

79) Viral Acharya, Ramin Baghai, and Krishnamurthy Subramanian, 'Wrongful discharge laws and innovation' (2012) NBER Working Paper No. 18516, 2. See also 'Does employment protection encourage innovation?', *Flip Chart Fairy Tales* (7 November 2012), https://flipchartfairytales.wordpress.com/2012/11/07/does-employment-protection-encourage-innovation/, 보존된 주소는 https://perma.cc/83ED-NCGM

80) 'What will the gig economy do for innovation?', *Flip Chart Fairy Tales* (11 December 2015) https://flipchartfairytales.wordpress.com/2015/12/11/what-will-the-gig-economy-do-for-innovation/, 보존된 주소는 https://perma.cc/8E2C-XKVA

81) Izabella Kaminska, 'The taxi unicorn's new clothes', *Financial Times* (1 December 2016), https://ftalphaville.ft.com/2016/12/01/2180647/the-taxi-unicorns-new-clothes/, 보존된 주소는 https://perma.cc/YNT5-AH3D

5. 혁신가들을 혁신해 보자

✲

1) Niccolo Machiavelli, *Il Principe* (Oxford University Press 1891).

2) Ronald Coase, 'The nature of the firm' (1937) 4(16) Economica 386. 코즈는 독립계약자와의 계약에 비해 위계적 고용 관계가 갖는 주요 이점은 기업의 통제 정도와 그에 따른 거래 비용의 감소에 있다고 주장했다. 노동자의 탐색, 선발 및 훈련에 있어서든 또는 생산 과정에 대한 사용자의 엄격한 통제에 있어서든 마찬가지다.

3) Simon Deakin and Frank Wilkinson, *The Law of the Labour Market: Industrialization, Employment, and Legal Evolution* (Oxford University Press 2005); Mark Freedland, Alan Bogg, David Cabrelli, Hugh Collins, Nicola Countouris, Anne Davies, Simon Deakin, and Jeremias Prassl (eds), *The Contract of Employment* (Oxford University Press 2016).

4) 특히 플랫폼 기업들이 노동자 그리고/또는 고객의 국가와 다른 국가에 설립되어 있을 때 관할권 문제를 포함하여 추가적인 문제가 발생한다. 그러나 실제로는 이것이 가정된 시나리오보다는 빈도가 낮은 것으로 보인다(예를 들어, 모든 새로운 터커들이 미국에 거주한다는 아마존의 오랜 주장을 기억해 보라). 법률적 규범에 대한 세부적인 체계는 그러한 '국제사법conflicts of law'을 다룬다.: Louise Merrett, *Employment Contracts in Private International Law* (Oxford University Press 2011).

5) 'TaskRabbit, 'Terms of service' (1 June 2017), http://www.taskrabbit.com/terms, 보존된 주소는 https://perma.cc/S6ZM-VXUS. 태스크래빗 영국 (http://www.taskrabbit.co.uk/terms, 보존된 주소는 https://perma.cc/XTH7-Q8V4)은 발표하지 않았지만, 기능적으로 동등한 법적 구조를 확립하려고 시도하고 있다.

6) *Street v Mountford* [1985] AC 809, 819, HL *per* Lord Templeman.

7) *Autoclenz Limited v Belcher and ors* [2011] UKSC 41, [35], *per* Lord Clarke. 포괄적인 조망을 위해서는 Alan Bogg, 'Sham self-employment in the Supreme Court' (2012) 41(3) Industrial Law Journal 328. 참조

8) *Alexander v FedEx Ground Package System*, 764 F.3d 981, 998 (9th Cir. 2014). 페덱스 소송에서 모든 판결이 동일한 결론에 도달하지는 않았다는 점에 유의해야 한다. 미국 여러 주와 법령에 따라 고용 분류에 다양한 테스트가 이용되는 점을 고려

하면 이것이 반드시 놀라운 것은 아니다.

9) International Labour Organization (ILO), Recommendation 198 of 2006, Art. 9. 자세한 안내를 위해서는 ILO, *Regulating the Employment Relationship in Europe: A Guide to Recommendation No 198* (ILO, 《유럽의 고용관계 규제: 권고 제198호 가이드》(한국노동조합총연맹 옮김, 2015)(Geneva 2013), 33*ff*. 참조. (한글 번역본은 http://inochong.org/index.php?mid=storehouse&category=230118&document_srl=10820&listStyle=viewer&page=2 에서 다운로드 받을 수 있다.-역자 주)

10) Miriam Cherry, 'Beyond misclassification: the digital transformation of work' (2016) 37(3) Comparative Labor Law &Policy Journal 577.

11) Jane Croft, 'Uber challenged on UK drivers' status', *Financial Times* (20 July 2016), http://www.ft.com/content/2bedda7a-4e7e-11e6-88c5-db83e98a590a , 보존된 주소는 https://perma.cc/3BB7-LDZG

12) *Aslam and Farrar v Uber*, Case No. ET/2202550/2015, [87]-[89] (London Employment Tribunal, Judge Snelson), http://www.judiciary.gov.uk/wp-content/uploads/2016/10/aslam-and-farrar-v-uber-reasons-20161028.pdf

13) *Uber v Aslam and Farrar*, Case No. UKEAT/0056/17/DA, [116] (Employment Appeal Tribunal), https://assets.publishing.service.gov.uk/media/5a046b06e5274a0ee5a1f171/Uber_B.V._and_Others_v_Mr_Y_Aslam_and_Others_UKEAT_0056_17_DA.pdf 이 책을 쓰고 있는 시점에 우버는 이 판결에 항소하겠다는 의사를 밝히고 있다. (2018년 12월 19일에 영국 상소법원The Court of Appeal은 이들이 우버에 소속된 노동자라고 판결했다. -역자 주)

14) *Dewhurst v Citysprint UK Ltd*, Case No. 2202512/2016, [49] (London Employment Tribunal, Judge J. L. Wade).

15) 'L'Urssaf poursuit Uber pour requalifier ses chauffeurs en salariés', *Le Monde* (17 May 2016), http://www.lemonde.fr/economie-francaise/article/2016/05/17/l-urssaf-poursuit-uber-pour-requalifier-ses-chauffeurs-en-salaries_4920825_1656968.html

16) 이 지침은 트럼프 행정부에서 철회됐지만, 보존된 버전은 여기서 이용할 수 있다. http://www.blr.com/html_email/AI2015-1.pdf. 예를 들어, Biz Carson, 'The US government just reminded companies like Uber why they could be in serious trouble', *Business Insider UK* (15 July 2015) 참조, http://uk.businessinsider.com/us-department-of-labor-reminds-companies-of-1099-classification-rules-2015-7 , 보존된 주소는 https://perma.cc/LZJ4-UGGQ. 이런 해석은 트럼프 행정부에서 즉각 폐기됐다.: https://www.natlawreview.com/article/donald-trump-s-labor-secretary-revokes-obama-era-dol-joint-employer-and-independent, 보존된 주소는 https://perma.cc/U5P6-QV6Z

17) Simon Goodley, 'Deliveroo told it must pay workers minimum wage', *The Guardian* (14 August 2016), http://www.theguardian.com/society/2016/aug/14/deliveroo-told-it-must-pay-workers-minimum-wage , 보존된 주소는 https://perma.cc/2DC7-DCVP

18) Miriam Cherry, 'Beyond misclassification: the digital transformation of work' (2016) 37(3) Comparative Labor Law &Policy Journal 577.

19) *Berwick v. Uber Techs Inc.*, Case No. 11-46739 EK (Cal. 2015), http://www.scribd.com/doc/268980201/Uber-v-Berwick-California-Labor-Commission-Ruling#scribd, 보존된 주소는 https://perma.cc/7YT2-QDK3. Miriam Cherry, 'Beyond misclassification: the digital transformation of work' (2016) 37(3) Comparative Labor Law &Policy Journal 577은 플로리다를 포함한 다른 주에서는 행정당국이 우버의 편을 들었다는 점을 지적한다.

20) Travis, 'Growing and growing up', *Uber Newsroom* (21 April 2016), https://newsroom.uber.com/growing-and-growing-up/. 고용 분류는 우버 측에서 받아들이지 않았다.

21) *Douglas O'Connor et al. v Uber Technologies Inc.*, Case No. 13-cv-03826-EMC (ND Cal.) and Hakan Yucesoy et al. v Uber Technologies Inc., Case No. 15-cv-00262-EMC (ND Cal. 2016) Order denying plaintiffs' motion for preliminary approval (18 August 2016), 21, 25, 29.

22) 영국 노동법에 친숙한 독자들은 노동자와 근로자 모두의 고용 상태를 판단하는 데 있어 점점 더 두드러지는 추가적 기준인 의무의 상호성(mutuality of obligation)에 대해 궁금해 할 것이다. 그러나 3장에서 논의한 바와 같이 등급 평가 알고리즘과 기타 자물쇠 시스템의 중요성을 고려할 때, ('개인적 통제의 형태에 대한 새로운 강조': Simon Deakin and Gillian Morris, *Labour Law* (6th edn, Hart 2012), 164)로 특징지어져 온) 그 기준은 만약 그것이 관련이 있다면 많은 상황에서 충족될 것으로 보인다. : Jeremias Prassl, 'Who is a worker?' (2017) 133 Law Quarterly Review 366.

23) 옥스퍼드대학 폴 데이비스 교수와 마크 프리드랜드 교수는 전통적인 접근 방식의 '지속되고 증가하는 역효과'를 오랫동안 비판해왔다: Paul Davies and Mark Freedland, 'The complexities of the employing enterprise', in Guy Davidov and Brian Langile (eds), *Boundaries and Frontiers of Labour Law* (Hart 2006), 274. 균열된 노동과 아웃소싱 파견업체 그리고 이제 주문형 플랫폼 기업들의 세계에서 근로자들을 통제하는 단일 사용자를 식별하는 것은 어려울 수 있다.

24) 다섯 가지의 사용자 기능은 (1) 고용과 해고(최초의 심사에서부터 해고에 이르기까지 노동자와의 계약의 존속에 대한 사용자의 모든 권한을 포함하는 범주), (2) 노동(일할 때 근로자는 그들의 사용자에게 의무들을 부담하는데, 특히 노동과 그 결과물을 제공할 의무를 포함한다), (3) 급여(사용자의 근본적 의무 중 하나이며, 여기에는 또한 사회보장 및 연금 기여도 포함된다), (4) 통제(사용자는 자신의 근로자에게 무엇을 해야 하는지, 때로는 어떻게 해야 하는지를 지시한다) 그리고 (5) 이익과 손실(사용자는 기업가이며, 이윤을 창출하는 사업에 종사하고 있는 것이다. 또한 그 사업으로 인해 발생할 수 있는 모든 손실에 노출되어 있다.) 세부적인 내용은 Jeremias Prassl, *The Concept of*

the Employer (Oxford University Press 2015), 32 참조. 내가 처음 그런 분류를 시도한 것은 아니다. 이 영역에서 내 작업의 많은 부분은 Mark Freedland, *The Personal Employment Contract* (Oxford University Press 2003), 40에서 영감을 받았다. 고객과 노동자의 직접적인 상호작용은 보통 사용자 기능의 행사로서 간주되지 않는다는 점을 지적해야 한다. 예를 들어, 내가 레스토랑에서 식사를 주문한다면 나는 어떤 의미에서는 웨이터에게 무엇을 해야 하는지 말하고 있지만, 코즈가 레스토랑의 기업-내부 시장이라고 이해한 것에 대한 나의 관리의 일환으로 그렇게 하는 것이 아니라는 것이다. 추가적으로 Einat Albin, 'A worker-employer-customer triangle: the case of tips' (2011) 40(2) Industrial Law Journal 181 참조.

25) Jeremias Prassl and Martin Risak, 'Uber, TaskRabbit, and Co.: platforms as employers? Rethinking the legal analysis of crowdwork' (2016) 37(3) Comparative Labor Law &Policy Journal 619.

26) 이 지침은 트럼프 행정부에서 철회되었지만 보관된 버전을 여기서 참조하라. http://www.blr.com/html_email/AI2015-1.pdf, section II.B.

27) 반면에, 만약 후자가 과업의 길이에 대해 의도적으로 노동자들을 속인다면, 오직 고객만이 책임을 질 것이다..

28) *Jungheinrich*, C. Cass. soc., 30 November 2011, no. 10-22.964; 또한 *Molex*, Cass. soc. 2 July 2014, no. 13-15.208 참조.

29) Case C-242/09 *Albron Catering BV v FNV Bondgenoten and John Roest*, ECLI:EU:C:2010:625.

30) 최근의 설명은 Alexia Elejalde-Ruiz, 'Why should McDonald's be a joint employer? NLRB starts to provide answers', *The Chicago Tribune* (10 March 2016) 참조, http://www.chicagotribune.com/business/ct-mcdonalds-labor-case-0311-biz-20160310-story.html , 보존된 주소는 https://perma.cc/ST85-CXZY

31) Jeremias Prassl, *The Concept of the Employer* (Oxford University Press 2015), 166*ff*.

32) 그러나 제안된 개혁들이 플랫폼 기업들에 미치는 영향은 초기에 더 극적일 수 있다. 사용자 책임을 반영하기 위해 —비록 이것이 정당한 수정일지라도— 비용이 증가할 것이기 때문이다. 우리는 6장에서 이 질문들을 자세히 탐구한다.

33) Mia Rönnmar, 'The managerial prerogative and the employee's obligation to work: comparative perspectives on functional flexibility' (2006) 35(1) Industrial Law Journal 56, 69.

34) *Bristow v City Petroleum Ltd* [1987] 1 WLR 529, 532, HL. 그 조항들은 지금은 sections 17 et seq. of the Employment Rights Act 1996에 들어 있다.

35) 플랫폼 기업들은 세금의 원천징수에서부터 사회보장 및 연금 납부 기여에 이르기까지 수많은 관련 의무의 대상이 될 것이다. 단기적으로는 이로 인해 개인 근로자들의 주머니에 더 적은 돈이 남게 될 수 있다. 그러나 장기적으로는 그들은 노동 생활의 우여곡절로부터 보호 받게될 것이다. 플랫폼 기업들은 또한 개인 근로자들보다 중앙집중적 회계와 조세 준수를 조직하도록 훨씬 더 잘 갖추어져 있고, 개인 노동자들은 각 과세 연도 말에 자신들의 법적 의무를 준수하기에 충분한 돈이 남아 있지 않을 수도 있다.

36) Seth Harris and Alan Krueger, *A Proposal for Modernizing Labor Laws for Twenty-First Century Work: The 'Independent Worker'* (Hamilton Project 2015).

37) 위와 같은 자료, 13.

38) 앤 데이비스는 강력하게 이 점을 지적하면서 주장한다.

노동자의 대기시간으로부터 최대의 이익을 얻기 위해 경영상 특권을 이용하는 것은 사용자의 책임이다. 만약 사용자가 그 특권을 행사하지 않기로 결정했다면 … 그 선택은 노동자에게 불리하게 작용해서는 안 된다.

(A. C. L. Davies, 'Getting more than you bargained for? Rethinking the meaning of "work" in employment law' (2017) 46 Industrial Law Journal 30, forthcoming)

39) *Aslam and Farrar v Uber*, Case No. ET/2202550/2015, [100] (London Employment Tribunal, Judge Snelson), http://www.judiciary.gov.uk/wp-content/uploads/2016/10/aslam-and-farrar-v-uber-reasons-20161028.pdf, 보존된 주소는 https://perma.cc/44Z9-UBC4

40) Rachel Hunter and Jeremias Prassl, 'Worker status for app-drivers: Uber-rated?', *Oxford Human Rights Hub* (21 November 2016), http://ohrh.law.ox.ac.uk/worker-status-for-app-drivers-uber-rated/, 보존된 주소는 https://perma.cc/7Y54-QF42

41) 부당해고 보호와 같은 많은 권리들은 행사하려면 특정 사용자와의 일정한 기간(영국에서는 최대 24개월)을 요구하는 '자격 부여' 기준기간과 함께 설계되었다. 또 다른 문제는 기업 규모 기준과 관련이 있다. 'Les seuils sociaux en Europe: Royaume-Uni' [2015] Revue de Droit du Travail 215에 대한 나의 노트와 그 이슈에 관한 다른 비교 논문들을 참조하라.

42) Robert Reich, 'The share-the-scraps economy' (2 February 2015), http://robertreich.org/post/109894095095, 보존된 주소는 https://perma.cc/V3PH-U7DY

43) 위와 같은 자료.

44) 또 다른 모델은 프랑스의 '직업수당Prime'이나 '비정규보상금 Indemnité de précarité'에서 찾을 수 있는데, 그것은 기간제 계약 기간 동안 받은 임금 총액의 10%에 해당하는 보상금을 지급하는 것이다. : art. L1243-8 of the Code du Travail 참조. 영국에서도 1943년 급식임금법Catering Wages Act에 역사적 선례가 있다. 임금 특별보상uplift에 대해서 더 일반적으로는, Einat Albin, *Sectoral Disadvantage: The Case of Workers in the British Hospitality Sector* (PhD thesis, University of Oxford 2010) 참조.

45) http://www.fairwork.gov.au/employee-entitlements/types-of-employees/casual-part-time-and-full-time/casual-employees , 보존된 주소는 https://perma.cc/WPW2-8WBP.

오늘날 이 제도는 일반적으로 일련의 이른바 협약Awards을 통해 시행되지만 호주 노동법의 이러한 기술적 측면은 현재의 논의와는 직접적으로 관련이 없다. 개별(최저) 임금 법률에서 단체협약에 이르기까지 유사한 조항들은 쉽게 국내 메커니즘으로 옮길 수 있다. 이 부분의 배경 자료에 대한 광범위한 도움을 준 멜버른 로스쿨의 테스 하디 박사에게 감사한다.

46) General Retail Industry Award 2010 (MA000004), clause 13.2, http://awardviewer.fwo.gov.au/award/show/MA000004, 보존된 주소는 https://perma.cc/N43Z-N3RF

47) Andrew Stewart, Anthony Forsyth, Mark Irving, Richard Johnstone, and Shae McCrystal, *Creighton and Stewart's Labour Law* (6th edn, The Federation Press 2016), 247.

48) Rosemary Owens, Joellen Riley, and Jill Murray, *The Law of Work* (2nd edn, Oxford University Press Australia &New Zealand 2011), 188.

49) 더 심도 있는 경제적 분석을 위해서는, 예를 들면 Joan Rodgers and Iris Day, 'The premium for part-time work in Australia' (2015) 18(3) Australian Journal of Labour Economics 281. 참조.

50) 호주와 뉴질랜드는 노동이 이루어지는 시기(예를 들자면, 일요일)에 따라 최대 50%의 추가 가산금을 부과하고, 임시직 노동자의 최저임금률을 '추가load'할 수 있는 제도를 협약 시스템 하에서 발전시켰다. 위와 같은 자료 참조.

51) 또한 *The Australian Workers Union v Irvine* (1920) 14 CAR 204, 215 참조. 이에 따르면 정규 임금은:

근로자에게 가족과 피부양인을 위한 준비에 확실한 확신을 보장한다 … 시간의 낭비는 생활비를 기준으로 한 임금에 대한 심각한 방해이다. 그래서 만약 이 노동자들에게 생활 임금을 제공해야 한다면 그들은 잃어버린 시간을 충당하기 위해 무언가를 더 얻어야 한다.

(Rosemary Owens, 'Women, "atypical" work relationships and the law' (1993) 19(2) Melbourne University Law Review 399, 410에서 인용)

52) HL Deb., 6 February 2013, vol. 743, col. 265.

53) HL Deb., 20 March 2013, vol. 744, col. 611. '고용권의 상품화'라는 관념이 이와 같이 노동의 상품화와 혼동되어서는 안 된다. : 비교. Simon Deakin, 'Conceptions of the market in labour law', in Ann Numhauser-Henning and Mia Rönnmar (eds), *Normative Patterns and Legal Developments in the Social Dimension of the EU* (Hart 2013), 141, 150; Alain Supiot, 'Grandeur and misery of the social state' (2013) 82 New Left Review 99, 104.

이른바 종업원 주주 지위의 영웅 전설saga 전체는 Jeremias Prassl, 'Employee-shareholder "status": dismantling the contract of employment' (2013) 42(4) Industrial Law Journal 307에서 재검증된다. 영국 정부는 '다음 입법기회에 새로운 진입자에 대한 지위 자체를 폐쇄하겠다'는 의도를 밝혔다. : Department for Business, Energy &Industrial Strategy, 'Employee shareholders', https://www.gov.uk/guidance/employee-shareholders, 보존된 주소는 https://perma.cc/57JE-TGSE

54) Lisa Heap, *Striving for Decent Work to End Insecurity in Australian Workplaces* (Australian Institute of Employment Rights 2012), 80 (인용이 생략됨), http://economicdevelopment.vic.gov.au/_data/assets/pdf_file/0007/1311388/Submission-AIER-Attachment-1.pdf , 보존된 주소는 https://perma.cc/4LQH-LK2X. 이 보고서는 또한 집행과 관련된 중요한 이슈를 강조한다.:

현실에서 많은 임시직 노동자들은 임시직 추가수당을 받지 못한다. 그 대신에 그들은 임시직 추가수당이 실제로 적용되었는지 여부를 확인하기 위해 급여율을 비교할 수 있는 비교 대상 정규직 노동자를 찾기 어려운 환경에서 작업한다. 집행이 쟁점이다. 공정근로옴부즈맨(FWO)은 여기서 해야 할 역할이 있지만, 위의 단락에서 설명한 정의(定意)의 어려움을 고려할 때, 다양한 상황에서 임시직에게 생기는 적절한 혜택을 확인하는 것은 어려운 작업일 수 있다.

(위와 같은 자료, 81)

55) Act of 10 October 2001 on Minimum Wage for Work (Consolidated Text), art. 1 et seq. (Journal of Laws 2016.1265), as amended. 추가적으로 http://www.roedl.com/pl/en/hot_news/labour_law_and_social_insurance_in_poland/new_regulations_on_the_minimum_hourly_pay_under_contracts_of_mandate_and_contracts_for_services.html, 보존된 주소는 https://perma.cc/6HLD-KN9W 참조.

입법적 설계에는 중요한 분할carve-outs과 다른 회피 기회와 관련하여 수많은 결점과 단점이 있다. 나는 이 점에 대해 논의해 준 조안나 운터슈에츠Joanna Unterschuetz 교수와 마르친 우지크Marcin Wujczyk 교수에게 감사한다.

56) Abi Adams, Judith Freedman, and Jeremias Prassl, 'Different ways of working' (14 December 2016), https://abiadams.com/research/different-ways-of-working/, 보존된 주소는 https://perma.cc/J2NK-LUAK. 또 다른 주요 우려는 긱 경제 노동자들의 권리 실행과 관련이 있다. 즉, 청구 가치가 낮으면 소송에 나설 인센티브가 극적으로 낮아질 수 있다.: Abi Adams and Jeremias Prassl, 'Vexatious claims: challenging the case for employment tribunal fees' (2017) 80(2) Modern Law Review 412.

57) Andrei Shleifer and Lawrence Summers, 'Breach of trust in hostile takeovers' (1987) NBER Working Paper No. 2342.

58) 더 자세한 논의는 Bob Hepple, 'Workers' rights in mergers and takeovers: the EEC proposals' (1976) 5(1) Industrial Law Journal 197. 참조

59) Regulation (EU) 2016/679 of the European Parliament and of the Council of 27 April 2016 on the protection of natural persons with regard to the processing of personal data and on the free movement of such data, and repealing Directive 95/46/EC (General Data Protection Regulation) [2016] OJ L119/1, Art. 20(1). 업데이트된 시행 정보는 http://ec.europa.eu/justice/data-protection/index_en.htm 참조, 보존된 주소는 https://perma.cc/4CYX-7YEH. 휴대 가능한 평점에 대한 명시적 요청은 Resolution of the European Parliament of 15 June 2017 on a European Agenda for the collaborative economy (2017/2003(INI)) 참조.

60) Simon Deakin, 'Shares for rights: why entrepreneurial

firms need employment law too', *FT Economists Forum* (12 February 2013), http://blogs.ft.com/economistsforum/2013/02/shares-for-rights-why-entrepreneurial-firms-need-employment-law-too/

61) Sally Guyoncourt, 'Why Uber drivers' loo breaks are going out the window—literally', *The Independent* (10 June 2015), http://www.independent.co.uk/news/uk/home-news/why-uber-drivers-loo-breaks-are-going-out-the-window-literally-10311620.html

62) Jonathan Owen, 'Uber driver "threatened" by senior manager after establishing union', *The Independent* (3 November 2015), http://www.independent.co.uk/news/business/news/uber-driver-threatened-by-senior-manager-for-establishing-union-a6720146.html

63) 그러나 법원은 문제 되는 노동자들이 진정으로 독립적인 기업가인지 여부를 판단하기 위해 밑에 깔려 있는 관계의 실질을 살펴볼 것이다. 유럽연합사법재판소(CJEU)에서의 판례로는 Case C-413/13 *FNV Kunsten Informatie en Media v Staat der Nederlanden*, ECLI:EU:C:2014:2411 참조.

64) Independent Workers Union of Great Britain, 'How we began', https://iwgb.org.uk/how-we-began/ 보존된 주소는 https://perma.cc/CMW9-UDCA

65) Anna Patty, 'Airtasker and unions make landmark agreement to improve pay rates and conditions', *The Sydney Morning Herald* (1 May 2017), http://www.smh.com.au/business/workplace-relations/airtasker-and-unions-make-landmark-agreement-to-improve-pay-rates-and-conditions-20170427-gvtvpo.html , 보존된 주소는 https://perma.cc/R8GP-6FVW

66) 'Council unanimously adopts first-of-its-kind legislation to give drivers a voice on the job', *Seattle Gov* (14 December 2015), http://www.seattle.gov/council/issues/giving-drivers-a-voice, 보존된 주소는 https://perma.cc/2VW4-QHRB. (그 조례에 대해 미국 상공회의소가 연방 반독점법 및 연방 노동관계법과의 충돌을 주장하며 소송을 제기했다. 2018년 5월 11일 제9순회항소법원은 우버 등의 운전자는 독립계약자이므로 조례가 아니라 연방 반독점법이 적용되어 시애틀시가 회사와 운전자 간 임금 계약에 개입할 수 없다고 판결했다. - 역자 주)

67) 위와 같은 자료.

68) Code du Travail, arts L7341-1-L7342-6; http://www.legifrance.gouv.fr/affichCode.do;jsessionid=477C7170C222AE05ECF8817BB26DFA0E.tpdila17v_2?idSectionTA=LEGISCTA000033013020&cidTexte=LEGITEXT000006072050&dateTexte=20170531, 보존된 주소는 https://perma.cc/FAU9-LPUS

69) Lilly Irani and M. Six Silberman, 'Turkopticon: interrupting worker invisibility in Amazon Mechanical Turk' (CHI 2013, Changing Perspectives, Paris, France), https://hci.cs.uwaterloo.ca/faculty/elaw/cs889/reading/turkopticon.pdf , 보존된 주소는 https://perma.cc/Q32W-6MB6

70) FairCrowdWork, 'Home', http://www.faircrowdwork.org/en/watch

71) 더 심화된 집단적 아이디어는 Rebecca Smith and Sarah Leberstein, *Rights on Demand: Ensuring Workplace Standards and Worker Security in the On-Demand Economy* (NELP 2015) 참조.

72) Robert Booth, 'Uber appeals against ruling that its UK drivers are workers', *The Guardian* (14 December 2016), http://www.theguardian.com/technology/2016/dec/14/uber-appeals-against-ruling-that-its-uk-drivers-are-employees , 보존된 주소는 https://perma.cc/AH9S-ERGN

73) 'ORB/Uber Poll, 2016: flexibility identified as key benefit', *ORB International* (10 October 2016)

74) Work and Pensions Committee, *Oral Evidence: Self-Employment and the Gig Economy* (HC 847, 2016-17), Response to Q188 (Heidi Allen MP), http://data.parliament.uk/writtenevidence/committeeevidence.svc/evidencedocument/work-and-pensions-committee/selfemployment-and-the-gig-economy/oral/47653.pdf, 보존된 주소는 https://perma.cc/UN7F-F9LZ

75) Chartered Institute of Personnel and Development (CIPD), *To Gig or Not to Gig? Stories from the Modern Economy* (CIPD 2017), 32.

76) 위와 같은 자료, 32.

77) 위와 같은 자료, 33.

78) Vanessa Katz, 'Regulating the sharing economy' (2015) 30(4) Berkeley Technology Law Journal 1067, 1092.

6. 경기장을 평평하게 만들기

✲

1) Patricia Marx, 'Outsource yourself', *The New Yorker* (14 January 2013), http://www.newyorker.com/magazine/2013/01/14/outsource-yourself

2) Bhrmie Balaram, Josie Warden, and Fabian Wallace-Stephens, *Good Gigs: A Fairer Future for the UK's Gig Economy* (RSA 2017), 41.

3) 'Disappointed with Deliveroo, have I been unlucky or are they no good?', *Reddit* (21 March 2016), http://www.reddit.com/r/london/comments/4bbbjp/disappointed_with_deliveroo_have_i_been_unlucky/?st=is7ap77e&sh=b2f8c793

4) Julie Downs, 'Are your participants gaming the system? Screening Mechanical Turk workers' (Carnegie Mellon University 2010) http://lorrie.cranor.org/pubs/note1552-downs.pdf ; 'The myth of low cost, high quality on Amazon's Mechanical Turk', *TurkerNation* (30 January 2014)

5) Yanbo Ge, Christopher R. Knittel, Don MacKenzie, and Stephen Zoepf, *Racial and Gender Discrimination in*

Transportation Network Companies (2016) NBER Working Paper No. 22776; Joshua Barrie, 'This CEO says he has a 3.4 rating on Uber because he's gay', *Business Insider UK* (16 February 2015), http://uk.businessinsider.com/gay-businessman-low-uber-rating-london-2015-2. 다른 승객들은 승차공유 플랫폼이 제공하는 상대적인 익명성이 택시에 비해 개선된 점이라고 느낀다.: Jenna Wortham, 'Ubering while black', *Medium* (23 October 2014) 참조, https://medium.com/matter/ubering-while-black-146db581b9db#.2c0efltcr; Nick Grimm, 'Uber apologises over discrimination against blind customer, human rights activist Graeme Innes', *ABC News* (15 April 2016), http://www.abc.net.au/news/2016-04-15/uber-driver-refuses-blind-customer-ex-commissioner-graeme-innes/7328984, 보존된 주소는 https://perma.cc/B25F-DCUU; Sarah, 'Settlement with the National Federation of the Blind', *Uber Newsroom* (1 March 2017), https://newsroom.uber.com/nfb-settlement/, 보존된 주소는 https://perma.cc/YK2V-KPVP

6) Who's Driving You?, ' "Ridesharing" incidents: reported list of incidents involving Uber and Lyft', http://www.whosdrivingyou.org/rideshare-incidents, 보존된 주소는 https://perma.cc/V4TM-YJMV.
2016년에 영국의 타블로이드 신문 《더 선The Sun》이 우버 관련 불만사항을 조사했을 때 전년도 동안 런던에서 32건의 성폭행 혐의가 우버 운전자들과 관련이 있다는 것을 밝혀냈는데, 내부 스크린샷이 유출되어 그 수가 훨씬 더 많을 수도 있다는 것을 시사했다. 2015년에 인도 델리의 우버 운전사가 승객을 강간한 혐의로 유죄 판결을 받은 후 그 서비스는 일시적으로 그 도시에서 금지되었다. 운영이 재개되자 우버는 다른 이용자들과 함께 생존자에게 '우리가 돌아왔습니다, 당신을 위해 봉사하고 다시 한 번 당신을 이동시키겠습니다.' 하는 이메일을 보냈다.: Mike Sullivanand Scott Hesketh, 'Uber drivers accused of 32 rapes and sex attacks on London passengers in last year alone', *The Sun* (18 May 2016), http://www.thesun.co.uk/archives/news/1205432/uber-drivers-accused-of-32-rapes-and-sex-attacks-on-london-passengers-in-last-year-alone/, 보존된 주소는 https://perma.cc/NXH8-RDZP; Charlie Warzel and Johana Bhuiyan, 'Internal data offers glimpse at sex assault complaints', *BuzzFeed News* (6 March 2016), http://www.buzzfeed.com/charliewarzel/internal-data-offers-glimpse-at-uber-sex-assault-complaints?utm_term=.xvEz2M9E8#.yvN4R8Q1N, 보존된 주소는 https://perma.cc/9N3T-W7H2; Geeta Gupta and Sumegha Gulati, 'We are back to serve you: Uber sends email to Delhi rape victim', *The Indian Express* (24 January 2015), http://indianexpress.com/article/india/india-others/uber-emails-rape-victim-we-are-back-in-delhi/, 보존된 주소는 https://perma.cc/6CZU-J5LP

7) Caroline O'Donovan, 'Postmates customers are frustrated with delivery costs estimates', *BuzzFeed News* (26 May 2016), http://www.buzzfeed.com/carolineodonovan/st?utm_term=.usQm6r0n1#.vn99mYQ35, 보존된 주소는 https://perma.cc/9HDN-BKJZ

8) 이 사실이 알려지자 우버는 환불과 시내 무임승차를 제공했다.: Brian Ries and Jenni Ryall, 'Uber intros surge pricing during Sydney hostage siege, then backtracks after outcry', *Mashable* (15 December 2014), http://mashable.com/2014/12/14/uber-sydney-surge-pricing/#Q6LCbuUtvSqL, 보존된 주소는 https://perma.cc/CWZ3-Y9SZ; Alison Griswold, 'Uber isn't getting rid of surge pricing—it's just hiding it', *Quartz* (23 June 2016), http://qz.com/715092/uber-isnt-getting-rid-of-surge-pricing-its-just-hiding-it/, 보존된 주소는 https://perma.cc/96FK-XRHJ; Alison Griswold, 'Uber's sweeping price cuts usually don't work', *Quartz* (3 March 2016), http://qz.com/629783/ubers-sweeping-price-cuts-usually dont-last/, 보존된 주소는 https://perma.cc/4FMU-HPH7; Amit Chowdhry, 'Uber: users are more likely to pay surge pricing if their phone battery is low', *Forbes* (25 May 2016), http://www.forbes.com/sites/amitchowdhry/2016/05/25/uber-low-battery/#5578c4ef6f1d, 보존된 주소는 https://perma.cc/6L6Y-SS3Z. 문제를 해결하려는 이러한 경향은 뉴스 웹 사이트 <버즈피드Buzzfeed>가 입수한 일련의 우버 내부 정책 스크린샷에 의해 확인되는 것으로 보인다. 운전자 음주나 약물 사용에 대한 불만 사항이 있을 경우, 지원 논리 지침은 '승객이 사법처리 또는 언론 매체로 일을 키우는 것을 원하지 않을 경우, 스트라이크 시스템을 따르고 경고를 발령하며 일을 확대하지 말고 해결하라'고 제안한다.: 'Internal data offers glimpse at Uber sex assault complaints', *Buzzfeed* (7 March 2017), https://www.buzzfeed.com/charliewarzel/internal-data-offers-glimpse-at-uber-sex-assault-complaints?utm_term=.kwrmerQ3MG#.fwNnogvPrD, 보존된 주소는 https://perma.cc/XG76-C6RV

9) TaskRabbit, 'Terms of service', clause 12, https:/www.taskrabbit.co.uk/terms, 보존된 주소는 https://perma.cc/S7CY-FK9S. 이용자들은 다른 수많은 의무들에 대해서도 책임지게 될 수도 있다. : 추가적으로 Vanessa Katz, 'Regulating the sharing economy' (2015) 30(4) Berkeley Technology Law Journal 1067, 1102, n. 193 참조.

10) Vanessa Katz, 'Regulating the sharing economy' (2015) 30(4) Berkeley Technology Law Journal 1067, 1103; Joe Fitzgerald Rodriguez, 'Uber settles wrongful death lawsuit of Sofia Liu', *San Francisco Examiner* (14 July 2015), http://www.sfexaminer.com/uber-tentatively-settles-wrongful-death-lawsuit-of-sofia-liu/, 보존된 주소는 https://perma.cc/5MWE-Z3AL

11) Grace Marsh and Josh Boswell, 'Deliveroo drivers are accused of causing mayhem "riding against the clock" ', *The Sunday Times* (5 June 2016), https://www.thetimes.

co.uk/article/deliveroo-cyclists-cause-road-mayhem-riding-against-the-clock-0m3l3rv0d, 보존된 주소는 https://perma.cc/F6XH-MLV7

12) 위와 같은 자료.

13) Emily Badger, 'The strange tale of an Uber car crash and what it means for the future of auto', *CityLab* (10 September 2013), http://www.citylab.com/commute/2013/09/real-future-ride-sharing-may-all-come-down-insurance/6832/, 보존된 주소는 https://perma.cc/6XEJ-EMZC

14) Ryan Calo and Alex Rosenblat, 'The taking economy: Uber, information, and power' (2017) Working Paper, 23.

15) 위와 같은 자료, 28, 39.

16) Shu-Yi Oei and Diane Ring, 'Can sharing be taxed?' (2016) 93(4) Washington University Law Review 989, 994.

17) 위와 같은 자료, 995.

18) 위와 같은 자료.

19) Gov.uk, 'Businesses and charging VAT', http://www.gov.uk/vat-businesses, 보존된 주소는 https://perma.cc/V7N4-SSEM

20) Robert Booth, 'Tax barrister plans to take Uber to court over alleged £20m black hole', *The Guardian* (21 February 2017), http://www.theguardian.com/technology/2017/feb/21/tax-barrister-uber-uk-high-court-alleged-20m-vat-black-hole, 보존된 주소는 https://perma.cc/4P3L-B2SZ

21) Jane Croft and Madhumita Murgia, 'Uber faces legal challenge on paying VAT', *Financial Times* (20 March 2017), http://www.ft.com/content/190f12c4-0d92-11e7-a88c-50ba212dce4d, 보존된 주소는 https://perma.cc/5U8F-JZZB

22) Jolyon Maugham, 'That's one Uber VAT problem', *Waiting for Tax* (20 December 2016), https://waitingfortax.com/2016/12/20/thats-one-uber-vat-problem/, 보존된 주소는 https://perma.cc/QU7M-2TR9

23) Shu-Yi Oei and Diane Ring, 'Can sharing be taxed?' (2016) 93(4) Washington University Law Review 989, 1019.

24) Philip Hammond, 'Spring Budget 2017' (Speech delivered to Parliament, 8 March 2017), http://www.gov.uk/government/speeches/spring-budget-2017-philip-hammonds-speech, 보존된 주소는 https://perma.cc/74YS-XXLJ. 물론 자영업자는 긱 경제보다 넓은 범주다.

25) Mounia van de Casteele, 'Operation de l'Urssas chez Uber', *La Tribune* (29 March 2017), http://www.latribune.fr/technos-medias/innovation-et-start-up/operation-de-l-urssaf-chez-uber-674075.html, 보존된 주소는 https://perma.cc/8595-8WME

26) 다음 예를 참조하라. 'The taxman has strong grounds to test Uber's business model', *Financial Times* (22 December 2016), http://www.ft.com/content/94738c64-c83d-11e6-8f29-9445cac8966f, 보존된 주소는 https://perma.cc/U3AW-HRR5

27) IRS forms 1099-MISC are also to be used to report 'fish purchases for cash'(!): Justin Fox, 'The rise of the 1099 economy', *Bloomberg* (11 December 2015), http://www.bloomberg.com/view/articles/2015-12-11/the-gig-economy-is-showing-up-in-irs-s-1099-forms, 보존된 주소는 https://perma.cc/9LZ5-2JEW

28) Caroline Bruckner, *Shortchanged: The Tax Compliance Challenges of Small Business Operators Driving the On-Demand Platform Economy* (Kogod Tax Policy Center 2016), 15.

29) Elizabeth Warren, 'Strengthening the basic bargain for workers in the modern economy' (Speech delivered at the New America Annual Conference, 19 May 2016), http://www.warren.senate.gov/files/documents/2016-5-19_Warren_New_America_Remarks.pdf, 보존된 주소는 https://perma.cc/TWH4-PQVB

30) Mailin Aasmäe, 'ETCS and Uber collaborate in seeking solutions for the development of the sharing economy', *Republic of Estonia Tax and Customs Board* (9 October 2015), http://www.emta.ee/eng/etcb-and-uber-collaborate-seeking-solutions-development-sharing-economy, 보존된 주소는 https://perma.cc/47YA-Z49P; Jurate Titova, 'Uber signs MoU with the City of Vilnius', Uber Newsroom (2 November 2015), https://newsroom.uber.com/lithuania/uber-vilnius-memorandum-with-the-city-of-vilnius/, 보존된 주소는 https://perma.cc/RV4R-HN7X

31) Ina Fried, 'Gig economy companies like Uber are helping the Feds spread the word about Obamacare', *Recode* (25 October 2016), http://www.recode.net/2016/10/25/13389860/gig-economy-uber-obamacare-burwell, 보존된 주소는 https://perma.cc/P6S8-JYDS

32) Work and Pensions Committee, *Written Evidence: Self-employment and the Gig Economy* (HC 847, 2016-17), Uber, Hermes and Deliveroo workers questioned on challenges of self-employment, http://www.parliament.uk/business/committees/committees-a-z/commons-select/work-and-pensions-committee/news-parliament-2015/self-employment-gig-economy-evidence-16-17/, 보존된 주소는 https://perma.cc/R7CX-GWCG; Sarah Butler, 'Uber driver tells MPs: I work 90 hours but still need to claim benefits', *The Guardian* (6 February 2017), http://www.theguardian.com/business/2017/feb/06/uber-driver-mps-select-committee-minimum-wage, 보존된 주소는 https://perma.cc/Z2D5-SCW3

33) 심지어 플랫폼 기업 자신들도 이익을 볼 수 있다. 경쟁법을 예로 들어 보자. 점점 더 많은 수의 소송은 만약 긱 경제 노동자들이 진정한 독립계약자라면 그들이 가격을 결정하기 위해 앱을 이용하는 것은 명백한 경쟁법이나 독점금지법 위반이 될 것이라고 주장한다. (전체적 개관을 위해서는, Julian Nowag,

'Uber between labour and competition law' (2016) 3 Lund Student EU Law Review 94. 참조) 물론 사용자들은 얼마든지 자신들의 근로자들과 사이에서 가격을 조정하고 그들의 제품에 대해 표준화된 가격을 부과할 수 있다.

34) Paula Giliker, *Vicarious Liability in Tort: A Comparative Perspective* (Cambridge University Press 2010).

35) 이제 the Opinion of Advocate General Szpunar in Case C-434/15 *Asóciacion Profesional Elite Taxi v Uber Systems Spain SL* (11 May 2017) 참조. 나의 초기의 분석은 Jeremias Prassl, 'Uber: the future of work …or just another taxi company?', *Oxford Business Law Blog* (16 May 2017)에서 찾아볼 수 있다, http://www.law.ox.ac.uk/business-law-blog/blog/2017/05/uber-future-work…-or-just-another-taxi-company, 보존된 주소는 https://perma.cc/NER8-3CY7

36) Simon Deakin and Frank Wilkinson, *The Law of the Labour Market: Industrialization, Employment, and Legal Evolution* (Oxford University Press 2005), 15. 엄밀히 말하면, 그들의 모델은 영국 노동법에서의 고용계약의 역할에 초점을 맞추고 있다. 그러나 근본적인 분석은 전 세계 대부분의 노동법 제도에 쉽게 적용될 수 있다.

37) 위와 같은 자료, 109.

38) 위와 같은 자료, 86-7.

39) Alain Supiot, *Beyond Employment: Changes in Work and the Future of Labour Law in Europe* (Oxford University Press 2001), 10, Simon Deakin and Frank Wilkinson, *The Law of the Labour Market: Industrialization, Employment, and Legal Evolution* (Oxford University Press 2005), 14에서 재인용.

40) Simon Deakin and Frank Wilkinson, *The Law of the Labour Market: Industrialization, Employment, and Legal Evolution* (Oxford University Press 2005), 16.

41) Harry Markowitz, 'Portfolio selection' (1952) 7(1) The Journal of Finance 77; Harry Markowitz, *Portfolio Selection: Efficient Diversification of Investments* (2nd edn, Blackwell 1991).

42) Simon Deakin and Frank Wilkinson, *The Law of the Labour Market: Industrialization, Employment, and Legal Evolution* (Oxford University Press 2005), 16.

43) Larry Summers, 'Some simple economics of mandated benefits' (1989) 79(2) The American Economic Review: Papers and Proceedings of the Hundred and First Annual Meeting of the American Economic Association 177, 180; 반면에 재분배 방식에 찬성하는 입장으로는, Louis Kaplow and Steven Shavell, 'Why the legal system is less efficient than the income tax in redistributing income' (1994) 23(2) The Journal of Legal Studies 667.

44) Larry Summers, 'Some simple economics of mandated benefits' (1989) 79(2) The American Economic Review: Papers and Proceedings of the Hundred and First Annual Meeting of the American Economic Association 177, 181.

45) Ryan Calo and Alex Rosenblat, 'The taking economy: Uber, information, and power' (2017) Working Paper, 40.

46) Shu-Yi Oei and Diane Ring, 'Can sharing be taxed?' (2016) 93(4) Washington University Law Review 989, 1056*ff*.

47) Miriam Cherry, 'Beyond misclassification: the digital transformation of work' (2016) 37(2) Comparative Labor Law and Policy Journal 577, 586 (citations omitted).

48) Chris, 'DUI rates decline in Uber cities', *Uber Newsroom* (6 May 2014), https://newsroom.uber.com/us-illinois/dui-rates-decline-in-uber-cities/, 보존된 주소는 https://perma.cc/GN7W-YLNN. 텍사스주 오스틴에서 우버와 리프트가 영업을 중단하자, 음주운전은 승차공유 옹호자들의 핵심 주장 중 하나가 되었다.: Lindsay Liepman, 'DWI arrests spike after Uber/Lyft leave Austin', *CBS: Austin* (23 June 2016), http://keyetv.com/news/local/dwi-arrests-spike-after-uberlyft-leave-austin, 보존된 주소는 https://perma.cc/E5A3-9KAP

49) Noli Brazil and David Kirk, 'Uber and Metropolitan traffic fatalities in the United States' (2016) 184(3) American Journal of Epidemiology 192, 192. PolitiFact Texas는 오스틴에서의 우버의 주장을 '대부분 사실'로 평가하면서 '통계적 비교를 위한 서로 다른 시간 프레임은 다양한 결과를 제시한다고 언급한다. 심지어 단면을 봐도 이전보다 더 많은 음주운전 사고가 있다는 것이다. 우버가 승차공유의 이용 가능성과 충돌 사이의 상관관계를 언급하고 있다는 것은 반복할 가치가 있지만, 꼭 인과관계인 것은 아니다.': W. Gardner-Selby, 'Uber says drunk-driving crashers down in Austin since advent of ride-sharing services', *Politifact* (16 December 2015), http://www.politifact.com/texas/statements/2015/dec/16/uber/uber-says-drunk-driving-crashes-down-austin-advent/, 보존된 주소는 https://perma.cc/4X3U-ZEP6

50) Franklin D. Roosevelt, *Statement on the National Industrial Recovery Act* (16 June 1933), http://docs.fdrlibrary.marist.edu/odnirast.html, 보존된 주소는 https://perma.cc/7H7V-W9S8. 루즈벨트는 기본적 노동기준을 지지하는 입장을 꾸준히 주장했다.: Teresa Tritch, 'FDR makes the case for the minimum wage', *The New York Times* (7 March 2014) 참조, http://takingnote.blogs.nytimes.com/2014/03/07/f-d-r-makes-the-case-for-the-minimum-wage/, 보존된 주소는 https://perma.cc/6WPQ-DYWU

51) Simon Deakin and Frank Wilkinson, *The Law of the Labour Market: Industrialization, Employment, and Legal Evolution* (Oxford University Press 2005), 109.

에필로그

✲

1) John Maynard Keynes, 'Economic possibilities for our grandchildren', in *Essays in Persuasion* (존 M. 케인스, 《설득의 에세이》, 정명진 옮김, 부글북스, 2017) (Palgrave Macmillan 2010), 21.

2) 위와 같은 자료, 325.
3) President John F. Kennedy, News Conference 24 (14 February 1962), https://www.jfklibrary.org/Research/Research-Aids/Ready-Reference/Press-Conferences/News-Conference-24.aspx, 보존된 주소는 https://perma.cc/LDS6-Y8X7
4) John Maynard Keynes, 'Economic possibilities for our grandchildren', in *Essays in Persuasion* (Palgrave Macmillan 2010), 325.
5) Carl Frey and Michael Osborne, *The Future of Employment: How Susceptible Are Jobs to Computerisation?* (Oxford Martin School 2013).
6) 위와 같은 자료, 38, 42.
7) Eric Brynjolfsson and Andrew McAfee, *The Second Machine Age: Progress and Prosperity in a Time of Brilliant Technologies* (에릭 브린욜프슨, 앤드루 맥아피, 《제2의 기계 시대》, 이한음 옮김, 청림출판, 2014) (W. W. Norton & Co. 2014), 10.
8) Cynthia Estlund, 'What should we do after work? Automation and employment law' (2017) New York University Public Law and Legal Theory Working Papers No. 578, 21.
9) 위와 같은 자료, 23.
10) David Autor, 'Polyani's paradox and the shape of employment growth' (2014) NBER Working Paper No. 20485, 129.
11) 위와 같은 자료, 136.
12) Eric Brynjolfsson and Andrew McAfee, 'Human Work in the robotic future: policy for the age of automation', *Foreign Affairs* (13 June 2016), https://www.foreignaffairs.com/articles/2016-06-13/human-work-robotic-future, 보존된 주소는 https://perma.cc/VJ57-4WU8
13) Justin McCurry, 'South Korean woman's hair eaten by robot vacuum cleaner as she slept', *The Guardian* (9 February 2015), https://www.theguardian.com/world/2015/feb/09/south-korean-womans-hair-eaten-by-robot-vacuum-cleaner-as-she-slept ; Aarian Marshall, 'Puny humans still see the world better than self-driving cars, *Wired* (5 August 2017), https://www.wired.com/story/self-driving-cars-perception-humans/ ; Marty Padget, 'Ready to pay billions for self-driving car roads?', *Venture Beat* (17 May 2017), https://venturebeat.com/2017/05/17/ready-to-pay-trillions-for-self-driving-car-roads/. 더 나아가, 자동화될 수 있는 직업과 실제로 자동화된 직업 사이에는 중요한 차이가 있다. : David Kucera, *New Automation Technologies and Job Creation and Destruction Dynamics* (International Labour Organization 2016) 참조.
14) 1장에서 봤던 태스크래빗 파티플래너의 일을 로봇이 어떻게 할 수 있을까 궁리해보지만, 고객맞춤형 해변 파티를 준비하고 부모와 아이들을 행복하게 해주는 일은 자동화하기가 매우 불가능하다는 생각이 든다.
15) Jane Croft, 'Artificial intelligence closes in on the work of junior lawyers', *Financial Times* (4 May 2017), https://www.ft.com/content/f809870c-26a1%9611e7%968691-d5f7e0cd0a16
16) David Autor, Frank Levy, and Richard Murnane, 'The skill content of recent technological change' (2003) 118(4) Quarterly Journal of Economics 1279. 저자들은 인간에게 남겨진 일은 창조적인 디자인에서 경험 많은 프로젝트 관리에 이르기까지 고급 기술이 필요한 '추상적인 과업'과 저숙련 '육체노동 과업'의 두 가지 범주로 나뉘게 될 것이라고 지적한다. 그러나 다른 플랫폼들이 필요할지는 모르겠지만, 두 가지 모두 쉽게 아웃소싱될 수 있다.

플랫폼 노동은 상품이 아니다

발행일 초판 1쇄 2020년 6월 17일
초판 2쇄 2020년 9월 21일
지은이 제레미아스 아담스-프라슬
옮긴이 이영주
편집 김유민
디자인 이진미
펴낸이 김경미
펴낸곳 숨쉬는책공장
등록번호 제2018-000085호
주소 서울시 은평구 갈현로25길 5-10 A동 201호(03324)
전화 070-8833-3170 팩스 02-3144-3109
전자우편 sumbook2014@gmail.com
페이스북 / soombook2014 트위터 @soombook

값 16,000원 | ISBN 979-11-86452-68-4
잘못된 책은 구입한 서점에서 바꿔 드립니다.
이 도서의 국립중앙도서관 출판예정도서목록(CIP)은
서지정보유통지원시스템 홈페이지(http://seoji.nl.go.kr)와
국가자료종합목록 구축시스템(http://kolis-net.nl.go.kr)에서
이용하실 수 있습니다. (CIP제어번호 : CIP2020020533)